Contempler la douceur de Dieu

Claire Dumont

CONTEMPLER
LA DOUCEUR DE DIEU

Médiaspaul reconnaît l'aide financière du Gouvernement du Canada par l'entremise du Fonds du livre du Canada (FLC), du Conseil des Arts du Canada et de la Société de développement des entreprises culturelles du Québec (SODEC) pour ses activités d'édition.
La publication de cet ouvrage a bénéficié d'une subvention de la Congrégation des Filles de la Sagesse du Canada.

 Conseil des Arts du Canada Canada Council for the Arts   Patrimoine canadien Canadian Heritage

Catalogage avant publication de Bibliothèque et Archives nationales du Québec et Bibliothèque et Archives Canada

Dumont, Claire, 1938-

Contempler la douceur de Dieu

Comprend des réf. bibliogr. et un index.

ISBN 978-2-89420-885-4

1. Dieu – Sagesse. 2. Douceur (Vertu). 3. Vie spirituelle – Christianisme. 4. Dons spirituels – Christianisme. I. Titre.

BT150.D85 2011   4231'.6   444C2011-942185-2

Composition et mise en page : *Médiaspaul*
Maquette de la couverture : *Fabienne Prieur*
Illustration de la couverture : *Icône du Christ en gloire, détail.*
Abbaye des Bénédictines d'Oriocourt, France
ISBN 978-2-89420-885-4
Dépôt légal — 4ᵉ trimestre 2011
Bibliothèque et Archives nationales du Québec
Bibliothèque et Archives Canada

© 2011 Médiaspaul
3965, boul. Henri-Bourassa Est
Montréal, QC, H1H 1L1 (Canada)
www.mediaspaul.qc.ca
mediaspaul@mediaspaul.qc.ca

Médiaspaul
48, rue du Four
75006 Paris (France)
distribution@mediaspaul.fr

Tous droits réservés pour tous les pays.

Imprimé au Canada — Printed in Canada

*La Sagesse déploie sa force
d'un bout du monde à l'autre
et dispose tout avec douceur.*
Sagesse 8, 1

*Aux personnes
qui m'ont encouragée et soutenue,
d'une manière ou d'une autre,
tout au long de l'écriture de ce livre.*

AVANT-PROPOS

La douceur de la Sagesse éternelle et incarnée, « que Dieu m'accorde d'en parler à son gré et d'émettre des pensées dignes de ses dons, puisqu'il est lui-même le guide de la Sagesse et qu'il dirige les sages ; nous sommes en effet dans sa main, nous et nos discours, et toute notre intelligence et toute notre habileté » (Sg 7, 15-16).

Dans la foi et l'espérance, je me dispose à écouter la Sagesse, « mère et source de tous les biens ». Je la prie incessamment de donner « tant de bénédictions et de lumières à ce que je veux faire et dire d'elle, que tous ceux et celles qui l'entendront soient enflammés d'un nouveau désir d'aimer et d'en être aimés ». La Sagesse étant Parole, mon désir est de la laisser parler, sachant qu'elle seule connaît le verbe capable d'embraser un cœur de femme, un cœur d'homme en quête d'une Présence encore et toujours innommée. En marchant, ils rencontreront Dieu, car Dieu n'est pas ailleurs que sur la route où ils marchent. Ils expérimenteront ainsi, au fil du quotidien, combien lumineuse, envoûtante et brûlante est la Parole.

Qu'il soit clair que ce livre n'est pas un livre savant. Il ne présente ni étude, ni thèse, ni discours sur Dieu ou sur la vie spirituelle. C'est plutôt l'expérience d'une vie qui se livre et se partage tout bonnement avec celles et ceux qui cherchent à mieux connaître Dieu. Je n'écris pas pour expliquer l'inexplicable. Je viens *converser* avec le lecteur et la lectrice sur les dons merveilleux que la Sagesse éternelle déverse en nous et qui apportent liberté, fraternité, paix et joie dans notre vie de tous les jours. Je sais qu'à son contact nous apprenons à devenir amour, justice, douceur dans un monde qui semble se désarticuler de plus en plus, contrôlé qu'il est par la cupidité, le mensonge, la violence. Dans cette période troublée de l'histoire où Dieu semble de trop, la Sagesse nous presse de devenir meilleurs.

Aujourd'hui, je ne fais que répondre à un appel intérieur. Simplement et humblement, je veux explorer la profondeur du mystère de la douceur de la Sagesse éternelle et incarnée. Ce plongeon dans l'Insaisissable nous fera *voir*, le lecteur et moi, tant de beautés que nous n'aurons pas d'autres choix que de vouloir lui devenir semblable en faisant l'apprentissage de la douceur. Il faudra du temps pour y parvenir, et cela importe peu, car, attirés par l'Aimant divin, notre regard, nos gestes, nos paroles s'imprégneront de compréhension, de compassion, de tendresse. Ainsi, nous irons libérer l'image de la douceur de la Sagesse dans l'autre. Ce faisant, nous entrerons dans la joie et la plénitude de notre être.

Je souhaite qu'un brin de douceur vienne effleurer la lectrice et le lecteur qui oseront parcourir ce livre. Une douceur qui leur rappellera délicatement que la Sagesse est là et qu'elle les aime comme ils sont. J'invoque l'Esprit Saint de nous garder ensemble, illuminés de la Présence qui colore tout, dans une recherche commune du devenir plus humain. Que resplendisse, par nous, le visage de douceur de Jésus, la Sagesse éternelle et incarnée !

Apprenez de moi
que je suis doux et humble de cœur,
et vous trouverez le repos.
(Mt 11, 29)

PRÉSENTATION

Ce désir irraisonné de m'aventurer dans la splendeur mystérieuse de la douceur de la Sagesse me vient principalement de l'œuvre de Louis-Marie Grignion de Montfort : *L'amour de la Sagesse éternelle*[1]. En effet, dans cet opuscule où Montfort décrit les désirs amoureux de la divine Sagesse pour l'être humain et où se déploie la spiritualité inspirée par la Sagesse, nous retrouvons quatre-vingt-seize fois au moins le mot « douceur », et deux chapitres sont consacrés à la description de la douceur ineffable de Jésus, la Sagesse incarnée.

Nous y trouvons également un grand nombre de synonymes du mot « douceur » : suavité, grâce, humilité, prudence, tendresse, bénignité, pacifique, affable, ineffable, sensible, charmant, etc. C'est dire que l'on ne peut passer à côté de cette qualité qui, par la répétition, abreuve tout le texte pour devenir un appel à la contemplation et à la pratique. Il m'apparaît, depuis longtemps déjà, que les personnes engagées sur le chemin de la transformation que leur offre la spiritualité Sagesse sont en situation de se laisser *marquer* par la douceur. Je crois que c'est à ce signe qu'elles se reconnaîtront et seront reconnues.

---

[1] L.-M. GRIGNION DE MONTFORT, *L'amour de la Sagesse éternelle* (par la « Vraie dévotion à Marie »). Puissante synthèse de spiritualité, n° 8 (édition « TYPE », entièrement conforme au manuscrit), Pont Château, Librairie mariale, 1929.

Le XVIIe siècle où a vécu Montfort n'est pas tellement différent du XXIe, si l'on regarde le cœur humain. Pauvreté, haine, domination, manigances, guerres, brutalités, atrocités, mépris se retrouvent encore sur nos routes quotidiennes. Autant hier que maintenant, parler de douceur semble inconvenant et dérisoire dans ce monde où la violence semble dominer et où la douceur est souvent associée à faiblesse, fragilité, lâcheté, naïveté, mollesse.

La loi du plus fort s'avère bien établie, et, avec plus ou moins de conscience, nous avons développé la primauté de l'avoir sur l'être, ce qui incite les habitants de la terre à la logique de l'avoir, du pouvoir, du paraître, du rendement. Cette logique conduit à la violence, au mépris des droits humains, à la tentation de posséder toujours plus. Comment parler de douceur quand on voit, sur Internet et à la télévision, les horreurs de la guerre, les atrocités des génocides, le déploiement de la haine entre les peuples et les religions, la cupidité et l'avidité de certains gouvernants et individus ?

Malgré cela, je parlerai de douceur[2], car c'est la plus grande force que je connaisse. Le séduisant souhait de Jésus m'apparaît encore de mise aujourd'hui : « Bienheureux les doux, ils posséderont la terre » (Mt 5, 4). C'est donc que la douceur n'est pas mollesse. Et si elle était une façon d'aimer et de vivre ? Pour cela, il faut croire en sa puissance. Il n'y a pas d'amour sans douceur. Indispensable à toute relation humaine, elle invite au calme, à la modération, à la pondération. Elle suppose les capacités de recommencement, de tolérance, de compassion, de fermeté, d'écoute. C'est la qualité de qui sait gouverner et organiser avec sagesse, apporter des changements et régler les conflits sans brutalité, gérer son propre quotidien et établir des liens relationnels de respect, d'égalité, de liberté, de fraternité.

---

[2] Dans le *Dictionnaire de spiritualité montfortaine*, Montréal, Novalis, 1994, on trouve un article éclairant sur la « douceur » écrit par P. DAVIAU, à la p. 420.

Rien n'arrêtera la douceur d'avancer, même dans la souffrance, et de prononcer des paroles qui se graveront d'elles-mêmes dans la pierre. Que dire de ces mots ineffaçables de Martin Luther King : « Dieu a les deux bras étendus. L'un est assez fort pour nous entourer de justice, l'autre est assez doux pour nous embrasser de grâce[3]. » De celles d'Etty Hillesum écrites au camp de concentration de Westerbork : « Où que je sois, j'essayerai d'irradier un peu d'amour, ce véritable amour du prochain qui est en moi[4]. » Et de Marie, la mère de Jésus : « Qu'il me soit fait selon ta parole » (Lc 1, 38). On dit de Marie-Louise Trichet, cofondatrice de la congrégation des Filles de la Sagesse : « C'était par sa douceur qu'elle gagna la confiance des pauvres et des malades dans tous les hôpitaux où elle a demeuré[5]. » Pour moi, il n'y a pas de doute : la douceur est un chemin vers la justice, vers la sainteté, vers la Sagesse.

Pour mieux contempler la douceur de Dieu, ce livre pose d'abord l'éternelle question : qui est Dieu ? Le premier chapitre présente des éléments de réponse en rappelant différentes facettes de ce mystère fascinant et vaste jusqu'à l'infini. Le but poursuivi est de permettre à la lectrice, au lecteur, de puiser dans ses propres connaissances, tout en développant la curiosité et le goût de contempler une autre facette du mystère de Dieu : la douceur. Pour les chapitres suivants, j'emprunte à saint Louis-Marie de Montfort la démarche qu'il présente dans *L'amour de la Sagesse éternelle*, au numéro 14 :

Nous contemplerons la douceur de la Sagesse éternelle
dans l'éternité.
Nous la verrons dans le temps, douce et brillante
dans la création.

---

[3] M. LUTHER KING, *La force d'aimer*, Paris, Casterman, 1964, p. 23.
[4] E. HILLESUM, *Une vie bouleversée. Journal 1941-1943*, traduit par Philippe Noble, Paris, Seuil, 1985, p. 162.
[5] Documents et recherches XI, *En direct avec Marie-Louise*, note 54, p. 64.

Nous la regarderons ensuite, vêtue de douceur
et d'humilité, dans le temps de son incarnation
et dans son humanité.
Nous la trouverons glorieuse et triomphante
dans sa résurrection où elle étale sa douceur.
Et nous verrons comment devenir douceur sur la route
de notre vie, dans l'Église et dans le monde réel
du troisième millénaire.

Cette démarche nous permettra d'entrer dans le mystère d'un Dieu fou d'amour pour chaque être humain en qui il croit et à qui il veut donner sa vie en abondance. Elle nourrira, je l'espère, notre recherche d'un savoir toujours plus approfondi grâce à la réflexion, la prière et la contemplation. Tout pourrait ne contenir que des idées farfelues, des théories ou des hypothèses intéressantes, si la lectrice et le lecteur ne voyaient ces idées se concrétiser par l'agir de Jésus, l'homme de Nazareth. Qui l'a vu a vu le Père. En lui, Dieu se dévoile comme Père aimant et nous invite à devenir, à aimer, à agir comme lui. Le mitan proposé à la fin de certains chapitres veut offrir à qui le désire un temps pour habiter le silence, prendre conscience du déjà là en soi et raviver le désir d'aller plus loin dans le mystère et l'engagement.

Lentement, amoureusement, nous ouvrirons le livre de la Parole de Dieu pour en tirer des extraits qui touchent particulièrement le thème qui nous concerne. Étant assurés que la parole lue ou écoutée nous place toujours en présence de Jésus, la Parole vivante, nous prendrons le temps de goûter cette parole toujours neuve, de l'accueillir jusqu'au fond de notre être pour la laisser naître mystérieusement en nous. Nous puiserons aussi dans *L'amour de la Sagesse éternelle*, sans négliger pour autant les écrits des Pères de l'Église, ceux de théologiens, d'exégètes, de mystiques et d'auteurs contemporains.

PRÉLUDE

*Si tu creuses comme un chercheur de trésor,
alors tu comprendras la crainte de Yahvé,
tu découvriras la connaissance de Dieu.*

*Car c'est Yahvé qui donne la sagesse,
de sa bouche sortent le savoir
et l'intelligence.*
(Pr 2, 4-6)

Sous le voile des mots

Il existe des mots anciens toujours nouveaux qui demeurent, au début d'un livre comme celui que je tente d'écrire, des incontournables : spiritualité, mystique, contemplation. Je les ouvre afin que la lectrice ou le lecteur, en s'y aventurant, découvre la largeur, la profondeur, la hauteur du mystère proposé à son intelligence et à son cœur. Je reconnais ma pauvreté à pouvoir les définir dans toute leur richesse. J'ose cependant proposer des pistes de réflexion susceptibles de laisser émerger ce qui déjà est en nous, et lui permettre une abondante floraison.

La spiritualité

Je dis tout de suite que définir la spiritualité s'avère fort difficile, pour ne pas dire impossible. Elle n'est ni un théorème, ni une doctrine, ni une théorie, mais une vie. Dans son sens large, elle est la vie selon l'Esprit. Paul Evdokimov la voit comme « une application directe de l'Esprit à la vie des hommes » et comme « leur expérience "collégiale" de Dieu[1] ». En fait, l'Esprit nous inspire une manière d'exprimer et de vivre notre attachement personnel et collectif à Dieu. Il s'agit d'expérience et de vie. Or, cela ne se renferme pas dans une définition. S'il en est une, je choisirais celle-ci : « La spiritualité n'est pas une "chose" objective et observable de l'extérieur, mais un chemin intérieur de rencontre qui transforme profondément la personne[2]. » Cette façon simple de dire ce qu'est la spiritualité rejoint ce que propose l'Institut Titus Brandsma, de Nimègue :

---

[1] P. Evdokimov, *La nouveauté de l'Esprit*, Spiritualité orientale, 20, Bégrolles en Mauges, Abbaye de Bellefontaine, 1977, p. 13.
[2] H. Blommestijn et J. Huls, *La spiritualité Sagesse, un pèlerinage intérieur*, Nimègue, Institut Titus Brandsma, 1996, p. 2.

« Une spiritualité est la transformation continue en rapport avec l'Inconditionnel[3]. »

Cette transformation s'avère inévitable à cause du retournement de soi vers telle ou telle facette du mystère de Dieu qui attire passionnément, engage tout l'être et incite à un changement de perspective. La personne est confrontée à la Parole douce et forte, touchante et pénétrante de l'amour de la Sagesse éternelle, personnellement et en groupe. Dans le bruit ou dans le silence, au travail ou au repos, la spiritualité nous met en tension vers Celui qui ne cesse de vouloir se communiquer. L'Esprit, agissant dans le concret de notre vie, transforme notre manière de voir.

La spiritualité s'avère un chemin qui mène vers soi. Elle oblige à se découvrir soi-même pour mieux s'accepter comme être humain, sombre et lumineux à la fois. Parcours souvent difficile mais combien libérateur qui conduit à nous voir comme nous sommes, et cela, jusque dans les plis secrets de notre humanité. Progressivement, les masques tombent, laissant paraître notre fragilité. À notre tour et à notre façon, nous vivons l'expérience d'Ève et d'Adam : « Alors, leurs yeux à tous deux s'ouvrirent et ils connurent qu'ils étaient nus ; ils cousirent des feuilles de figuier et se firent des pagnes » (Gn 3, 7). L'être humain ne veut pas reconnaître sa vulnérabilité, et devant elle, il n'a d'autre vouloir que se protéger en fuyant. Il ne veut pas perdre le contrôle de lui-même. Cette expérience amène Ève et Adam à faire le choix de cesser de marcher avec Dieu.

C'est à partir d'une profonde acceptation de soi que la vie spirituelle peut commencer. Se recevoir, c'est recevoir Dieu, et l'inverse est aussi vrai. Un jour vient où nous prenons conscience de notre nudité et, sans honte, nous laissons tomber nos feuilles de figuier pour revêtir le vêtement du salut que le Père nous présente. Commence alors une relation confiante. Nous serons

---

[3] H. BLOMMESTIJN, *Autorité et spiritualité*, Conférence donnée aux supérieurs majeurs des Pays-Bas, 1997.

peut-être amenés à prendre la voie mystique. Mais pour le savoir, il faut avancer.

L'expérience nous permet d'affirmer que la spiritualité est un lieu privilégié où l'Indicible se communique. Ce ne sera pas ailleurs que dans le réel de la vie quotidienne. Cela commence par un « effleurement ». Éblouie, la personne entre dans un mouvement qui devient un processus de transformation dynamique où s'élabore, au quotidien, la spiritualité. Elle devient l'âme de l'action et lui donne son tonus. Elle envahit l'être pour se manifester dans toute la vie. C'est ainsi qu'elle unifie le dedans et le dehors. L'Esprit inspire la structure et fait jaillir du cœur une force appelée douceur qui se répand dans le monde.

Si plusieurs spiritualités se présentent à nous, c'est qu'il y a plusieurs manières de vivre le mystère de Dieu. Dans le christianisme, elles partent le plus souvent de l'Écriture sainte et sont animées par l'Esprit qui développe une même soif : l'union au Christ Jésus. C'est souvent autour d'un fondateur qu'une famille spirituelle se regroupe pour vivre sa vision originale du mystère qu'est Dieu, une vision qui éclaire et colore la mission et permet aux disciples de trouver leur propre chemin vers Dieu. Nous connaissons les familles bénédictine, franciscaine, paulinienne, carme, dominicaine, ignacienne, mais étant de la famille montfortaine, mon écriture sera teintée de la spiritualité qui m'habite.

La mystique

À la mystique, il faut redonner ses lettres de noblesse et cesser de la regarder comme quelque chose qui conduit en dehors du réel. Dieu est tellement incarné qu'il ne mène personne dans les nuages. Un de mes amis disait avec humour : « L'Esprit Saint est celui qui renifle au ras du sol. » Cette expression peu banale nous donne de saisir que l'Amour ne nous conduit pas hors de nous et des autres, mais bien dans notre terre, dans nos activités, dans notre vie comme elle est et non comme on voudrait qu'elle soit. Dieu ne quitte jamais la réalité.

Cela étant dit, j'ose affirmer que la mystique est un don gratuit offert à toute personne qui cherche Dieu. Dans *Une lettre d'une amante à son amant,* Pierre Humblet écrit : « L'expérience mystique est une expérience inéluctable qui confronte le plus profond de notre être à "Quelque chose", "Quelqu'un". C'est une rencontre bouleversante avec l'Absolu[4]. » Ainsi pensait saint Bonaventure : « La mystique est la connaissance expérimentale de Dieu. » Un jour ou l'autre, des gens saisis par une parole ou par une situation qui étonne l'esprit et le cœur font cette expérience dont Dieu est toujours l'initiateur.

En effet, prendre conscience, de tout notre être, que nous sommes aimés de Dieu sans condition est tout simplement bouleversant. Saisir que le désir de Dieu est de nous donner sa vie en abondance est renversant. Réaliser que Dieu n'a pas d'autre volonté que celle de nous prendre longuement dans ses bras avec tendresse et miséricorde est inconcevable. Savoir que Dieu nous aime au point de se mettre à genoux devant nous est stupéfiant. Voir Dieu si proche est troublant et suffisant pour nous faire accepter de renaître et d'apprendre à marcher autrement sur la route. Chaque personne touchée par ces prises de conscience se tourne vers l'Amour et ose un *oui* comme l'ont fait Marie de Nazareth, François, le pauvre d'Assise, Rita, ma précieuse amie. Ils ont pris le chemin de l'amour transformant et ne reviennent plus sur leurs pas. Ils ne connaissent ni les frontières, ni les tournants, ni les détours de cette route, mais ils avancent, sûrs qu'une Présence tantôt lumineuse, tantôt obscure les rejoint là où ils sont, dans la situation concrète de leur vie. Ils s'en vont simplement vers eux-mêmes, vers les autres, vers Dieu.

---

[4] P. HUMBLET, *Une lettre d'une amante à son amant, Le processus de transformation dans* L'amour de la Sagesse éternelle *de Grignion de Montfort*, Nimègue, Institut Titus Brandsma, 1993, p. 9.

La vie mystique devient réalité quand la personne voit sa vie concrète devenir lieu de manifestation de l'amour. Lorsque Dieu saisit quelqu'un par le cœur et que celui-ci acquiesce, il entre dans un processus qui l'amène à répondre toujours plus aux avances de celui par qui il a été saisi. Il regrettera peut-être « ses oignons d'Égypte » quand les tensions se feront sentir entre l'abandon et la volonté de s'organiser soi-même, entre donner sa vie ou la perdre, entre rester éveillé ou s'endormir, entre la logique de Dieu et la logique humaine ; mais il apprendra assez vite que la tension est source de croissance et nécessaire à la transformation. Sa passion pour Dieu atténuera ses doutes, affermira ses pas et le propulsera vers l'avant. Je crois que la mystique est le déroulement d'une histoire d'amour à partir de l'instant où une personne consent à se laisser aimer et à aimer. Elle ne s'isole pas, car être mystique, c'est assumer la responsabilité d'être soi EN Dieu, pour les autres.

Des experts nous disent que « la mystique est le cœur, le noyau de la spiritualité, [...] le charisme de la spiritualité[5] ». Le noyau de la spiritualité Sagesse est, sans aucun doute, l'amour fou de la Sagesse éternelle qui s'incarne pour *gagner l'affection* de l'être humain. Conquis, il n'a qu'un vouloir : permettre à la Sagesse de s'incarner dans sa vie et dans le monde : « La Sagesse éternelle, pour s'approcher de plus près des hommes et leur témoigner plus sensiblement son amour, est allée jusqu'à se faire homme, jusqu'à devenir enfant, jusqu'à devenir pauvre, et jusqu'à mourir pour eux sur la croix[6]. » Saisis par cet excès d'amour, les yeux brûlés par ce que nous aurons contemplé, nous marcherons sans avoir à nous demander sur quel chemin nous sommes et encore moins « où » nous sommes sur le chemin. Nous irons simplement et joyeusement proclamer la Bonne

---

[5] O. STEGGINK et K. WAAIJMAN, *Spiritualiteit en mystiek*, Nijmegen, Gottmer, 1985, pages 100 et 103.
[6] L.-M. DE MONTFORT, *ASE*, 70.

Nouvelle à tous nos frères humains en quête continue de l'Autre, de l'Ultime, de l'Absolu.

La contemplation

Contempler, c'est accueillir le mystère et l'ouvrir délicatement pour le scruter, pour le développer à partir de tout notre être : intelligence, cœur, sens. Le prophète Osée, en parlant de sa femme, dit quelque chose qui, me semble-t-il, peut nous faire comprendre un peu ce qu'est la contemplation : « C'est pourquoi je vais la séduire, la conduire au désert et parler à son cœur » (Os 2, 16). C'est peut-être cela, contempler ? Un moment de séduction.

Lorsqu'une merveille se présente à nous, nous pouvons la regarder et prendre le risque de nous laisser *séduire* et *parler au cœur*. Contempler serait alors écouter la parole comme une merveille qui s'adresse à nous, à ce moment précis de notre histoire, la saisir du dedans et la mijoter, la laisser se répandre en nous et nous en imprégner, la faire nôtre et la laisser nous transformer. La contemplation est un mode de connaissance, de compréhension, de réflexion sur l'invisible souvent à partir du visible, car Dieu se fait connaître par la création, par un événement, par une parole.

Contempler Dieu dans son infinie douceur, plonger dans la gratuité de l'amour, goûter la beauté qui nous entoure, cela est accessible à toute personne en marche qui ouvre son intelligence et son cœur à la Parole de Dieu, à l'événement qui passe ou simplement au quotidien ordinaire de sa vie. Ce n'est pas réservé aux chrétiens seulement ni aux moines et aux moniales, comme il nous arrive parfois de le croire. Celui ou celle qui prend Dieu au sérieux peut « retourner » dans son cœur un mot, une parole, une situation, une visite de la Sagesse dans l'aujourd'hui de son histoire concrète. À la fin de chaque jour, ils pourront voir combien « cela était bon » (Gn 1, 10).

Contempler, c'est sortir de soi pour regarder le Tout-Proche en pleine action en nous, autour de nous, dans notre maison, dans notre village, dans notre rue, dans notre monde, dans l'Église. Nous interpréterons autrement ce que nous verrons et nous éviterons de juger selon les apparences. Contempler, c'est ainsi s'éveiller aux autres en tout temps et être Dieu pour eux en leur apportant une justice imbibée de tendresse et de douceur. Contempler est un don offert en vue d'une croissance. Nous pouvons le refuser, mais soyons certains que, de son côté, Dieu ne claquera jamais la porte. Il est là pour nous, toujours en attente de se faire connaître. Il prie et désire en nous. Il assure notre croissance et nous attire toujours plus dans le but de nous rendre semblables à lui.

L'Esprit Saint nous rend sensibles à cette activité qui met notre cœur au large. Cela se passe autant dans le brouhaha et dans l'action que dans la prière discrète faite dans l'intimité d'une chapelle ou d'une chambre. Rien n'est trop petit ou trop insignifiant, dans notre vie quotidienne, pour qu'il ne soit lieu de rencontre avec Dieu. Qu'importe le lieu ! Qu'importe l'heure ! Au travail comme au repos, la Sagesse vient. Là où nous sommes, nous la trouvons *assise à notre porte* et prête à nous enseigner. En l'écoutant, il nous sera donné de nous tourner vers elle et, dans un cœur à cœur transparent, lui demander d'aimer en nous.

Contempler nous fera découvrir la douceur de la présence et de l'action de Dieu dans tous les événements de l'histoire et dans toutes les situations de notre humble vie. En toutes choses, il nous est donné de déposer ce que nous portons et de nous blottir dans les bras de l'Amour pour y trouver le repos. « Alors, le roi David entra et s'assit devant Dieu, et il dit : "Qui suis-je, Seigneur, et quelle est ma maison, pour que tu m'aies mené jusque-là ?" » (2 S 7, 18). S'asseoir devant Dieu, ou mieux encore entrer *en* lui humblement, sereinement, silencieusement, amoureusement. C'est souvent ainsi que commence la contemplation.

Première partie

QUI DONC EST DIEU ?

Contempler Dieu dans son mystère

1

JE CHERCHE SON VISAGE

Voyez-vous la lune, là-haut ?
On ne la voit qu'à moitié,
et pourtant elle est ronde et belle !
Il en est ainsi pour bien des choses,
dont allègrement nous nous moquons,
parce que nos yeux ne les voient pas.
(Claudius)

Pour toi, qui suis-je ?

Venez à moi, vous qui me désirez ; et rassasiez-vous de mes produits. Car mon souvenir est plus doux que le miel, mon héritage plus doux qu'un rayon de miel.

Si 24, 19-20

Cette question « Pour vous, qui suis-je ? » (Lc 9, 18) que Jésus pose à ses proches me tient en alerte et en désir de répondre dans l'aujourd'hui de ma foi. Qui est Dieu ? Qui est Jésus ? Qui suis-je ? Trouver au fond de soi ne fût-ce qu'un début de réponse à ces questions donne un sens à la vie. À l'âge que j'ai maintenant, j'affirme que le Dieu auquel je crois est la Source inépuisable de vie, de générosité, de créativité qui coule en moi, dans l'autre, dans le monde, de toujours à toujours. Il est Sagesse qui fait toute chose avec intelligence, poids et mesure, sachant ce qu'il fait et pourquoi il le fait. Il est Douceur dans toutes ses paroles et dans toutes ses actions, intervenant toujours en ma faveur même si je ne le vois pas. Il est Providence qui veille, prend soin de tout ce qu'il a créé et l'amène à son plein épanouissement. Il est Père, Fils, Esprit qui n'exige rien, ne mesure rien, aime sans raison, sans condition, librement, patiemment, intelligemment. Sans lui, je n'existe pas.

Ce Dieu, je l'aime comme il est : passionné, jaloux, sensible, miséricordieux, doux et humble de cœur, vulnérable. Je le cherche, et pourtant il marche humblement en ma présence et œuvre dans le quotidien de ma vie. Ce n'est pas parce que je ne le vois pas qu'il n'est pas en moi, dans l'autre, dans l'histoire. Ce n'est pas parce que je ne vois qu'une moitié de lune que l'autre moitié n'existe pas. Ce n'est pas parce que je ne vois pas les racines du grain de blé qu'elles n'existent pas. Je ne veux pas attendre de lui autre chose que d'être aimée comme je suis. Un tel amour est la source de ma vie et de ma joie.

Des « traverses » viennent nécessairement bloquer le cours de mon existence. À la question : « Où est-il, ton Dieu ? » (Ps 42, 4), je réponds qu'il est là où se trouvent la vie et l'amour. Il se trouve là où l'être humain est humilié, méprisé, exclu. Il est dans la personne qui a tout perdu et qui cherche, comme dans celle qui prie et qui meurt. Sa puissance est enfouie dans la faiblesse de son trop grand amour qui m'enveloppe depuis le jour où il a pris le risque de me laisser la liberté de choisir. Il me faut dire en sa faveur qu'il ne m'a jamais laissée démunie, car je trouve en moi et autour de moi ce qu'il faut pour décider et vivre avec mes choix. Il ne peut rien me donner de plus que sa présence, car, par elle, il me donne tout. Ce Dieu que j'aime et auquel je crois de tout mon être, intelligence, cœur, sensibilité est le Dieu qui « chemine sur les chemins où je marche » (Is 48, 17) et qui tisse avec moi l'histoire de mon salut. Sa douceur en toute chose m'attire et me fascine au point de tout miser sur lui et de désirer devenir moi-même douceur.

Croire en ce « Dieu de tendresse et de pitié, lent à la colère, riche en grâce et en fidélité » (Ex 34, 6) et basculer dans ce nom divin m'amène à croire aussi en moi. Je crois qu'il m'a créée à son image, une « œuvre de ses mains faite pour être belle » (Is 60, 21). Il a aussi créé l'autre de la même façon, également pour sa beauté. Si je ne crois pas en moi, je ne crois pas en l'autre et je ne crois pas en Dieu. Car Dieu est la source de ce qui vit en moi, de ce qui vit en l'autre. Dieu, moi, l'autre, nous sommes faits pour être UN. Nous vivons de la même vie. Nous puisons à la même source. Nous mangeons le même pain et buvons à la même coupe. Nous sommes son Corps.

Croire au point de vouloir perdre pied en Dieu vient du don merveilleux et gratuit de la foi. Je n'ai rien fait pour le recevoir. L'ai-je seulement demandé ? Peut-être. La foi était offerte pour calmer ma soif, et je l'ai saisie. Elle m'a entraînée dans une expérience spirituelle qui ne me permet plus de douter de la Sagesse éternelle, de son amour, de sa présence, de ses appels, de sa douceur, de sa providence. En toute liberté, il m'a été donné d'adhérer à la Parole toute fragile et toute-puissante qu'est Jésus, l'homme de Galilée. Ce qu'il me partage sur son Père me séduit. Avec Bernard Rey, je crois que « le Crucifié ne peut pas être un Dieu fait de main d'hommes[1] ». C'est pourquoi, à la suite de Jérémie, je dis avec assurance : « Tu m'as séduite, Dieu, et je me suis laissé séduire » (Jr 20, 7).

C'est ce Dieu que je désire faire connaître et aimer. Avec l'apôtre Paul, je formule ce souhait : « Que le Dieu de notre Seigneur Jésus Christ, le Père dans sa gloire, nous donne un esprit de sagesse pour le découvrir et le connaître vraiment. Qu'il ouvre notre cœur à sa lumière, pour nous faire comprendre l'espérance que nous donne son appel » (Ep 1, 17-18).

Un mystère[2] à creuser

Jésus, sachant qu'une même question taraude le cœur de tous ceux qui font route avec lui, la pose avec netteté : « Pour vous, qui suis-je ? » Des réponses sont apportées, mais Jésus, comme Dieu, est une question en lui-même. Il est mystère qui dépasse notre capacité de comprendre. Cela nous garde insatiables et fait dire à Bernard Laperrière : « Le mystère est une merveille dans laquelle nous sommes invités à entrer[3]. » La création est

---

[1] B. REY, *Nous prêchons un Messie crucifié*, Paris, Cerf, 1989.
[2] A. FEUILLET donne, dans *Jésus et sa Mère*, Paris, Gabalda, 1978, à la p. 81, une définition éclairante du mot « mystère » : « Le mystère n'est pas dans la Bible une chose où il n'y a rien à comprendre, mais bien plutôt une chose où il y a trop à comprendre et qu'on n'a jamais fini de scruter. »
[3] B. LAPERRIÈRE, sj, *Notes personnelles*, retraite de trente jours selon saint Ignace, Villa Saint-Martin, Montréal.

en mouvement vers Dieu qui l'attire et dans laquelle il se reconnaît. Il arrive que, devant la complexité des questions sans réponse, certains rejettent tout en bloc. Les uns croient que Dieu est une invention inutile, voire dangereuse, pour sécuriser les faibles et permettre aux forts de s'imposer. D'autres, fascinés par ce Tout-Autre qui se présente à eux humblement, se tournent amoureusement vers lui. Ils ne comprennent pas tout, mais ils laissent monter en eux un désir fou, inexplicable, de demeurer dans le mystère. En l'habitant, ils veulent se laisser toucher par l'Absolu, nommer l'Innommable, reconnaître l'Unique, déchiffrer l'Indéchiffrable dans leur histoire personnelle et collective. Quelque chose en eux tend vers la lumière d'une réponse, inlassablement.

Parfois, l'être humain croit avoir trouvé, mais Dieu lui échappe toujours. Il a tous les noms et n'est pas nommé. Il a tous les visages et est sans visage. Il est incréé et la création a un commencement. Il aime et travaille à partir de la logique divine ; l'être humain part de sa propre logique. Il est infiniment infini, et tout ce qui existe, à part lui, a un terme. Il aime sans mesure, inconditionnellement, et l'être humain pose des conditions, scrute, analyse, cherche son profit. Difficile est le rapprochement.

Comment donc un être fini, qui a une existence précaire, une intelligence limitée, un amour conditionnel, une façon de penser, d'aimer et d'agir selon une logique humaine, comment cet être peut-il avoir la présomption de connaître l'inaccessible, l'impénétrable, l'insondable ? Comment peut-il se présenter devant Dieu ? Comment peut-il accepter de s'approcher du Feu ? Il est nu ! Pourtant, il continue à creuser ce qu'il ne saisit pas, et Dieu veut ce rapprochement. Son projet d'établir une relation d'amour avec la créature qu'il a façonnée avec l'habile tendresse de ses mains tiendra et se réalisera. « Et ta volonté, qui l'aurait connue, si toi-même n'avais donné la Sagesse et n'avais envoyé d'en haut ton Esprit saint ? » (Sg 9, 17). L'impossible pour nous est possible pour Dieu.

Parce qu'il est Dieu, c'est lui qui fait les premiers pas. Parce qu'il est Sagesse, c'est lui qui affine notre intelligence. Parce qu'il est Amour, c'est lui qui aime. Parce qu'il est Douceur, c'est lui qui agit. L'histoire de l'humanité, cheminant avec la Sagesse, est jalonnée de temps forts où cette Sagesse s'approche de ses enfants pour se laisser connaître. Ce sont des moments d'expressions uniques, de révélations sublimes, d'actions éclatantes imprégnées d'une douce fraîcheur.

Notre temps humain consiste à retourner vers lui en marchant humblement en sa présence dans l'amour. Sur notre route, l'Esprit de feu et de vérité parle à notre esprit et ouvre ainsi notre intelligence à une connaissance progressive qui atteindra une certaine plénitude à l'heure de notre mort. À cet instant d'extrême fragilité, nous connaissant mieux nous-mêmes, nous connaîtrons mieux Dieu, source de tout. En attendant, peut-être finirons-nous par corriger la forte tendance que nous avons à marcher à l'envers. Nous voulons connaître Dieu par nos moyens et nos efforts, mais en réalité, la connaissance de Dieu nous est donnée dans la mesure où nous nous laissons approcher et aimer.

Une science savoureuse

Qui est Dieu ? Tout ! Dans ce tout, j'aime dire qu'il est Sagesse. Dans le titre même du livre de Montfort, *L'amour de la Sagesse éternelle*, nous trouvons deux mouvements : l'amour de la Sagesse éternelle pour l'homme et l'amour de l'homme pour la Sagesse éternelle. Nous reconnaissons là les deux mouvements qui fondent toute spiritualité : descendant, car Dieu vient à la rencontre de l'être humain, et ascendant quand l'être humain, se laissant toucher, vient vers Dieu avec toutes ses peurs. Nous trouvons là toute la tension entre Dieu, dans son appel à la réciprocité, et l'être humain, dans sa réponse d'amour. Cette tension appelle la connaissance, car impossible d'aimer ce que l'on ne connaît pas. « Symbolisée par l'image de la plante éclairée par le soleil, la connaissance se présente comme notre déploiement à la chaleur du soleil, et notre capacité à sentir sa force vivifiante. Elle fait tourner nos feuilles vers la lumière et nous donne la force de pousser dans cette direction[4]. »

De toutes les définitions du mot « sagesse », je retiens d'abord celle-ci : « La sagesse est la connaissance juste des choses. » Dieu est sagesse à cent pour cent. Il possède et est cette connaissance intime des choses et il agit en conséquence. Si Dieu est amour, il ne peut qu'être sagesse. Et si nous croyons que Dieu est Sagesse, nous pensons qu'il a une manière d'aimer, de parler et d'agir qui est sage ; que son action s'accomplit en douceur ; qu'il travaille à partir de sa propre logique. Pour nous aussi, cette connaissance fine et subtile aboutit à une conduite douce, modérée, bienveillante. Elle oblige à mener toutes choses avec discernement, à gouverner avec droiture, compréhension et justice.

Je relève cette autre définition qui s'ajoute à celle donnée plus haut : « La sagesse, en général, prise selon la signification de son nom, est une science savoureuse, ou le goût de Dieu et de sa vérité[5]. » Voilà comment Montfort lie les mots *sagesse* et *connaissance*. Si la sagesse est une science que l'on goûte, elle n'est pas avant tout une connaissance théorique et abstraite, mais plutôt une connaissance à partir des sens : « Goûtez et voyez comme est bon le Seigneur ! » (Ps 34, 9). Cette connaissance a de la saveur parce qu'elle vient de l'intensité de l'expérience, de l'émotion qui saisit et qui oblige le cœur à désirer plus encore.

Éternelle est la Sagesse qui se déploie dans le temps et l'espace et qui prit corps en Jésus de Nazareth lorsque *les temps furent accomplis*. « La Sagesse substantielle et incréée est le

---

[4] P. HUMBLET, *Une lettre d'une amante à son amant. Le processus de transformation dans* L'amour de la Sagesse éternelle *de Grignion de Montfort*, Nimègue, Institut Titus Brandsma, 1993, p. 28.
[5] L.-M. DE MONTFORT, *ASE*, 13.

Fils de Dieu, la seconde Personne de la très Sainte-Trinité, autrement la Sagesse éternelle dans l'éternité, ou Jésus-Christ dans le temps[6]. » Si elle s'est incarnée en Jésus, c'est pour faire connaître le visage humain de Dieu et dire à l'humanité, dans un langage qu'elle peut comprendre, que Dieu a un cœur. « Si Dieu vient vers nous en Jésus Christ, si même il veut habiter en nous, cela ne veut pas dire qu'il cesserait d'être sublime et inconcevable, mais que ces propriétés, qui n'étaient auparavant pour nous guère plus que des mots abstraits, acquièrent soudain un éclat qui nous les rend concrets, au moment précis où nous savons que nous sommes appelés les enfants du Père et que nous le sommes en effet[7]. »

Il fallait que la Sagesse s'incarne pour nous révéler cette réalité extraordinaire : nous sommes enfants du Père. Cette nouvelle est unique, bienfaisante et goûteuse. Jésus rend accessible cette science savoureuse qu'est la Sagesse. En lui, la présence se fait parole que l'on écoute au coin des rues, au travail, sur la route, dans nos maisons. Chaque parole a sa saveur propre qui se donne à goûter dans l'intimité du cœur de la personne éprise de celui qui parle. Il se fait pain de vie sur la route de tous les pèlerins. Il est breuvage exquis pour les assoiffés. Et pourtant, malgré cette proximité, la Sagesse demeure l'Inconnaissable que l'on cherche à connaître de plus en plus.

Le roi Salomon, dans sa longue prière que l'on trouve au chapitre 9 du livre de la Sagesse, prie Dieu de lui accorder la Sagesse. Réalisant l'ampleur de ses responsabilités, il se tourne vers Dieu et lui demande la Sagesse afin qu'elle le guide prudemment dans la gouvernance de son peuple. Il veut le diriger avec justice, droiture, compréhension, tendresse, bonté, vaillance et, pour agir ainsi, il comprend qu'il a besoin de la Sagesse

---

[6] *Ibid.*, 13.
[7] H. U. von Balthasar, *Nouveaux points de repère*, Paris, Fayard, coll. Communio, 1980, p. 63.

qu'il « ne peut conquérir que par un don de Dieu » (Sg 9, 1-13). Demander la Sagesse, c'est, pour ainsi dire, demander à Dieu de lui ressembler, d'aimer comme lui, de gouverner comme lui, de travailler et de servir comme lui.

J'aime considérer la Sagesse comme le féminin de Dieu. Si Dieu a pu créer un être semblable à lui, homme et femme, c'est qu'il avait nécessairement en lui le féminin et le masculin. Les livres sapientiaux[8] nous parlent de la Sagesse comme mère, épouse, compagne, maître d'œuvre travaillant à côté de Dieu bien avant l'origine de la terre. Elle est celle qui, avec Dieu, forme l'univers. C'est elle qui enfante. Montfort souligne ainsi cette réalité : « Après que la Sagesse s'est représentée comme la *mère* et la source de tous les biens, elle exhorte tous les hommes à quitter tout pour la désirer uniquement[9]. » Cette *mère* agit toujours avec tendresse, justice et douceur.

La Sagesse n'appelle-t-elle pas ?
L'Intelligence n'élève-t-elle pas la voix ?
Au sommet des collines, sur la route,
au croisement des chemins, elle se poste ;
près des portes de la cité, sur les voies d'accès,
elle s'écrie :
« Humains, c'est vous que j'appelle,
je crie vers les enfants des hommes. »
(Pr 8, 1-5)

---

[8] On donne le nom de « livres sapientiaux » à cinq livres de l'Ancien Testament : Job, les Proverbes, l'Ecclésiaste, l'Ecclésiastique et la Sagesse. On y joint parfois le Cantique des Cantiques et les Psaumes. Tout cet enseignement qui termine le long récit de l'Ancien Testament préparait le peuple élu à l'incarnation de la Sagesse éternelle.

[9] L.-M. DE MONTFORT, *ASE*, 30.

Un nom à moduler

Je bénis ton nom toujours et à jamais.
Ps 145, 1

« Quel est ton nom ? » Cette question est posée à Dieu par Moïse dans l'Exode au chapitre 3. Et Dieu répond : « Je suis celui que je suis[10]. C'est le nom que je porterai à jamais. » Martin Buber, philosophe juif, propose cette traduction : « Je suis celui qui est là, celui qui se tient et agit au milieu des hommes[11]. » À cette époque où l'on croyait à un Dieu lointain, exigeant et intransigeant, ce nom que Dieu livre à Moïse est pour le moins étonnant. Lorsque, enfant, j'écoutais ce récit biblique, je trouvais que Dieu était bien compliqué, vu la complexité de sa réponse. Je me suis longtemps demandé si Moïse avait compris. Et j'ai vite oublié ce nom qui ne voulait rien dire, jusqu'au jour où, relisant le texte de l'Exode, je fus bouleversée par le sens éblouissant de ce nom : Je Suis.

D'abord, je suis saisie par la confiance totale que Dieu me fait. Il me croit digne d'entendre son nom. Oh ! que ce nom de Je Suis devient doux à l'oreille de mon cœur qui l'entend pour la première fois ! Je fais miens les mots de saint Bernard pour le nom de Jésus : « C'est un miel très doux à la bouche, une mélodie agréable aux oreilles et une jubilation parfaite au cœur[12]. » C'est ainsi qu'il m'a été donné d'entrer un peu dans le mystère de ce nom et de commencer à le moduler, à le goûter, à

---

[10] Autre traduction : *Je suis celui qui est. Je suis celui que je serai pour toi.* Ce qui signifie existence et présence pour aujourd'hui et pour le futur.
[11] M. BUBER, *Découvrir Dieu dans l'expérience humaine* : http://unionprotlib.over-blog.com/article-730075.html.
[12] Saint Bernard cité dans l'*ASE*, 120.

y découvrir une ineffable douceur. Je Suis devient Emmanuel : Dieu proche. Dieu avec moi. Dieu avec nous. Jamais enfermé, ce nom reste ouvert à toujours plus. Il est indéfini, mystérieux, saint et en même temps doux, proche, intime. Comme dans une confidence, mon cœur entend, encore et encore, ces mots d'une inénarrable suavité : Jésus ! Je Suis. Je Suis *celui qui est là pour toi*. Je suis la Lumière ; je suis la Résurrection et la Vie ! Je suis le Pain. Je Suis : ce nom s'impose à moi pour agrandir l'intelligence de mon cœur et y trouver une place pour toujours.

J'entends mon Seigneur et mon Dieu me dire à l'oreille : « Je Suis où tu es. » Ce nom contient en lui-même l'idée de mouvement, de présence et de relation. Mouvement, car il vient là où est l'être humain. Présence, car il se tient auprès de chaque personne de tous les temps, de tous les lieux, de toutes les civilisations. Présence durable et mobile, car « Je Suis celui qui sera avec toi toujours » suppose une durée et une mobilité. Présence amoureuse qui traverse les millénaires et nous rejoint maintenant. Je Suis indique aussi une relation déjà là, car Dieu confie son nom à quelqu'un qui le reçoit. Il révèle son existence à quelqu'un qui l'accueille. Il exprime la relation entre Dieu et chaque être humain depuis bien avant sa conception : « Je Suis celui qui est. » J'existe avant toi, pour toi. Je Suis pour être avec toi simplement parce que je t'aime. Ce nom s'avère sublime et complet ! Il dit tout l'être de Dieu : amour, sagesse, douceur, gratuité, communion. Il est celui qui est là pour nous et avec nous à jamais. Qui pouvait savoir ?

Je comprends mieux cette parole adressée à Moïse qui veut s'approcher du buisson ardent : « Ôte tes sandales de tes pieds, car le lieu que tu foules est une terre sainte » (Ex 3, 5). Je suis aussi devant le mystérieux buisson en feu à ôter mes sandales, car le nom que j'entends est un nom sacré. Dieu se révèle à moi et me dit qui il est par ce nom infiniment doux, toujours nouveau, toujours actuel, toujours à creuser, toujours à habiter.

Moïse a compris qu'il ne serait jamais seul pour accomplir sa mission. Il croit en la parole de « Je Suis avec toi ». Et lorsque Jésus, la Sagesse incarnée, quittera la terre lors de son ascension vers le Père, ses derniers mots seront : « Et moi, Je Suis avec vous pour toujours jusqu'à la fin des temps » (Mt 28, 20). Comme son Père, il est Je Suis. Jamais nous n'aurions pu imaginer ce nom divin. Dieu seul pouvait nous le faire connaître : « Je leur ai révélé ton nom et le leur révélerai pour que l'amour dont tu m'as aimé soit en eux et moi en eux » (Jn 17, 26). Jamais nous n'aurions pu penser que Dieu tenait à nous à ce point.

L'apôtre Jean affirme dans sa première épître que Dieu *est* Amour. Faire ce constat est une grâce extraordinaire, car c'est à partir de ce constat que tout s'éclaire. Même les violences inouïes de Dieu décrites dans la Bible prennent un sens. Si Dieu est amour, il ne peut mépriser aucune de ses créatures. S'il est amour, il lui est impossible d'écraser, de meurtrir, de briser, de détruire ce qui est sorti de son propre cœur et a été pétri de ses mains. Si Dieu est amour, il est Je Suis avec moi, avec toi, à jamais. Il est présence active avec laquelle chaque être humain tisse son histoire à chaque instant.

Je Suis est le nom dans lequel et par lequel nous sommes. Il nous a désirés et voulus, en Jésus son Unique, « dès avant la fondation du monde, pour être saints et immaculés en sa présence, dans l'amour » (Ep 1, 4). Rêve ou réalité ? Pour Dieu, le rêve et la réalité se confondent. Il saura faciliter la communication, susciter la réponse, respecter la liberté et attendre à jamais que nos rêves les plus secrets se réalisent en lui. Ce qui est rassurant, c'est que « Dieu ne changera point de conduite dans les siècles des siècles, car il est Dieu et ne changera point en ses sentiments ni en sa conduite[13] ». Il ne changera pas les projets de son cœur, car il demeure Je Suis à jamais. Dieu est fidèle à ses

---

[13] L.-M. DE MONTFORT, *Traité de la vraie dévotion*, 15, Œuvres complètes, Paris, Seuil, 1966.

promesses, à son alliance. Ce qu'il dit, il le fait éternellement : « Le plan de Dieu subsiste à jamais, les pensées de son cœur, d'âge en âge » (Ps 33, 11).

* * *

MITAN 1

Tu n'es pas obligé de t'arrêter pour faire un mitan de réflexion, mais ils sont là pour te permettre de plonger dans ta propre expérience. Le moment est propice ici pour te demander quel est le nom que tu aimes donner à Dieu. Pourquoi ? D'où te vient-il ?
Quelle est la signification que tu lui donnes ?
Tu gagnes à le partager à d'autres. Nous sommes tous des marcheurs uniques et différents. Avec eux, relis et partage Exode 3.
Tu verras encore plus de lumière.

La manière divine d'aimer et d'agir

Il nous faut apprendre à aimer à la façon inconditionnelle de Dieu.
H. Blommestijn[14]

Sachant le nom de Dieu, nous pouvons tenter une autre avancée dans la connaissance de son être en observant sa manière d'entrer en relation, d'aimer, d'agir, de se rendre présent. Ce sera si peu, car il y a toute une marge entre la logique humaine et la logique divine. Cependant, il nous est permis de chercher à mieux comprendre pour nourrir l'intelligence de notre cœur. C'est un besoin de connaître l'Auteur de notre vie. Tous nos efforts pour savoir seront vains si la Sagesse ne se manifeste pas elle-même à nous. Il ne faudrait pas se méprendre ici sur le mot *manifester*. La Sagesse ne vient pas se donner en spectacle au monde créé, mais elle se présente, avec douceur, à celles et à ceux qui cherchent.

De même que la Sagesse éternelle se déploie dans toute la création, de même elle le fait tout au cours de son histoire avec l'humanité qu'elle accompagne fidèlement. Trois grands mouvements à couper le souffle marquent les interventions divines : la création, l'incarnation et le mystère pascal, la vie selon l'Esprit. N'étant pas solitaire, Dieu fait œuvre commune dans toutes ses activités, car il est Trois qui font Un. Chaque Personne en Dieu travaille en lien avec les deux autres. Ici, on ne peut rien séparer. Lorsque l'on parle du Père, le Fils ne peut être loin, de même que l'Esprit, que certains appellent le baiser du Père et du Fils. En le nommant Je Suis, nous nommons les Trois.

---

[14] H. BLOMMESTIJN et J. HULS, *La spiritualité Sagesse, un pèlerinage intérieur.*

Première intervention

Au commencement, la Sagesse éternelle, majestueusement, sort d'elle-même pour donner ce qu'elle est et ce qu'elle possède en abondance : la vie. Elle la fait éclater et briller de mille façons, de mille formes, de mille beautés. Elle la répand avec amour, douceur et humilité, comme de l'intérieur, en secret, sans faste ni éclat. Par l'acte de bénir, elle donne à l'être humain la capacité de s'épanouir, de proliférer, de se libérer, de se donner. Toujours, Je Suis veille sur la vie. Il en prend soin. Il la couve avec attention, discrétion, dévotion. Parce que la créature est, de par sa nature, limitée et connaissant sa finitude, Dieu trouve le moyen de demeurer présent en elle afin de l'amener à sa plénitude. Il s'enfouit dans sa création tout comme le levain dans la pâte.

Tout ce qui existe d'infiniment grand et d'infiniment petit, de visible et d'invisible, est rempli de la gloire de Dieu. La création tout entière est le livre, en plusieurs tomes, où Dieu se donne à lire et à contempler. Elle est un lieu privilégié pour rencontrer Dieu, le connaître, le nommer. Il est l'Invisible dans le visible. Tout ce que j'aime et admire de la création – le bleu du ciel, la mer aux couleurs chatoyantes, la nuit étoilée, le passage des saisons, le brin d'herbe, la compacité de la roche, le vol de l'oiseau, les yeux d'un enfant, un sourire, l'éveil de l'intelligence, le partage, la fraternité, l'amour d'un couple humain, la présence du beau dans la laideur –, Dieu ne peut que l'aimer davantage encore. Toute chose, là près de moi, est imprégnée de la beauté de Celui qui l'a créée et parle de lui à qui sait écouter. De ce splendide univers, je fais partie. Je suis *une terre* que Dieu habite et veut voir fructifier. Je sais que cela ne se fera pas sans lui.

Seconde intervention

Et le Verbe se fait chair ! À nouveau, Dieu sort de lui-même pour donner la vie. Il vient pour sauver l'humanité de la désespérance et de sa finitude ; pour la libérer de ses limites et de sa misère ; pour la faire passer de la mort à la vie éternelle. Doucement, Dieu entre dans l'histoire des femmes et des hommes en devenant l'un d'eux. Cela se fait sans bruit, sans éclat, sans publicité. Dieu naît une nuit à Bethléem. Il porte le nom de Jésus. Il est le fils de Marie et de Joseph, habitants de Nazareth. Ni riche ni pauvre, il travaille pour gagner sa vie. Une vie ordinaire, simple, sans médaille de bravoure, sans diplôme honorifique. Ses contemporains ne reconnaîtront pas en lui le Messie attendu. Ils ne pourront pas voir dans ce charpentier le Fils de Dieu. La gloire divine est là, mais complètement enfouie dans la nature humaine. Sublime est la merveille : Je Suis est enfoui en l'homme Jésus.

Depuis ce grand événement qui a chamboulé l'histoire, si nous voulons connaître Dieu, nous n'avons qu'à écouter Jésus, la Sagesse incarnée : « La vie éternelle, c'est qu'ils te connaissent, toi, le seul véritable Dieu, et ton envoyé, Jésus Christ » (Jn 17, 3). Parce qu'il vient de Dieu, Jésus donne accès à la connaissance du Père et de l'Esprit. Il ne vient pas dire comment aimer Dieu, mais comment Dieu nous aime. Sa vie se termine brutalement. Étendu sur une croix, il est exposé aux regards de tous. Il nous révèle ainsi au plus haut point comment le Fils de Dieu se vide de sa gloire, de sa grandeur divine, pour nous crier : « Humains, c'est vous que j'appelle » (Pr 8, 4). C'est vous que je cherche, c'est vous que j'aime. Mais, dans le fin silence de Pâques, le Père le ressuscite. Cet événement central pour la foi chrétienne redit d'une façon éclatante que Dieu est en réalité *excès d'amour* pour l'humanité.

Pour que nous soyons certains de sa présence réelle, Jésus se fait nourriture. Il *se vide de lui-même* pour devenir Pain de vie. Il est si profondément enfoui dans la nourriture et le breuvage qu'il devient totalement méconnaissable. Jusqu'où Dieu ne va-t-il pas pour protéger la vie qu'il nous a donnée ? Anéantissement total ! Dieu se met à la merci de sa créature en se faisant homme et ensuite pain. Qui peut comprendre un tel débordement d'amour ? Y croire s'avère un don merveilleux.

Troisième intervention

L'histoire nous parle d'un autre geste déraisonnable : Jésus, *vidé de sa gloire divine*, fait de l'Église son Corps. Désormais, l'amour et l'action de Jésus ressuscité passent par ses disciples, par des humains limités, peureux, inconstants, pécheurs que l'Esprit Saint éclaire et guide. Voilà toujours sa façon d'intervenir : s'enfouir pour agir à l'intérieur, dans la douceur. Il est bien là pourtant, parlant et agissant en eux et par eux, en nous et par nous. Ce qui le rend souvent assez méconnaissable.

Pourtant, dans l'opacité même de nos mesquineries, de nos désirs de grandeur, de pouvoir, de domination, l'énergie toute-puissante de l'Esprit fait éclater, dans son Église et dans le monde, le vrai visage de Jésus, Christ et Seigneur. C'est lui, l'Esprit, qui nous fait comprendre les paroles, les gestes, les actes de Jésus. C'est lui aussi qui nous fait devenir filles et fils bien-aimés. Par l'Esprit, Jésus vient aujourd'hui dans nos noirceurs, nos mensonges, nos positions dures et désuètes pour éveiller notre conscience, purifier notre regard, éclairer nos traditions, nos décisions, nos intransigeances, nos peurs, et ainsi nous donner accès à une connaissance plus profonde de l'Essentiel, du Véritable, de la Vie à transmettre.

L'Esprit laissé par Jésus à l'Église est le grand sanctificateur. C'est à lui que revient le rôle de nous rendre saints et immaculés en présence de Dieu dans l'amour. Parfois, le mot « sainteté » fait peur. On se dit que jamais nous n'arriverons là. Que ce n'est pas pour nous, mais pour les grands saints. Je suis tout à fait en accord avec cette idée, car devenir saint n'est pas en mon pouvoir. Je ne pourrai jamais ajouter une longueur à ma vie. De même, je n'arriverai pas à devenir image parfaite de Dieu, à cet accomplissement total de ma vie qui a pour nom la sainteté. Tout n'est pas perdu, car c'est l'Esprit de Jésus et du Père qui fera cela en moi. Cependant, la sainteté, ça me regarde aussi. J'ai une réponse à donner et un chemin à prendre pour parvenir à la réalisation du projet que Dieu a pour moi : être saint comme lui est saint. En d'autres mots, la sainteté, c'est entrer dans une relation filiale avec lui. Cela ne se fera pas au terme de notre vie ; cela se réalise tout au long de notre parcours terrestre, selon notre capacité de recevoir et le désir de notre cœur. L'Esprit nous accompagne et nous conduit imperceptiblement vers le but de notre existence : vivre de la vie de Dieu.

La logique divine ou le mystère de la kénose

Dieu est tout-puissant. Il a donc tous les pouvoirs et toutes les capacités. Il est Dieu, quoi ! Ce qui est désarmant, c'est de voir avec quelle douceur il se sert de sa toute-puissance. Quand je regarde Jésus à genoux devant ses disciples pour leur laver les pieds, je réalise que ce que je pense du pouvoir n'a rien de commun avec ce qui se passe là. « Qui m'a vu a vu le Père » (Jn 14, 9). C'est donc dire que ce geste s'avère être celui de Dieu, l'Unique, le Vrai. Sa puissance est donc humble, tendre, fragile, pauvre, et son pouvoir douceur, compassion, abaissement. Nous pénétrons dans le mystère de la logique de Dieu. Pour le comprendre un peu, il nous faut entrer dans le monde de l'amour infini, inconditionnel et sans mesure.

L'apôtre Paul, dans sa lettre aux Philippiens, au chapitre 2, parle du Fils de Dieu qui renonce à son éclat, à sa puissance, à sa gloire toute divine de seconde personne de la Trinité pour devenir un homme parmi les hommes. « Il s'anéantit lui-même (se vida de lui-même) pour devenir semblable aux hommes. S'étant comporté comme un homme, il s'humilia plus encore, obéissant jusqu'à la mort, à la mort sur une croix » (Ph 2, 6-11). C'est en se basant sur cet écrit de Paul que les théologiens et les exégètes nous parlent du mystère de la *kénose*. C'est pour ainsi dire l'enfouissement de la gloire divine dans la nature humaine. La toute-puissance divine renonce librement à son pouvoir, à son vouloir, à sa gloire et adopte nos limites, notre impuissance. La kénose, c'est l'abaissement incompréhensible d'un Dieu qui aime au point de tout perdre pour s'incarner dans l'humain. Ce qui fait dire à Jean Corbon que la kénose est « la manière proprement divine d'aimer : devenir homme jusqu'au bout, sans s'imposer ni contraindre[15] ».

Là où l'anéantissement de Dieu est le plus visible, c'est dans la crèche : Dieu pleure, complètement dépendant du bon vouloir des autres. Là où son pouvoir est le plus tangible, c'est sur la croix : Dieu, épuisé, agonise, à la merci de la haine, de la violence, de l'indifférence. Dans ces deux événements se manifestent la puissance et le pouvoir d'aller jusqu'au bout d'un « Je t'aime » inconditionnel. La toute-puissance de l'Amour se retrouve dans l'effacement. Sa manière d'aimer et d'agir est d'entrer dans tout le monde créé, dans le mal, la souffrance, les événements, pour y habiter. Là, il travaille avec douceur et efficacité.

C'est en ce sens que Salomon, en faisant l'éloge de la Sagesse, peut dire : « Car plus que tout mouvement, la Sagesse est mobile ; elle traverse et pénètre tout, grâce à sa pureté » (Sg 7, 24). La Sagesse, dans sa manière d'agir, ne disparaît pas, comme on pourrait le croire. Au contraire, elle visite, elle pénètre, elle s'introduit en toute chose pour être Je Suis. Je Suis avec toi sur le chemin où tu marches. Je Suis dans ta vie pour en faire, avec toi, une histoire d'amour. Ce n'est pas parce que

---

[15] J. CORBON, *Liturgie de source*, Paris, Cerf, 1980, p. 24.

l'on ne voit pas que cela n'est pas. Ce n'est pas parce que je ne comprends pas que ce n'est pas vrai. Ce n'est pas parce que je ne puis expliquer que cela n'existe pas.

Logique divine, logique de l'amour

C'est à partir de la révélation de Dieu à travers mes événements, de l'écoute de sa parole d'hier et d'aujourd'hui, de l'accueil de la passion de la Sagesse pour moi, ainsi que de la lecture de mon expérience, que j'en arrive à balbutier sur la logique du Dieu de ma vie. Je sais que je ne sais pas, car tout me dépasse infiniment. Malgré cela, j'ose quand même exprimer ce que j'ai compris de cette logique et de la manière de voir, de penser, d'aimer et d'agir qui en découle. La Sagesse sort d'elle-même pour entrer en douceur, avec douceur, dans la normalité de l'existence humaine, pour protéger et libérer la vie. Comment se taire ? C'est si grand, si extraordinaire ! Comment taire cette question qui m'habite aussi : Pourquoi Dieu est-il si peu aimé ? Pourquoi l'Amour est-il si méconnu ?

Les paroles et les actes de la Sagesse éternelle découlent d'une logique tout autre que la nôtre, difficile à imaginer, mais qui ne peut nous laisser indifférents. Sa manière d'aimer et d'agir s'avère la même de toujours à toujours. Dieu intervient en entrant à l'intérieur. Humble, doux, effacé mais efficace, il entre dans notre histoire, dans nos malaises, dans nos souffrances, dans nos deuils pour les vivre en nous et avec nous. Un jour ou l'autre, nous expérimentons son Nom : Je Suis *Celui qui est là avec toi, pour toi, toujours*, et nos yeux s'ouvrent. Notre cœur devient brûlant et nous le reconnaissons : « Mon Seigneur et mon Dieu ! »

Nous sommes capables de contempler la beauté et la grandeur de la logique de la Sagesse, mais y entrer pour en vivre n'est pas en notre pouvoir. Nous devons la désirer, la demander, la recevoir, la « mettre en pratique ». En marchant, nous reconnaîtrons l'authentique douceur qui dicte et sous-tend chaque intervention de la divine Sagesse dans notre histoire, dans celle des autres, dans celle de l'humanité. Convaincus de son efficacité à rendre heureux, nous ferons de même, malgré les efforts que cela exigera.

Nous pourrons ensuite dire à la suite de Montfort : « Il n'y a rien de plus doux que la connaissance de la divine Sagesse : bienheureux ceux qui l'écoutent ; plus heureux ceux qui la désirent et la recherchent ; mais plus heureux encore ceux qui gardent ses voies, goûtent en leur cœur cette douceur infinie qui est la joie et la félicité du Père éternel et la gloire des anges[16]. »

* * *

Mitan 2

Ici, la Sagesse te donne audience. Écoute et bois une parole qui te révèle le visage de Dieu. C'est un récit troublant et combien touchant dans lequel Jésus présente bellement à ses auditeurs la manière d'aimer et d'agir de son Père. Je te propose de relire cette nouvelle en portant ton attention sur la logique du Père. C'est plein de la douceur de Je Suis pour chacun de ses fils.

Céder à la joie (Lc 15, 11-32)[17]

Un homme a deux fils. Le plus jeune dit à son père : « Père, donne-moi ma part d'héritage. » Le père répartit sa fortune entre ses fils. Peu de jours après, le jeune fils part pour un pays lointain. Là, il dissipe toute sa fortune en vivant follement. Une grande famine envahit son pays d'adoption. Il se retrouve sans le sou, sans amis et dans un grand dénuement.

---

[16] L.-M. de Montfort, *ASE*, 10.
[17] Ce récit est raconté d'après la lecture de plusieurs traductions de Lc 15, 11-32.

Il cherche du travail. Un habitant l'engage pour garder les cochons. Il a faim au point de désirer manger ce que mangent ces animaux, mais personne ne lui en donne.

Venant en lui-même, il se dit : « Les employés de mon père ont du pain en abondance, et moi, je meurs de faim ici. Je me lèverai donc et j'irai vers mon Père. Je lui dirai : "Père, je n'ai pas été un bon fils. Je suis coupable envers toi. Je ne suis pas digne de revenir vers toi. Je te prie de me prendre à ton service. Tu me traiteras comme un de tes employés." » Sa décision prise, il se lève et vient chez son père.

Comme il est encore loin, son père le voit. Pris aux entrailles, il court se jeter à son cou et il se penche pour l'embrasser longuement. Le fils s'empresse de lui dire : « Père, je ne mérite pas d'être encore ton fils, traite-moi comme un de tes employés. » Le père dit à un serviteur : « Vite, apportez la plus belle tunique et habillez-le. Donnez-lui un anneau pour sa main, des sandales pour ses pieds. Amenez le veau gras, tuez-le. Mangeons et festoyons ! Mon fils était mort et il revit ; il était perdu et il est retrouvé ! » Ils commencèrent la fête.

Son frère aîné était encore dans les champs. En revenant, il s'approche de la maison, entend musique et chœurs, rires et danses. Il appelle alors un des garçons et s'enquiert : « Qu'est-ce donc ? » « Ton frère est venu. Ton père a tué le veau gras, parce qu'il l'a retrouvé en bonne santé », lui dit le serviteur. Une lourde colère monte au cœur du fils aîné et il refuse d'entrer.

Son père sort et le supplie. Mais le fils, se sentant lésé, laisse l'agressivité envahir son cœur et répond : « Voilà tant d'années que je te sers, jamais je n'ai désobéi à un ordre venant de toi. Jamais tu ne m'as donné un chevreau pour une fête avec mes amis. Et voilà que ton fils revient après avoir englouti toute ta fortune avec des prostituées et, pour lui, tu tues le veau gras ! » Le père lui répond : « Toi, mon enfant, tu es toujours avec moi. Tout ce qui est à moi est à toi. Mais il fallait fêter et se réjouir parce que ton frère était mort et il ressuscite ; il était perdu et il est retrouvé. »

En relisant cette page de la Bonne Nouvelle, tu peux prendre la place du fils cadet. Il porte ton nom ainsi.

Nous avons tous une raison pour quitter la « maison » du Père Tu peux nommer la tienne, sachant qu'à ton retour le Père sera toujours là pour toi. Avant même que tu partes, lui déjà t'attend. Le Père t'aime dans ton départ, dans ton absence comme dans ton retour. C'est trop beau pour être vrai, diras-tu peut-être... et si c'était trop beau pour ne pas être vrai ?
Le fils aîné porte aussi ton nom.
Quelque chose t'empêche d'entrer dans les bras de Dieu, d'entrer dans la joie du Père. Tu es fils aîné tant que tu ne vois pas que le Père et toi êtes UN. Tu as tout ce qu'il a. Prends et reçois, c'est gratuit. Entre à la maison, dans les bras de ton père. Ta place est toujours là avec ton frère.
Dans cette parabole, Jésus ne juge ni ne condamne. Il n'indique aucune voie à suivre. Il exprime simplement que le plus important n'est pas l'erreur du cadet ni la colère de l'aîné, mais l'amour sans condition du Père pour l'un comme pour l'autre.

2

SOUS LE REGARD DE L'AMOUR

Du haut des cieux, Dieu regarde,
il voit tous les fils d'Adam ;
du lieu de sa demeure,
il observe tous les habitants de la terre.
(Ps 33, 13-14)

« Et Dieu vit »
(Gn 1, 10)

*J'ai vu, j'ai vu
la misère de mon peuple.*
Ex 3, 7

L'être humain prête des yeux à Dieu. Son expérience l'amène à se sentir vu et il a raison, car Dieu est essentiellement celui qui regarde. Déjà l'auteur du premier chapitre de la Genèse, décrivant chaque jour de la création, le termine par un refrain : « Et Dieu vit que cela était beau. » Ce regard possède une telle acuité, une telle connaissance, une telle puissance, une telle énergie qu'il pénètre la création et en admire déjà la perfection de son devenir. Contrairement à nous qui sommes arrêtés par un détail, une erreur, un temps, Dieu voit l'invisible. C'est à l'intérieur que plonge son regard, et ce qu'il voit, il le trouve bon, complet, utile, juste, beau, indispensable. Être vu par Dieu, c'est être connu jusqu'à l'intime de soi, sans jugement. Quand l'être créé se laisse regarder ainsi par les yeux de l'Amour, il devient lui-même, et fier de l'être. Il sait qu'il n'a pas été fait pour rien.

Dieu, notre Père, fait surgir des êtres et il prend le temps de jauger, de peser, de regarder ce que sa parole fait naître et de donner son appréciation. Quand il évalue son œuvre, il ne peut que la trouver belle et bonne, car il l'a faite avec justice, sagesse, amour. Dieu ne peut faire que des choses belles et en mouvement. Tout est entier et tout est en devenir. Rien d'inutile, rien de laid, rien d'absurde, rien de mauvais n'a été créé. Et parce qu'il est Sagesse, il crée une fois pour toutes vers la croissance. Il ne recrée pas parce qu'il a fait une erreur, mais pour ajuster et mettre au point le déjà là. Chaque matin, nous jaillissons, tout neufs, des mains de notre Créateur.

C'est ce qu'affirme en d'autres mots l'auteur du livre de la Sagesse : « Oui, tu aimes tous les êtres, et n'as de dégoût pour rien de ce que tu as fait ; car si tu avais haï quelque chose, tu ne l'aurais pas formée. Et comment une chose subsisterait-elle, si tu ne l'avais voulue ? Comment conserverait-elle l'existence, si tu ne l'y avais appelée ? Mais tu épargnes tout, parce que tout est à toi, Maître ami de la vie, toi dont le souffle impérissable est en toute chose ! » (Sg 11, 24-26 ; 12, 1). C'est ainsi que, dès l'origine du monde, l'être humain se sait vu par ce Dieu qui regarde, observe, surveille, « sonde et connaît le cœur de chacun » (Ps 139, 1).

Le regard d'un père compatissant

L'éducation religieuse que j'ai reçue m'a laissé longtemps l'image d'un Dieu-qui-voit-tout, au regard inquisiteur et sans tendresse. C'est venu simplement par une parole souvent répétée : « Tu sais, Dieu te voit partout, même dans le noir. » Ce fut difficile de me défaire de ce regard qui espionne, suit, viole ma liberté en entrant dans le plus intime de mon être. J'ai essayé en vain de fuir, de me cacher loin de ce détestable regard de fouine. J'ai détesté ce Dieu qui ne respectait ni ma dignité ni ma pudeur. C'est en faisant le constat que Dieu est amour et qu'il est amoureux de moi que tout a changé.

L'amour ne veut pas angoisser. L'amour ne surveille pas. L'amour n'essaie pas de prendre en défaut. L'amour est discrétion et respect. L'amour laisse libre et rend libre. L'amour fait confiance. L'amour met debout. L'amour est douceur et délicatesse. L'amour ne jalouse pas. L'amour ne juge pas. L'amour fait vivre. L'amour est bonne nouvelle (cf. 1 Co 13, 1-13) ! Par ces prises de conscience et par des expériences, peu à peu, j'ai désiré, délivrée de mes ennemis, le servir en sainteté et justice sous son regard, tout au long de mes jours (cf. Luc 1, 74-75).

J'ai appris ainsi, au fil des ans, que le regard de Dieu n'est pas comme celui de certains êtres humains : inquisiteur, méprisant, avilissant ou réprobateur, dont nous avons pu faire l'expérience. Rien de tel dans le regard de la Sagesse éternelle et incarnée. Il reflète ce qu'elle est : douceur, compassion, compréhension, miséricorde. Elle n'espionne pas, mais veille sur la vie en nous et, dès avant la fondation du monde, elle prend plaisir à fréquenter les enfants des hommes (Pr 8, 31), non à les juger et à les condamner. « Dieu n'a pas envoyé son Fils dans le monde pour condamner le monde, mais pour que le monde soit sauvé par lui » (Jn 3, 17). Il nous suffit de penser au regard d'attente et d'accueil du Père aimant de la parabole, et nous saisirons mieux ce qui se dégage du regard que Dieu porte sur nous.

Le regard de Jésus

Pour voir le regard de Dieu, il faut passer par l'Homme de Nazareth. « Nul n'a jamais vu Dieu ; le Fils unique, qui est dans le sein du Père, lui l'a fait connaître » (Jn 1, 18). Nous ne pouvons que constater, en parcourant les Évangiles, que c'est d'abord Jésus qui voit. Alors, il vient en douceur, avec respect. Il vient à Zachée, à l'aveugle-né, à la femme adultère, à Matthieu, etc. Sous son regard, toute personne rencontrée se sent quelqu'un de bien, de bon, de grand. À ceux qui écoutent revient toujours ce même refrain qui surgit de la nuit des temps : « Et Dieu vit que cela était beau ! » Le regard humble et doux de Jésus remet debout, donne confiance et invite à la marche. Ainsi est le regard du Père, nous dit Jésus : « Qui m'a vu a vu le Père » (Jn 14, 9).

Jésus va vers ses compatriotes. Il les appelle par leur nom. Il lit dans leur cœur. Il connaît leurs pensées, leurs désirs, leurs intérêts, leurs sentiments. Il est ému de leur joie, de leur peine et de leur souffrance. Il partage leurs attentes, leurs angoisses. Il ne se sert pas de ces connaissances intimes pour humilier ou mépriser, mais pour interpeller et transformer. Il regarde amoureusement celles et ceux qu'il côtoie, tout comme le Père les regarde. Il croit en eux. Il n'a aucun mépris pour aucun être humain. C'est dans l'intérieur que plonge son regard pour que jaillisse la vie, la beauté, la liberté, la droiture. Ce regard d'infinie tendresse, d'infinie bonté, n'a rien de hautain, d'écrasant ou de méprisant. Dieu n'est qu'Amour, Sagesse, Douceur. À ne pas oublier ! Jamais !

Être vu pour voir

Ce sont vos yeux à vous qui ont vu cette grande œuvre de Dieu.
Dt 11, 7

Si Dieu nous regarde avec tant d'insistance, ne serait-ce pas pour attirer notre regard ? Et en le regardant, nous le connaîtrons mieux. La connaissance passe par les sens, par l'expérience, par l'intelligence. C'est voulu par la Sagesse éternelle quand elle déclare, par Isaïe, qu'elle ne délaissera pas son peuple, « pour qu'ils voient et sachent, qu'ils observent et comprennent tous que la main de Dieu a fait cela et les a créés » (Is 41, 20). Il est vrai que, pour le peuple de l'Ancien Testament, existait cette peur viscérale : voir la face de Dieu causait une mort certaine. Mais dans les livres sapientiaux, nous apprenons que chercher la Sagesse, c'est tenter de voir la création, l'univers, le monde, les autres et leurs activités, avec les yeux mêmes de Dieu, en adoptant sa manière de voir.

Souvent, j'entends dire : « Dieu, on ne le voit pas. » J'ai le goût de répondre : « Le regardons-nous vraiment ? » En réalité, nous sommes tous des aveugles en recherche de lumière. Le temps de notre vie nous est donné gratuitement pour apprendre à regarder avec les yeux du cœur. La lecture de l'histoire de l'humanité écrite dans la Bible exerce l'acuité de notre regard sur les faits et gestes du Dieu qui écrit cette histoire avec des personnes bien réelles. Trop long ? Alors, c'est simple : prenons plutôt le temps de nous asseoir dans la forêt et de regarder ; au bord de la mer ou sur le banc d'un centre commercial et de regarder ; sur le bord de notre vie et la lire. Sûrement, nous reconnaîtrons la Sagesse par la douceur de ses interventions dans le cours de notre propre histoire. À chaque détour, à chaque tournant, ou simplement assise à notre porte, nous la trouverons.

En marchant sous le regard de l'Amour qui va de l'éternité à l'éternité, notre vie s'éclaire au fil des événements, car la lumière est toujours accessible à nos yeux. La Sagesse éternelle ne nous tient pas dans les ténèbres. Elle fait lever sa lumière dans notre vie simple ou compliquée, tortueuse ou droite, en détresse ou en paix, tout comme elle reste levée sur la longue et pénible histoire du monde. Nous avons simplement à ouvrir les yeux vers elle pour être guéris de notre cécité. Qu'il nous soit donné de la voir jaillir sur nous à ce moment précis de notre histoire, pour reconnaître notre Dieu à l'œuvre dans notre aujourd'hui et dans le monde !

Je pourrai affirmer avec le psalmiste : « Mes yeux sont fixés sur Dieu » (Ps 25, 15), parce que je saurai par expérience que lui, Dieu, a les yeux fixés sur moi avec tendresse et miséricorde. Il voit le mal qui m'habite, mais son amour est plus fort. Son regard n'exprime que douceur parce qu'il est lourd de compréhension. Jamais le mal en moi ne repoussera Dieu. Quelle belle occasion je laisserais passer si je refoulais ce qui monte dans mon cœur de peurs, colères, remords, tristesses, inquiétudes, au moment où je prends conscience que l'Amour me regarde ! C'est sous ce regard que je deviens moi-même. Ma vie prend sa dimension, car quelqu'un qui sait tout de moi m'aime inconditionnellement. Dieu, mon créateur et père, me voit et juge que cela est bon. Je demeure en paix et en confiance, car « j'ai devant les yeux son amour et je marche en sa vérité » (Ps 26, 3).

L'auteur du psaume 8 nous partage sa réflexion : « À voir le ciel, ouvrage de tes doigts, la lune et les étoiles que tu fixas, qu'est-ce que le mortel, pour que tu en prennes souci ? » (8, 4-5). Tout ce qui a été créé, l'humain y compris, s'avère objet d'émerveillement pour qui se laisse émouvoir par la beauté et la grandeur qui l'entourent. Tout s'étend là devant nos yeux. Le souci que Dieu se fait pour nous trouve son sens dans ce qu'il voit, en chaque être humain, le visage du Fils bien-aimé en qui nous sommes. Nous pouvons le supplier de « faire lever sur nous la lumière de sa face » (Ps 4, 7 ; 31, 17 ; 44, 4 ; 67, 2) pour nous faire voir de quel amour nous sommes aimés.

Se laisser regarder

Un jour, quelqu'un m'a dit cette parole qui est encore agissante : « Si tu pouvais te voir avec mes yeux, tu verrais tant de beauté ! » J'ai fait là l'inoubliable expérience d'un regard qui peut changer la façon de se voir soi-même. Précieuse, l'amitié qui voit ce que nous ne voyons pas. C'est bon d'entendre quelqu'un dire ce qu'il voit en nous, ce qu'il perçoit de nous. Nous avons le « don » de nous sous-estimer et d'être assez négatifs dans les jugements que nous portons sur nous, et ce n'est pas toujours juste. Cette droiture de l'ami nous empêche aussi de nous surestimer. Ce qui n'est nullement nécessaire, sachant le prix que nous valons aux yeux de JE SUIS. Se connaître est un cadeau merveilleux, et pourtant, il reste difficile à développer.

Clair est le regard de l'enfant qui se sait aimé ; brillant celui de l'amoureux ; sûr et serein celui de la personne riche d'expérience ; admiratif celui de Dieu devant ce qu'il a créé. Je ne voudrais plus déclarer laid ce que Dieu trouve beau en moi et dans les autres, ni condamner ce que lui ne juge même pas. Seule la Sagesse connaît et pénètre les secrets de notre cœur. C'est en la laissant nous regarder que nous prenons conscience que son regard nous rend beaux, indispensables, justes, uniques. Voir, c'est rencontrer le réel. C'est vrai en ce qui concerne le regard de Dieu sur moi, et mon regard sur lui ; mais aussi mon regard sur moi et sur l'autre. La connaissance passe par les sens et se rend à l'intelligence, à la mémoire et au cœur.

Un geste apaisant pour moi, c'est de m'asseoir devant Dieu et le laisser me regarder comme je suis, sans rien vouloir changer. Guérissant, de laisser ce regard de douceur m'effleurer et entrer dans ce lieu profond où je ne suis que préoccupation et attente. Alors, le calme et la confiance reviennent en moi. La paix s'installe toujours assez longtemps pour me donner l'élan de poursuivre la route sous son regard dans l'amour. Me laisser *voir* ainsi vient du fait que je me sais aimée comme je suis. Cette certitude me donne le goût de devenir meilleure.

Dietrich Bonhoeffer, éminent théologien allemand et héros de la résistance au nazisme, écrit, de la prison de Tegel, à Berlin, où il a été incarcéré, ce poème qui exprime la turbulence intérieure que le jugement des autres fait monter en lui. Je m'y reconnais.

Qui suis-je ?

Qui suis-je ? Souvent ils me disent
Que de ma cellule je sors
Détendu, ferme et serein,
Tel un gentilhomme de son château.

Qui suis-je ? Souvent ils me disent
Qu'avec mes gardiens je parle
Aussi librement, amicalement et franchement
Que si j'avais à leur donner des ordres.

Qui suis-je ? De même, ils me disent
Que je supporte les jours d'épreuve
Impassible, souriant et fier,
Ainsi qu'un homme accoutumé à vaincre.
Suis-je vraiment celui qu'ils disent ?
Ou seulement cet homme que moi seul connais,
Inquiet, malade de nostalgie, pareil à un oiseau en cage,
Cherchant mon souffle comme si l'on m'étranglait,
Avide de couleurs, de fleurs, de chants d'oiseaux,
Assoiffé de bonnes paroles et d'une espérance humaine,
Tremblant de colère au spectacle de l'arbitraire
Et de l'offense la plus mesquine,
Agité par l'attente de grandes choses,
Craignant et ne pouvant rien faire pour des amis
infiniment lointains,

Si las, si vide, que je ne puis prier, penser, créer,
N'en pouvant plus et prêt à l'abandon.
Qui suis-je ? Celui-là ou celui-ci ?
Aujourd'hui cet homme, et demain cet autre ?
Suis-je les deux à la fois ?
Un hypocrite devant les hommes
Et devant moi un faible, misérable et piteux ?
Ou bien ce qui est encore en moi ressemble-t-il à l'armée vaincue
Qui se retire en désordre devant la victoire déjà remportée.
Qui suis-je ? Dérision que ce monologue !
Qui que je sois, tu me connais : tu sais que je suis tien, ô Dieu[1] !

Dieu ne cesse de nous révéler ce que nous sommes à ses yeux. Dans son regard, nous pouvons percevoir notre réelle valeur. La Sagesse croit en nous. À la laisser nous regarder courageusement, longuement, humblement, nous apprenons à regarder avec ses yeux. Ce que nous verrons sera vu à travers le prisme de la douceur et de la compassion. Et, à mesure que la Sagesse accomplira cela en nous, une parole nous sera adressée : « Bienheureux les doux, car ils recevront la terre en héritage » (Mt 5, 4).

En acceptant d'être vus par l'Amour, il arrive que notre conscience s'éveille et nous montre ce qui est en notre pouvoir de changer afin de vivre, d'aimer, de voir, de marcher différemment, c'est-à-dire à la manière de la Sagesse et selon sa logique. Il est possible, alors, de trouver l'apaisement. Et si malgré cela nous nous sentons coupables et misérables, relisons cette parole de Jean qui nous enlève toute crainte, toute peur, toute culpabilité : « Si notre cœur venait à nous condamner, Dieu est plus grand que notre cœur et il connaît tout » (1 Jn 3, 20). Nous pouvons relever la tête avec confiance. Je Suis marche avec nous et, sous son regard, nous apprendrons à regarder l'autre sans faire de

---

[1] D. BONHOEFFER, *Résistance et soumission.* Lettres et notes de captivité, Genève, Labor et Fides, 1963, p. 164.

comparaison, sans poser de condition, sans vouloir qu'il pense et voie comme nous.

Saint Paul, dans la lettre aux Éphésiens, nous amène à croire en l'amour inouï du Père de Jésus Christ et en nous-mêmes, car nous avons été choisis : « Béni soit le Dieu et Père de notre Seigneur Jésus Christ, qui nous a bénis par toutes sortes de bénédictions spirituelles, aux cieux, dans le Christ. C'est ainsi qu'Il nous a élus en lui, dès avant la création du monde, pour être saints et immaculés sous son regard, dans l'amour, déterminant d'avance que nous serions pour lui des fils adoptifs par Jésus Christ. Tel fut le bon plaisir de sa volonté » (Ep 1, 3-5).

* * *

Mitan 3

À nouveau, la Sagesse te donne rendez-vous.
Il se trouve une page d'évangile qui, tout en laissant perplexe ta logique humaine, t'invite à une profonde et inépuisable réflexion. Tu peux la lire en fixant ton attention sur la douceur qui se dégage du regard de Jésus. Tu reconnaîtras sans aucun doute l'agir du père de la parabole du père aimant.

La grâce d'un regard (Lc 22, 54-62)

Ayant donc saisi Jésus, ils l'amènent, toujours les mains liées. Ils passent par la cour pour le faire entrer dans la maison du grand prêtre. Des gens avaient allumé du feu au milieu de la cour et étaient assis ensemble. Pierre s'assoit au milieu d'eux.
Une servante le voit assis près de la flambée. Elle le dévisage et dit : « Celui-là aussi était avec lui ! » Mais il nie et dit : « Je ne sais qui il est, femme ! »
Peu après, un autre le voit et déclare : « Toi aussi, tu en es ! » Mais Pierre répond : « Mon ami, je n'en suis pas. »
Environ une heure plus tard, un autre insiste : « Sûrement, celui-là aussi était avec lui, et d'ailleurs, il est Galiléen ! » Mais Pierre

dit : « Homme, je ne sais pas de quoi tu parles. » Et comme il parlait encore, un coq chanta.
Passant dans la cour au même instant, Jésus, toujours ligoté, se tourne. Il fixe son regard sur Pierre. Alors, Pierre se rappelle la parole du Seigneur, qui lui avait dit : « Avant que le coq chante aujourd'hui, tu m'auras renié trois fois. »
Il sort dehors et pleure amèrement.

Que penses-tu de cet épisode de la vie de Pierre ? Du regard de Jésus ?

Dans la Bible, les larmes signifient un profond regret. Elles deviennent une prière. Ici, c'est le regard de Jésus qui parle au cœur de Pierre, l'éveille et lui donne de saisir l'ampleur de son reniement. Pierre n'a que des larmes pour exprimer l'immense regret que son cœur ressent.

Si ce regard n'était pas rempli de compréhension, de miséricorde, de douceur, de tendresse, crois-tu que Pierre, reconnaissant Jésus sur le rivage après la résurrection, se serait jeté à l'eau pour se rendre plus vite à lui ?

Et si tu prenais la place de Pierre ? C'est possible de laisser Jésus fixer son regard sur toi ? N'aie pas peur, laisse-toi regarder. Et plonge ton regard dans celui de ton Dieu. Tu n'y trouveras qu'un fol amour.

3

LA PAROLE COMME SÉDUCTION

Écoutez, cieux, je vais parler !
Que la terre entende les paroles de ma bouche !

Mon enseignement ruissellera comme la pluie
ma parole descendra comme la rosée,
comme l'ondée sur la verdure,
comme l'averse sur l'herbe.
(Dt 32, 1-2)

« Et Dieu dit »
(Gn 1, 3)

Tu m'as séduit, Yahvé, et je me suis laissé séduire : [...] alors, c'était en mon cœur comme un feu dévorant.

Jr 20, 7-9

Une parole fascinante

Réfléchir sur le nom de Dieu, sa logique, son regard, alimente notre connaissance de l'Inconnaissable ; mais nous pouvons nous pencher encore davantage sur le bord du mystère pour en contempler, cette fois, la parole. Croire, c'est entrer dans un dialogue dont Dieu est l'initiateur. « Et Dieu dit : "Que la lumière soit !" » Cette première parole fait jaillir le premier matin du monde. Dieu parle toujours avec une forte douceur, et ce qu'il dit prend forme. Parce qu'elle est de Dieu, cette parole demeure éternellement agissante, éternellement créatrice.

Dès cette parole des commencements, Dieu prend un engagement à très long terme avec la création. Il ne peut retirer la création de ses mains ni taire sa parole. Il a amorcé quelque chose que lui seul a le pouvoir d'achever. D'après A. Feuillet : « La création est le commencement du chemin que Dieu entend parcourir en compagnie des hommes, le premier des hauts faits divins dont la série se poursuivra dans l'histoire humaine, l'institution du cadre où se déroulera le dialogue entre Dieu et l'homme[1]. » Ainsi, c'est au creux de la création et tout au long de son évolution que Dieu parle à l'humanité et attend d'elle

---

[1] A. Feuillet, *Le prologue du quatrième évangile*, Paris, Desclée de Brouwer, 1968, p. 45.

une réponse afin qu'une relation s'établisse. La parole ne cessera jamais de se dire, car l'être humain est chéri par son Créateur qui recherche son amour et attend *anxieusement* son retour. « La Sagesse est pour l'homme et l'homme est pour la Sagesse », affirme si tendrement l'auteur de *L'amour de la Sagesse éternelle*.

Dieu n'est que douceur. Nous sommes bien étonnés de lire dans la Bible des paroles de menace, de vengeance et de destruction qu'il prononce avec véhémence. « Pour savoir ce que voulait dire tel auteur ou tel livre, il est nécessaire de savoir comment alors on écrivait ou parlait[2]. » Nous ne pouvons pas comprendre ces passages de grandes violences si nous ne connaissons pas le contexte, les règles de la culture, le style de vie, la pensée et les croyances de l'époque. Tout dans la Bible n'est pas un modèle à imiter et n'est pas nécessairement une révélation de Dieu. Avant de se scandaliser, il faut se replacer dans l'histoire d'un peuple et de son époque. En racontant : « Dieu dit », l'auteur ne se pose pas en témoin de l'événement, mais « en héritier d'une histoire dont il attribue à Dieu l'initiative et le succès[3] ». La foi ne consiste pas à ignorer les colères de Dieu ni à y croire à la lettre. Elle affirme plutôt qu'en traversant et même en se servant de ces événements, de ces rivalités, de ces trahisons, de ces haines, de ces atrocités, Dieu poursuit son entreprise d'être Dieu pour son peuple et de le rassembler.

Nous savons que le plus grand plaisir de la Sagesse est de se faire connaître à celles et à ceux qui la cherchent. Pour cela, elle se communique par la parole, révélatrice de tout son être, et donne à l'être humain la capacité d'écouter et d'aimer cette parole. Nous avons besoin de la parole pour naître à Dieu. Nous avons besoin de la même parole pour naître aussi à nous-mêmes. C'est elle qui nous crée. C'est elle qui nous transforme. C'est

---

[2] J. GUILLET, *Dieu parle à l'homme*, Paris, Desclée de Brouwer, 1994, p. 91.
[3] *Ibid.*, p. 13.

elle qui nous séduit. La séduction est nécessaire pour accueillir et entreprendre une relation.

Si nous doutons de son pouvoir de séduction, essayons de lire lentement ces quelques paroles qui viennent de loin, de très loin, et que Dieu ne fait entendre qu'au cœur du silence :

> Soyez forts et tenez bon, ne craignez pas et ne les redoutez pas, car c'est Yahvé ton Dieu qui marche avec toi : il ne te délaissera pas et ne t'abandonnera pas (Dt 4, 31).

> Ne tremble pas devant eux, car au milieu de toi est ton Dieu (Dt 7, 21).

> Les justes vivent éternellement ;
> leur récompense est aux mains du Seigneur,
> c'est le Très-Haut qui d'eux prend souci.
> Aussi recevront-ils de la main du Seigneur la couronne royale de gloire et le diadème de beauté ;
> car de sa droite il les abritera,
> il les couvrira de son bras comme d'un bouclier (Sg 5, 15-16).

> Que votre cœur cesse de se troubler !
> Croyez en Dieu, croyez aussi en moi (Jn 14, 1).

Maintenant, qui osera dire que la Parole de Dieu n'est pas douce ? Qui osera mettre en doute sa saveur ? Sa capacité à nous séduire ? Son pouvoir de nous tourner le cœur ? Qui osera dire qu'elle n'est pas lieu de naissance, de conversion, de croissance, de vie ?

Une parole qui relie

Parler, c'est se tourner vers un autre et attendre un retour. Il est impensable que Dieu, notre créateur, soit avec nous en tout temps, en tout lieu, en toute circonstance. Inimaginable que sa parole nous façonne inlassablement. Cependant, ce n'est pas parce que l'on ne le voit pas qu'il n'agit pas. La Parole de

Dieu est une parole inondée d'amour et capable de provoquer séduction, ravissement, impulsion. Si nous la laissons descendre en nous, c'est que déjà nous sommes *gagnés*, prêts à naître à soi, à Dieu, aux autres.

La parole demeure toujours proche et à l'affût. Un jour, comme ça, elle se laisse entendre et nous l'écoutons. Elle entre alors en action avec toute la douceur possible, nous libère, nous interpelle, nous stimule, nous donne le goût de rester en marche avec l'Autre et avec d'autres. Avec le psalmiste, nous savons que « la parole est une lampe sous nos pas, une lumière sur notre route » (Ps 119, 105). Dans cette lumière, la parole nous apparaît toujours personnelle, toujours neuve, toujours libre, et nous avançons pleins d'assurance, sachant par expérience que rien n'est facile et que la qualité de notre relation aux autres découle de la qualité de la relation que nous entretenons avec nous-mêmes et avec Dieu.

Il nous arrive d'être saisis par la Parole. Elle nous envahit le cœur à un moment inattendu, nous interpelle et nous relie à Dieu et aux autres : « D'un amour éternel, je t'ai aimé » (Jr 31, 3), ou : « Père, pardonne-leur. Ils ne savent pas ce qu'ils font » (Lc 23, 34), ou encore : « Tout ce qui est à moi est à toi » (Lc 15, 31). Avant de parvenir jusqu'à nous, ces paroles stimulantes et renversantes ont été entendues par des personnes bien concrètes et leur cœur en a été touché. Paroles séduisantes, autant et tellement plus que celle qu'une bien-aimée veut entendre de la bouche de l'aimé. Une telle parole creuse dans la personne qui l'entend une profonde certitude. Elle lui procure une énergie inépuisable capable de transporter la vie de la tête au cœur. Ce genre d'expérience colore toutes les situations quotidiennes et rend moins lourd le fardeau. C'est le même Dieu, le même peuple et les mêmes expériences. La Parole ne passe pas. Quand elle entre dans un cœur qui la reçoit, elle s'installe à demeure et tisse la relation. C'est alors que nous réalisons que la Parole, c'est Quelqu'un.

Une parole qui féconde

Une telle proximité annonce la présence fidèle de la Sagesse éternelle qui reçoit le « oui » de l'interpellé et lui donne une forme sans forme : celle de l'amour. C'est à elle de garantir le devenir de cette relation unique et de la rendre féconde. Pour cela, elle solidifie la réponse encore fragile qui vient d'un être toujours assoiffé de s'approprier ce qu'il reçoit pour « estimer » la force de ses propres efforts. Lorsque la tentation de tout s'approprier est dépassée, la réponse de l'être humain, désormais enracinée en Dieu, reçoit sa forme originale et porte du fruit en abondance. C'est dire que le travail est continu et que constamment la parole accompagne la personne, la guide pour l'amener à développer sa ressemblance à Dieu. Ainsi, toute rencontre se tiendra dans la vérité de deux êtres aimantés par l'amour : la Sagesse et moi ; moi et l'autre.

Enfin, il nous est offert de comprendre avec le cœur qu'une seule et unique parole a été prononcée pour chaque être humain. Une parole qui prend forme dans sa vie, dans son histoire. Une parole qui le libère de son étroitesse et lui permet d'entrer dans la merveilleuse intimité du cœur de Je Suis. Comme pour Marie, un « oui » conscient et abandonné laisse naître en nous cette authentique Parole, la seule vraie : Jésus. C'est ainsi que le *Catéchisme de l'Église catholique* peut affirmer que le christianisme est la religion de la « parole » de Dieu, « non d'un verbe écrit et muet, mais du Verbe incarné et vivant[4] ».

---

[4] Saint Bernard, hom. Miss. 4, 11. Cité dans le *Catéchisme de l'Église catholique*, Ottawa, CECC, 1992, n° 108, p. 36.

Proche est la parole

> *Toute rencontre – toute parole – est germe de Dieu en nous, notre germe en Dieu.*
>
> P. Emmanuel[5]

La Parole vient

Pour l'homme de la Bible, la parole exprime la personne, participe à son dynamisme et est douée d'une sorte d'efficacité en vue de la réalisation d'une idée. Elle est tout cela pour Dieu, mais en plus intense, car elle est action, connaissance, lumière, transformation, présence, séduction. Elle ne s'épuise jamais. Elle va, au-delà des limites du temps et de l'espace, porter la vie. Elle n'est pas seulement objet d'étude abstraite, elle s'avère aussi expérience. En un mot, elle est Je Suis.

Je Suis, l'éternelle présence, accompagne doucement, amoureusement, patiemment le peuple qu'il aime. Par bien des manières, il lui témoigne son amitié et lui communique ses faveurs. Montfort exprime ainsi sa pensée : « Comme la divine Sagesse est parole dans l'éternité et dans le temps, elle a toujours parlé, et sur sa parole tout a été fait et tout a été réparé. Elle a parlé par les prophètes, par les apôtres, et elle parlera jusqu'à la fin des siècles par la bouche de ceux à qui elle se donnera[6]. » Dieu est Sagesse. Il sait ce qu'il fait et pourquoi il le fait.

« Que la lumière soit ! » Du moment que cette parole se fait entendre, comme dans un éternel aujourd'hui, Dieu prépare l'Événement unique de l'histoire où son Verbe prendra chair

---

[5] P. EMMANUEL, *La face humaine*, Paris, Seuil, 1965, p. 102.
[6] L.-M. DE MONTFORT, *ASE*, 95.

humaine et deviendra Jésus. En vue de cette manifestation inconcevable par notre esprit, la parole, du milieu du chaos des commencements et du temps, sort de la profondeur du vide, s'élance dans l'infini et donne forme à l'univers et à l'humanité. Elle libère la vie qui se répand en abondance partout. Cette parole est d'une telle puissance, d'une telle densité, d'une telle douceur, d'une telle énergie, qu'elle s'avère être une Personne : « Au commencement, le Verbe était et le Verbe était tourné vers Dieu et le Verbe était Dieu. Il était au commencement avec Dieu. Tout fut fait par lui, et sans lui rien ne fut fait » (Jn 1, 1-2). Et pour une plus grande proximité encore : « Dieu, en ces temps qui sont les derniers, nous a parlé par son Fils » (He 1, 2). En se faisant séduction, la parole nous tourne vers la Lumière, et le visage qui apparaît est celui de Dieu en Jésus. Alors, la relation devient possible. Je Suis est avec nous, tous les jours, pour toujours. Bienheureux celle et celui qui écoutent.

En Jésus, Dieu s'est fait Parole pour nous. Il s'est fait homme pour être au milieu de nous. Nous pouvons le voir, l'entendre, le toucher, lui parler. Il donne accès à toute la capacité de communication de Dieu, mais dans un langage qui peut être entendu par des oreilles de femmes, d'hommes, d'enfants. La parole est devenue proche et compréhensible. Il n'est pas nécessaire d'être des savants pour la saisir. Elle est simple, claire, limpide, offerte à tous. Impossible de l'encadrer ou de l'enfermer dans des mots ou des formules, elle est vivante et libre. C'est dans nos vies que nous pouvons l'entendre et la laisser nous mener hors de nous. Parce qu'elle est une parole d'amour, elle ne peut que nous conduire à nous-mêmes, au Père et aux autres.

Le Verbe en s'incarnant a voulu exprimer et donner Dieu à tous les êtres humains d'hier, d'aujourd'hui, de demain. Dire cela, c'est affirmer que la parole ne vieillit pas. Elle est inédite, prête à inventer, à innover. Dès qu'une brèche s'ouvre, sans attendre, la parole entre en douceur et sans bruit dans le cœur et, en mouvement de création, provoque fécondité, naissance, croissance. Elle produit un fruit qui demeure. Elle n'est jamais loin : « Elle est proche de toi, la parole, elle est dans ta bouche et dans ton cœur » (Dt 30, 14 ; Si 51, 26 ; Rm 10, 8). Ainsi, elle est toujours prête à intervenir avec délicatesse. Ce qui n'atténue en rien sa puissance.

Tout l'être de Jésus est parole du Père et de l'Esprit. Et dans cette Parole unique où tout se dit, le temps présent comme celui des origines rejoint l'éternité. Comme la Sagesse, la Parole est éternelle. En elle, l'histoire est contenue et se réalise à chaque instant, car tout événement est gravé dans la mémoire de Dieu en vue de son achèvement. Comme le Père, Jésus parle à toutes les générations du monde à venir : « Le ciel et la terre passeront, mais mes paroles ne passeront pas » (Mc 13, 31).

* * *

MITAN 4

Si tu veux arrêter ta lecture pour une entrevue sans rendez-vous, sans heure fixe, sans échéance.
Marie attend avec assurance l'Élu de Dieu en accomplissant les tâches de la vie ordinaire des femmes de son village et en se préparant à son mariage avec Joseph. Voilà qu'elle aussi est l'élue de Dieu. Entre avec elle dans la maison de Nazareth où une visite inattendue transforme sa vie et change le cours de l'histoire.

Une visite surprise[7] (Lc 1, 26-38)

Un jour, Gabriel, un envoyé de Dieu, vient à Nazareth, petite ville de Galilée, visiter une jeune fille fiancée à un homme de la maison de David, Joseph. Cette jeune fille s'appelle Marie.
En entrant chez elle, Gabriel lui dit : « Salut, Marie, toi que le Seigneur aime et comble de dons. Sois heureuse, il est toujours

---

[7] Ce texte est raconté à partir de la *Bible de Jérusalem* et de *La Bible, Nouvelle traduction*, Paris/Montréal, Bayard/Médiaspaul, 2001.

avec toi. » Ces mots bouleversent la jeune femme ! Elle se demande ce que signifie cette salutation. Mais le visiteur lui dit : « N'aie pas peur, Marie ; Dieu t'a choisie entre toutes les femmes. Tu seras enceinte et tu mettras au monde un fils. Tu lui donneras le nom de Jésus. Il sera grand et on l'appellera fils du Très-Haut. Dieu lui donnera le trône de David, son père. Il régnera sur la maison de Jacob, et son règne ne finira jamais. »
Marie demande : « Comment cela est-il possible, puisque je ne suis pas encore épousée ? » Gabriel répond : « Comme au début du monde, l'Esprit transmet son souffle de vie, et la puissance du Très-Haut te couvre de son ombre. L'enfant qui naîtra de toi sera saint et appelé Fils de Dieu. Ta cousine Élisabeth, malgré son grand âge, est enceinte. Pourtant, on l'appelait la stérile. Tu vois que rien n'est impossible à Dieu ? » Marie dit alors : « Je suis au service du Seigneur ; qu'il m'advienne selon ta parole ! » Et l'ange la quitte aussitôt.

Assis sur le banc d'un parc ou sur celui du métro, en revenant du travail ou en cuisinant un plat, en marche ou au repos, souviens-toi d'un événement qui a bouleversé le cours de ton histoire. Semblable à l'annonce faite à Marie, une parole s'est levée en toi et tu as osé l'aventure. Vois si elle est encore vivante.

Sache que le partage permet toujours d'aller plus loin dans l'expérience.

4

LA JUSTICE COMME SAINTETÉ

Le pouvoir sans amour est dangereux et abusif.
L'amour sans pouvoir est sentimental et anémique.

Le pouvoir à son meilleur est l'amour mettant en œuvre
la demande de justice, et la justice à son meilleur
est le pouvoir corrigeant tout ce qui fait obstacle à l'amour.
(M. Luther King[1])

---

[1] www.wikipedia.org/Martin_Luther_King.

« Guide-moi dans ta justice »
(Ps 5, 9)

La route des justes est comme la lumière de l'aube, dont l'éclat grandit jusqu'au plein jour.
Pr 4, 18

Justice humaine, justice divine

Lorsque j'entends le mot « justice », spontanément je vois la balance où tout doit être mesuré avec exactitude. C'est le symbole par excellence de la justice humaine : deux plateaux, situés à chaque bout d'une ligne horizontale, se tiennent en équilibre stable. Ainsi, parler de justice, c'est parler d'équilibre, d'égalité, de mesure. Si elle évoque d'abord un ordre juridique, c'est qu'elle est un ordre moral qui consiste à donner rigoureusement à chacun selon son dû, selon ses droits. Nous transférons dans le domaine religieux notre expérience humaine de la justice. Nous partons du connu pour passer à l'inconnu, au totalement inconnu : la justice de l'amour.

L'homme de la Première Alliance ne met jamais en doute la justice de Dieu, car il est certain « qu'il juge avec justice et qu'il scrute les reins et les cœurs » (Jr 11, 20). Même s'il croit le jugement toujours imminent, il sait que, connaissant parfaitement les justes et les coupables, Je Suis saura discerner. Il fera « droit aux malheureux, justice aux pauvres » (Ps 140, 13). Cela ne veut pas dire que les pauvres sont meilleurs que les riches. Dieu est Dieu pour tous, mais il a un parti pris pour ceux qui sont victimes d'injustice. Riches ou pauvres, oppresseurs ou opprimés, tous nous sommes invités à devenir des justes. Si l'on pouvait réaliser combien chacun de nous est pauvre et démuni, on éviterait sûrement de faire des comparaisons.

Des courants de pensée traversent la Bible et viennent jusqu'à nous. Ils nous servent à reconnaître les actes qui relèvent de l'ordre juridique, ceux qui découlent d'un exercice de l'observance de la loi, et ceux qui proviennent d'une volonté d'être comme Dieu qui dirige merveilleusement l'univers et nourrit ses créatures avec la même générosité pour tous. Dans ce dernier courant, nous retrouvons le sens de justesse, mais avec, en plus, l'idée plus large, plus profonde d'une relation, d'une invitation à être avec, d'une réponse à un appel. C'est pourquoi nous sommes toujours surpris par la soif ardente que les gens de cette époque ont pour la justice. Ils supplient Dieu de bien vouloir établir la relation juste. Ils ont l'assurance qu'ils sont connus et que justice leur sera faite avec sagesse et intelligence. Ils attendent la réalisation de la promesse : « En ces jours-là, je ferai naître chez David un Germe de justice, et il exercera dans le pays le droit et la justice » (Jr 33, 15).

Constamment proclamée par le psalmiste et les prophètes, la justice de Dieu est recherchée et aimée, car dans les cœurs se trouve la certitude que Dieu fait justice à tous également. L'acte de justice ne survient pas seulement au terme d'un jugement, c'est en chemin que Dieu entretient une relation faite de justice, et il est béni pour ce don : « Je rends grâce à Dieu pour sa justice » (Ps 7, 18). « Que les cieux annoncent sa justice : car Dieu, c'est lui le juge » (Ps 50, 6). « Ouvrez-moi les portes de justice, j'entrerai, je rendrai grâce à Dieu » (Ps 118, 19). « Moi, dans la justice, je contemplerai ta face » (Ps 17, 15). « On annoncera le Seigneur aux âges à venir, sa justice aux peuples à naître » (Ps 22, 31-32). « Jérusalem, quitte ta robe de tristesse, […] prends la tunique de la justice de Dieu, mets sur ta tête le diadème de gloire de l'Éternel » (Ba 5, 1-2). Cette façon de recevoir et de proclamer la justice remplace la peur par la confiance.

Justice et relation s'emmêlent

Jacques Guillet force ma réflexion par cette affirmation : « Si Dieu est juste, ce n'est pas d'abord pour être fidèle à ses promesses ou pour obéir à sa générosité, c'est pour donner à sa créature ce qu'elle attend au plus profond d'elle-même, ce dont elle a absolument besoin pour être elle-même, pour naître à l'existence[2]. » En accueillant cette parole, je vois mieux que la justice appelle et suppose une relation vitale pour l'être humain, une relation aimante par laquelle la vie est transmise gratuitement et protégée en douceur, sans exigence de retour. Cela me permet d'adhérer joyeusement à la prière du psalmiste : « Ta justice nous répond en prodiges, Dieu de notre salut » (Ps 65, 6). Et les prodiges du Dieu de la vie sont donnés à chaque créature, sans exclusion, selon son besoin personnel, toujours en vue d'assurer son existence. Les prodiges ne sont pas les mêmes pour tous, car les besoins sont différents d'une personne à l'autre. Quelle merveilleuse façon de concevoir la justice !

Pourtant, la manière d'agir de Jésus, la Sagesse incarnée, me paraîtra injuste alors qu'elle donnera à la mesure du besoin de chacun. L'ouvrier de la dernière heure reçoit le même salaire que celui qui a travaillé depuis les premières heures du matin. Laisser les morts enterrer les morts m'apparaît une injustice. Les premiers seront les derniers au royaume des cieux, et les derniers seront premiers. À celui qui a, on donne, mais à celui qui n'a pas, on enlève même ce qu'il a. Sans conteste, nous trouvons dans les Évangiles un langage déconcertant, inacceptable pour notre logique.

J'aurai besoin de temps, de beaucoup de temps pour entrer dans la logique divine. Je sais que là seulement je saisirai le sens de ces paroles étonnantes. Il me faut passer du côté de l'amour gratuit, du sans mesure, du sans condition, pour voir

---

[2] J. GUILLET, *Entre Jésus et l'Église*, Paris, Seuil, 1985, p. 146.

la liberté qui m'est proposée et la douceur qui sous-tend ces énoncés. Et si la vraie justice consiste à donner à l'autre ce qu'il attend pour exister, la Sagesse éternelle n'arrêtera pas sa justice seulement sur celles et ceux qui le méritent. La pluie comme le soleil s'offrent à tous. L'ivraie pousse dans les champs de blé. Le maître n'est pas plus grand que le serviteur. Cela pour dire que tous, nous avons accès à la justice de Dieu. Cela ne dépend ni de nos mérites, ni de nos sacrifices, ni de nos efforts, mais de nos soifs, de la reconnaissance de notre fragilité, de nos besoins, de nos limites. C'est de relation qu'il s'agit. Pour voir et embrasser cette façon de pratiquer la justice, il me faut entrer dans la logique de l'amour et accepter de nouer une relation véritable avec l'Amour et tous les bien-aimés.

Si la justice est une relation, nous comprenons que, pour les gens de la Bible, accomplir la justice, c'est prendre soin de la veuve, de l'orphelin, du malade, du déshérité, du prisonnier. Avoir un parti pris pour la justice, c'est faire entendre le cri, la plainte de celui ou de celle qui n'a plus aucun droit. Sur le plan social, les personnes bannies ne sont plus rien, la relation vitale avec les autres étant rompue. La veuve comme l'orphelin et le lépreux ne peuvent plus assurer leur subsistance. Le rôle de la justice sera d'abord de restaurer le lien avec la communauté.

Il en est de même encore aujourd'hui. L'accomplissement de la justice se réalise lorsque s'établit un lien entre deux êtres. Nous devons entendre, voir, écouter, dialoguer, discerner afin de faire reconnaître le droit de la personne et de mieux lui rendre justice. C'est souvent très long. Cela englobe la défense d'une personne coupable d'un méfait, comme du lépreux qui vient de perdre son identité à cause d'une maladie.

De nouveau, je cite J. Guillet qui renforce ainsi son affirmation et confirme ce qui précède : « La justice consiste moins à *rendre* à quelqu'un ce qu'on lui doit qu'à lui *donner* ce dont il a besoin pour exister et être lui-même. La justice est d'abord une relation personnelle : être juste, c'est donner à l'"autre",

au "prochain" d'exister personnellement[3]. » Ici, le sens du mot
« justice » indique la manière d'agir de l'Amour en faveur de
la vie. Dieu ne crée pas pour ensuite couper tous les liens avec
ce qu'il a fait surgir du néant. Il souhaite, de tout son cœur de
Père, demeurer en relation stable pour assurer la vie, permettre
ainsi à sa créature d'exister toujours. Dieu seul est juste, car
lui seul connaît le besoin de chaque être humain qu'il comble
adéquatement et avec sagesse, sans tenir compte des injustices,
des grimaces et du mal qui habitent ce cœur.

Justice et sagesse se rencontrent

Les derniers livres de l'Ancien Testament apportent un aspect
nouveau à la justice. Elle devient la Sagesse mise en pratique.
Elle passe ainsi d'une attitude souvent passive d'impartialité à
un engagement réel, concret. Le juste est un homme charitable,
bon, compatissant qui répand sur autrui des bienfaits. Salomon
reconnaît que, par la Sagesse, Dieu a fait l'humain afin qu'il gou-
verne les créatures et conduise le monde avec justice et sainteté.
Il prie le Dieu de ses pères de lui donner la Sagesse afin qu'elle
travaille à ses côtés et lui apprenne ce qui plaît à Dieu. Pour lui,
elle connaît toute chose et discerne tout. Elle voit l'invisible et
lit ce qui se trouve au fond du cœur des humains ; alors, elle
saisit le véritable motif des actes et des comportements. Elle
peut juger, car son jugement est juste. C'est de cette Sagesse
que Salomon aura besoin lors du bouleversant procès où deux
femmes se présentent à lui, chacune réclamant un même enfant
comme étant le sien. Pour rendre justice, il devra discerner le
cri du sang venant des entrailles de la vraie mère, et celui de la
demande éplorée et douteuse de l'autre femme aussi en détresse
(cf. 1 R 3, 16-28).

---

[3] *Ibid.*, p. 144.

Depuis avant la fondation du monde, la Sagesse éternelle tisse des liens avec les êtres humains qu'elle a créés et qu'elle accompagne. En marchant avec eux, elle leur enseigne sa Sagesse, sa droiture, sa prudence, sa tolérance, sa douceur, sa manière de juger. La Sagesse n'est-elle pas cette qualité de Dieu qui dit son intelligence profonde des choses, sa capacité de discerner, de décider, de juger en faveur de la vie ? Nous sommes justes quand nous agissons avec sagesse et droiture envers les autres. Parce qu'elle est juste, la Sagesse entre dans un cœur pour comprendre, pour remettre debout, pour donner ce dont il a besoin pour exister. Elle ne fait rien avec violence et n'éteint pas la mèche qui fume encore. L'exercice de la justice ne l'amène pas à condamner, mais à sauver. Ainsi, la véritable justice ne s'exerce que dans la douceur, car elle se vit à l'intérieur d'une relation d'amour. La Sagesse sait le mystère d'un cœur blessé et déchiré et elle entre dedans. Elle prend pitié, car elle s'est liée d'amitié avec chaque être humain « qu'elle aime d'inclination », écrit Montfort.

Justice et miséricorde s'embrassent

Si Dieu est amour, il est aussi respect pour chaque fille, chaque fils nés de son cœur ; respect de sa liberté et respect de la situation dans laquelle cette liberté l'a fait entrer. Le Créateur n'est pas étonné des chemins choisis par les humains pour être heureux. Or, ces chemins s'avèrent souvent des chemins de « misère ». Étant là où nous sommes, la Sagesse nous prend en charge. Dieu ne se trouve jamais ailleurs qu'au centre de la misère humaine. Sa justice est le fruit de sa miséricorde. Il est Je Suis qui affirme : « Dans ta détresse, toutes ces paroles t'atteindront, mais à la fin des temps, tu reviendras à Yahvé ton Dieu et tu écouteras sa voix ; car Yahvé ton Dieu est un Dieu miséricordieux qui ne t'abandonnera ni te détruira, et qui n'oubliera pas l'alliance qu'il a conclue par serments avec tes pères » (Dt 4, 30-31).

Sentiment qui siège dans le sein maternel, dans les entrailles, dans le cœur d'une mère, d'un père, la miséricorde se rapporte à une relation intense entre deux êtres qui ont besoin l'un de l'autre. Les conséquences d'une telle relation s'appellent tendresse, pitié, compassion, sensibilité. Nous trouvons Dieu toujours troublé devant ce qui fait mal à ses enfants. Le prophète Jérémie laisse transparaître si bellement et de manière touchante ce sentiment de Dieu : « Éphraïm est-il donc pour moi un fils si cher, un enfant tellement préféré, pour qu'après chacune de mes menaces je doive toujours penser à lui, et que mes entrailles s'émeuvent pour lui, que pour lui déborde ma tendresse ? » (Jr 31, 20). Elle s'appelle compassion, cette sensibilité de la Sagesse qui se laisse émouvoir par nos détresses.

Jésus est toujours bouleversé devant la misère de ses contemporains. Ce sentiment si fort vient de ce qu'il comprend, du plus profond de son être, ce qu'est la pauvreté, le rejet, le dépouillement, l'indifférence, la trahison, l'injustice. Il sait par expérience. Il est un frère, un père, une mère dont la souffrance d'un enfant fait « retourner les entrailles ». La justice de Dieu ne peut pas se faire sans sa miséricorde, et à la miséricorde est collée la douceur. Il est ainsi, Dieu. La tendresse est blottie à jamais au fond de son cœur de père et de mère.

Expérience de miséricorde

À cause des émotions qu'ils contiennent, nous interprétons souvent assez mal les mots pitié, miséricorde, compassion, ému aux entrailles. Il faut les laisser jaillir du creux de notre expérience pour les comprendre du dedans. Dans la souffrance, c'est le cœur qui est atteint, qui a mal, qui pleure, qui saigne. La compassion permet d'entrer, avec douceur, dans ce qui atteint l'autre pour « couver » la vie. Je ne veux pas dire ici de materner l'autre, mais de lui donner ce qu'il attend pour naître. Se laisser émouvoir, c'est entendre la plainte de l'autre et pénétrer sa faiblesse pour apporter douceur, tendresse, présence aimante, espoir. Être miséricordieux, c'est aussi savoir prendre l'autre en charge, pour un temps, afin de lui donner ce dont il a besoin pour vivre avec sa douleur. Il faudrait relire la parabole du bon Samaritain qui, contrairement au prêtre et au lévite, s'arrête auprès d'un homme en pleine misère. À la vue de cet homme blessé, les entrailles du Samaritain sont remuées. Il ne peut pas ne pas s'arrêter, soigner cet inconnu, le remettre debout et le prendre en change pour donner le temps à la vie de prendre le dessus. Cet homme, laissé pour mort, éveille la compassion du Samaritain, qui fait simplement comme il aurait sans doute voulu que l'on fasse pour lui (cf. Lc 10, 29-37).

C'est à partir de notre détresse que nous sommes en mesure de comprendre la pauvreté ressentie à certains moments de notre vie. Collé à la souffrance imprévue, intense et brutale, *pitié* est le cri instinctif qui sourd des profondeurs de l'être. C'est le seul possible. *Seigneur, prends pitié de moi ! Kyrie, eleison !* Ce cri, jaillissant d'un cœur qui reconnaît sa limite, son impuissance et qui se sent profondément démuni, devient prière. Il n'existe pas de prière plus intense, plus belle, plus nue, plus profonde. Du fond de notre misère, nous ne pouvons que lancer cette plainte qui ouvrira les entrailles de Dieu. C'est la prière de la veuve de Naïm qui vient de perdre son fils. Celui de la Cananéenne dont la petite fille est malade. Celui encore des deux aveugles qui n'ont plus rien à perdre. Celui du bon larron attaché à la croix voisine de celle de Jésus. Ce sont ces cris qui font s'émouvoir les entrailles de Jésus et celles de Dieu : « Comment t'abandonnerais-je, Éphraïm. […] Mon cœur en moi se retourne, toutes mes entrailles frémissent » (Os 11, 8).

Je connais une femme, mère d'un fils qui était toute sa joie et toute sa vie, qui vit avec un cœur déchiré. Chaque mois, incognito, silencieuse, le cœur drapé dans un manteau de douleur indicible, elle prend le bus pour se rendre à la prison où son fils expie une peine d'emprisonnement à vie. Il a tué son père, son mari. Chaque visite retourne ses entrailles de mère : « Comment pourrais-je abandonner mon fils ? » Volontiers, elle aurait pris sa place, car au profond de son cœur de mère, ce fils ne sera jamais coupable. Toujours, elle veille sur la vie qu'elle continue de donner à son enfant. Cet homme, ce fils, ce petit demeure au centre de sa vie de mère. Elle sait que, dans l'épreuve, on ne grandit pas tout seul. « Bienheureux êtes-vous si vous êtes affligés. Vous serez consolés » (Mt 5, 5). Par qui ? Par celles et ceux de notre entourage qui se laisseront émouvoir à la manière de Dieu.

« Que ton cœur cesse de se troubler »
(Jn 14, 27)

*Qui se fera l'accusateur de ceux que
Dieu a élus ? C'est Dieu qui justifie.*
Rm 8, 33

La justice selon la logique humaine

Avec la justice qui a comme visée d'assurer l'équilibre, la rétribution égale, l'observance des lois, vient nécessairement la punition ou la récompense. Nous connaissons suffisamment le cœur humain pour reconnaître son habileté à manier le mensonge, la tricherie, l'hypocrisie, le vol, la corruption, le faire semblant. Nous avons de forts penchants à vouloir devenir toujours plus riches, plus importants, plus imposants. Avec cela viendront, croyons-nous, la reconnaissance, le respect, l'autorité. Nous aurons l'impression d'avoir un plus grand pouvoir et de dominer. La justice vient assurer un certain contrôle et prévoit une sanction pour celle ou celui qui fait fi des lois et des droits des humains. Là s'exerce la justice humaine. Elle est essentielle à la préservation de la paix et de l'harmonie dans toute société.

Dans le passé, cette manière de voir la justice était active lorsque nous parlions de la justice divine. L'enseignement a porté trop longtemps sur un Dieu-Juge sans cœur, sans entrailles, qui exigeait la perfection dans l'agir. Ce Dieu, qu'on disait pourtant miséricordieux, ne pardonnait rien. Il criait vengeance et exigeait réparation au moindre mouvement de désobéissance. Quel plaisir malsain habitait donc ces fougueux prédicateurs d'autrefois qui ont fait trembler des générations de femmes, d'hommes, de jeunes, d'enfants, en leur présentant un Dieu intransigeant et violent ? Avec quelle ardeur ils parlaient de ce Dieu que l'on vexait constamment et qui réclamait haut et fort que justice lui soit rendue. À les entendre, aucun parmi celles et ceux qui les écoutaient ne méritait le pardon de Dieu. Ils devaient d'abord expier. Même à cela, ils sortaient de l'église la tête basse, se sachant perdus, déjà condamnés au feu éternel. Mais de quel Dieu parlaient-ils, ces hommes, et de quel droit condamnaient-ils les bien-aimés du Père ?

À cause du spectre de l'enfer, l'acte de mourir inspirait la peur. La mort était vue comme une punition alors qu'elle est, comme dit Bernanos, « l'heure unique où Dieu daignera souffler sur sa créature exténuée[4] ». Elle est *l'autre rive* où un Père nous attend anxieusement, le cœur battant. Elle est moins la réparation de nos péchés que l'heure de la rencontre où nous serons enfin « achevés ». Nous arrivons nus devant Dieu et il nous couvre du manteau de sa justice, nous offre des sandales, passe un anneau à notre doigt et nous invite à la fête. La mort est notre dernier acte de croissance et non une punition. Elle est le passage de nos esclavages à la pleine liberté. Riche est cette pensée de Durrwell à propos de la mort : « Celle-ci est immense, infiniment ouverte ; elle est celle du Fils de Dieu qui, dans la puissance illimitée de l'Esprit Saint, va vers le Père, fleuve sans rives, capable de drainer vers l'éternité ces êtres-pour-la-mort qui sont créés en lui. Il achève ainsi ce qu'il commence au baptême : réunir les hommes en un seul corps, dans le même Esprit (1 Co 12, 12s)[5]. »

Nous confessons maintenant que certains enseignements du passé ne ressemblaient pas à la bonne nouvelle de l'Évangile, qui nous révèle que Dieu pardonne nos erreurs bien avant qu'elles soient commises ; que c'est lui qui justifie, qui nous « ajuste »

---

[4] G. Bernanos, « Jeanne, relapse et sainte », dans *Essais et écrits de combat*, 1, Paris, Gallimard, 1934, p. 42.
[5] F.-X. Durrwell, *Christ notre Pâque*, Racines, Montrouge, Nouvelle Cité, 2001, p. 202.

à sa parole, à son amour, à son projet ; que lui seul peut faire de nous des justes au cœur large, ouvert, sensible comme le sien ; que Je Suis n'a qu'un seul désir : donner sa vie pour le bonheur de ses enfants. On n'osait pas croire que la Sagesse incarnée, douce et humble de cœur, affirme que les derniers seront les premiers, que le soleil brille sur les bons comme sur les méchants, que l'on doit pardonner jusqu'à soixante-dix-sept fois, que son fardeau est léger, que c'est le Père qui vient au-devant des fils.

La vraie position de Dieu nous est révélée dans le livre de la Sagesse : « Juste, tu conduis tout avec justice, et tu regardes comme indigne de ta puissance de condamner qui ne mérite pas d'être puni. [...] Tu as appris à ton peuple que le juste doit être humain, et tu as donné à tes fils la douce espérance qu'après le péché tu laisses place au repentir » (Sg 12, 15 et 19). Quant au repentir, je retiens cette parole si forte de Martin Buber : « La miséricorde divine est le repentir de Dieu » ; et Paul Evdokimov qui le cite ajoute : « On peut dire justement, c'est la faiblesse de Dieu. [...] À la faiblesse de Dieu correspond la faiblesse de l'homme[6]. » Dieu souffre de voir sa créature le quitter pour ne plus revenir. Alors patiemment, il construit ce que nous avons détruit. Pas d'aversion, ni de rancune, ni de violence. Il pardonne parce qu'il aime. C'est l'enseignement de Jésus dans *la brebis perdue, le fils prodigue, la femme adultère*. Dans les Évangiles, le pardon coule comme une source. Si bas que nous pourrions descendre dans le mal, nous ne tomberons jamais ailleurs que dans la main créatrice de Dieu et dans celles trouées de la Sagesse crucifiée.

Le jugement de nos vies ne portera ni sur nos comportements, ni sur nos fautes, ni sur nos limites, mais plutôt sur notre façon d'aimer, de donner la vie, d'accomplir la justice : « Venez, les bénis de mon Père » parce que vous avez donné à boire, vous avez aidé, soutenu, pardonné, visité. (Mt 25, 34).

---

[6] P. EVDOKIMOV, *L'amour fou de Dieu*, Paris, Seuil, 1973, p. 36.

Cette capacité d'aimer, de reconnaître l'autre dans son *manque*, de se laisser émouvoir, d'intervenir, est donnée à tous. C'est ce qu'avait compris Thérèse de Lisieux en nous assurant qu'à la fin de notre vie nous serons jugés sur l'amour.

Mais Dieu ne bouge pas

Le Dieu qui entend nos cris ne crie pas contre nous. Il connaît notre indigence et n'en ajoute pas plus. Il connaît le cœur des humains, leur capacité de se nuire, de nuire aux autres, de nuire à la création. Lui, il demeure amour sans raison, sans condition, sans mesure. S'il n'intervient pas d'en haut pour nous délivrer de nos malheurs, c'est qu'il croit en notre pouvoir de nous lever, de nous tenir debout, et en la capacité de l'autre à s'émouvoir. Il croit en notre créativité et surtout en la vie qu'il a déposée en nous. Celle-là même qui nous fait vivre.

Bien souvent, devant les injustices qui s'accumulent, on accuse et menace Dieu. Il devient le bouc émissaire, le grand responsable des maux qui nous accablent. Mais qui d'autre pourrions-nous accuser ? Quand l'être humain fait de son mieux et que le ciel lui tombe sur la tête, il est difficile de croire encore à la justice de Dieu. Il s'accumule tellement de rancune, d'agressivité et d'amertume dans un cœur qui subit une injustice ! L'éternelle question qui traverse les âges revient sans cesse nous hanter : « Si Dieu est avec nous, d'où vient tout ce qui nous arrive ? » (Jg 6, 13). S'il est vrai que Dieu est amour, pourquoi ne fait-il rien ? On refuse de croire en sa douceur et en son innocence.

Madeleine Albright, comme secrétaire d'État des États-Unis d'Amérique, a côtoyé de près les grandes injustices de notre monde. Sur des actes incompréhensibles qui provoquent tant de souffrances, comme nous, elle réfléchit. À son tour, elle offre un essai de réponse qui s'ajoute à toutes celles qui existent déjà. Sa pensée me rejoint et je la cite : « En présence d'une tragédie, nous nous demandons souvent pourquoi un Dieu qui est à la fois tout-puissant et bon peut laisser de tels événements se produire. La réponse tient en partie dans la liberté qui nous est impartie de penser et d'agir selon notre propre volonté. Certains parmi nous se servent de cette liberté pour construire, soigner, enseigner ou composer des œuvres d'art, alors que d'autres vont faire exploser des tours. Ce sont nos actions et non celles de Dieu (pas plus que celles de Satan, même si nous aimerions l'en accuser). Quand un enfant est emporté par la maladie ou par un accident, on ne peut que ressentir angoisse et cruauté, et accuser le destin injuste. Cyclones, tremblements de terre et tsunamis sont pour moi de l'ordre de la nature. Le reste de la réponse dépasse bien évidemment notre entendement[7]. »

Nous avons dit souvent que Dieu est le seul à être parfaitement juste. Justice est aussi son nom. Nous l'avons vu écouter des murmures qui expriment la misère. Nous l'avons vu s'émouvoir jusqu'à ses entrailles de mère, de père. Son amour de la justice le pousse à prendre soin de nous pour sauver notre vie. Il souffre de la souffrance de ses enfants dont la vie est en danger. S'il n'intervient pas comme on le souhaiterait, cela ne signifie pas qu'il est indifférent et absent. Il demeure celui qui sauve. Jamais de loin. Sa justice est d'abord d'être Je Suis pour tous également, sans exception, sans tri préalable.

La justice et nous

Que de fois nous disons et entendons : « Ce n'est pas juste », ou « Il n'y a pas de justice », et, dans un sens, c'est malheureusement vrai. Pourquoi un enfant naît-il malade et l'autre pas ? L'un dans la richesse, l'autre dans la pauvreté ? L'un avec une

---

[7] M. ALBRIGHT, *Dieu, l'Amérique et le monde*, traduit de l'américain par Monique Briend-Walker, Paris, Salvator, 2008, p. 168.

intelligence vive et l'autre avec une intelligence crépusculaire ? On peut continuer longtemps ce questionnement, ces comparaisons et voir s'étendre de plus en plus la terrible réalité que l'injustice prime et qu'elle est la cause du mal, de la souffrance, de la violence. Et de réponse, on n'en trouve aucune satisfaisante.

C'est donc dire que, si nous voulons un monde juste, cela dépend de chacun de nous. C'est à nous d'établir la justice là où elle n'existe pas, en donnant à celle ou à celui qui est proche de nous ce dont il a besoin pour exister ; à celle ou à celui qui *est tombé aux mains des brigands* ce dont il a besoin pour se relever et renaître ; à celle ou à celui qui a faim d'amour, de pardon, d'écoute, ce dont il a besoin pour poursuivre sa marche. Cet appel à rendre justice, à donner la vie, nous le trouvons chaque jour sur notre route. Pas loin de nous. Nous avons besoin de faire le constat que c'est à chacun son tour de se trouver démuni, brisé ou en détresse sur le bord de la route de notre vie. De même que c'est à chacun son tour d'apporter une douceur qui fera vivre. La Sagesse n'a pas d'autres mains que les nôtres.

Les parents prennent soin de leur bébé, et c'est justice ! Ce petit ne peut rien par lui-même. Devenu adulte, il prendra soin de ses parents, et c'est justice. Car ils n'ont plus l'énergie pour vivre. Il en est ainsi dans toute l'humanité. Nous accomplissons simplement cette parole de Jésus : « Quand j'ai eu soif, tu m'as donné à boire. Quand j'ai été malade, tu m'as soigné. Quand j'étais prisonnier de mes chaînes, tu m'as visité. Tu as été juste. » Par tous ces actes de douceur, la justice s'étend et prend place dans notre monde à la manière d'un long fleuve tranquille. Dans la violence causée par la nature ou par les humains, nous libérons la douceur. Dans l'injustice, nous apportons la justice. Dans l'incohérence et le mensonge, nous donnons place à la vérité. Dans la haine, nous demeurons amour. Nous ne pouvons pas agir ainsi par nous-mêmes, mais en nous et par nous, la Sagesse fera cela.

Juste ou fou d'amour

> *Si Dieu est juste, c'est parce qu'il est tout proche du pauvre, sensible à toutes les détresses, révolté par toutes les injustices.*
>
> J. Guillet [8]

La pauvreté dont nous parlons ici est plus qu'une condition économique et sociale. Elle s'avère aussi une question d'attitude intérieure, de disposition de l'âme. Ainsi est pauvre toute personne qui souffre d'un manque : santé, argent, justice, amitié, amour ; qui est victime de préjugés, de violence, de fraudes, de trahison ; qui est sans patrie, sans abri, sans culture, sans énergie, sans nom ; qui connaît la détresse, le désespoir, le rejet ; qui attend tout d'un autre. Ainsi, nous avons tous de bonnes chances de nous reconnaître comme des *pauvres*. C'est d'ailleurs ce qu'a été Jésus, la Sagesse incarnée, le pauvre parmi les pauvres. Il ne possède pas « une pierre pour reposer sa tête », car il donne tout.

Jésus, le juste

Jésus, Parole faite chair, dénonce toute injustice. Il se place, sans peur, du côté du plus faible et du plus petit. Il va de l'avant, osant sa vie vers l'inconnu. Il traverse l'ombre de la condition humaine. Il établit des ponts avec les rejetés de la société de son temps. Il marche vers eux, les relève et leur témoigne sa confiance, qu'importe la situation : « Va, marche ! Va, tu es

---

[8] J. Guillet, *Jésus Christ, hier et aujourd'hui*, Paris, Desclée de Brouwer, 1954, p. 33.

pardonné. » Il libère du péché qui est un retour vers soi et qui tient en esclavage. Il propulse le cœur vers l'avant afin qu'il aille répandre, à son tour, le feu sur la terre. « Il est doux et humble de cœur. » Pour lui, la douceur n'est pas un refuge. C'est une attitude solide, forte qui lui permet de soutenir les confrontations et d'*être aux affaires du Père*. Avec une ténacité calme, il ouvre les chemins du bonheur à ses sœurs et à ses frères du monde. Comme le Père, il libère la vie. Il offre à chaque personne rencontrée ce qu'il lui faut pour exister.

Grâce à ce qu'il apporte de douceur dans ses paroles et dans ses actes, nous comprenons que la justice de Dieu prend sa source dans l'amour et qu'elle ne se comprend pas en dehors de lui. Il nous faut renoncer à l'image d'un Dieu qui veut toujours nous coincer, nous punir, nous tenir éloignés de lui, pour entrer dans la vérité du Dieu de Jésus. Là s'établit une relation de réciprocité. Nous voyons ce Fils bien-aimé être affamé de justice, dévoré de l'intérieur par le désir de créer des liens entre lui et les enfants du Père « perdus » dans une recherche frénétique d'un bonheur sans Dieu, d'un bonheur sans les autres, d'un bonheur qui passe, car non enraciné dans ce qui ne passe pas : l'amour.

La Sagesse éternelle prend dans sa fidélité toutes les infidélités, les agressivités, les réticences, les erreurs des humains. Son cœur est bien plus grand que nos errances et nos fautes. C'est elle qui vient et qui agit à l'intérieur même de nos doutes, de nos départs, de nos retours. Jamais nous n'arriverons par nous-mêmes à être justes, pas plus qu'à ajouter une longueur à nos jours. Et nous n'avons pas à avoir honte de cette incapacité, car nous ne sommes pas Dieu. Ce dont je suis très sûre, par contre, c'est ceci : ce que Dieu nous demande, il le réalise en nous dès que nous lui donnons notre accord. Un saint est celui qui laisse Dieu *l'ajuster*. Pour agir ainsi, il nous faudra saisir, au point d'en être convaincus de tout notre être, que, derrière tous nos masques, nos grimaces, du mal en nous impossible à déloger, existe la justice inaltérable, immuable du Dieu trois fois Saint.

Ce que la Sagesse attend de nous ? Michée a déjà répondu à cette question : « Rien d'autre qu'agir avec justice, aimer avec tendresse et marcher humblement avec Dieu » (6, 8). Je Suis ne veut pas le mal, n'accepte pas le mal, ne nous envoie pas le mal. Chaque humain peut se reconnaître responsable, à son insu souvent, du mal qui lui arrive et qui arrive aux autres. Et de ce mal, Dieu vient nous guérir. S'il nous invite à devenir saints, miséricordieux, doux, c'est pour qu'il y ait, par nous, moins de haine dans le monde, donc moins de détresse et de misère. Notre action consistera moins à faire qu'à être. Ainsi, à tout âge et dans toute situation, nous serons en mesure d'accomplir cet acte de douceur qu'est la justice. Nous avons vu des êtres humains accomplir l'impossible, l'incroyable, l'inhumain. Remués jusqu'aux entrailles, ils ont accompli la justice au prix d'efforts, au prix de leur sang, au prix de leur vie. Cela existe, des fous d'amour. Le plus grand est le Fils de Dieu.

« Qui me voit voit le Père. » Si Jésus est appelé le Juste, c'est qu'il est tout entier en relation avec le Père et avec nous. Par lui, nous apprenons à marcher au large, à perdre notre vie pour la trouver, à ne pas écraser le roseau fendu, à accomplir la justice en donnant à l'autre ce qu'il attend, ce dont il a besoin pour vivre. « Alors, les justes lui répondront : "Quand nous est-il arrivé de te voir affamé et de t'avoir nourri, assoiffé et de t'avoir désaltéré, être étranger et de t'avoir accueilli, nu et de t'avoir vêtu, malade ou prisonnier et d'être venus te voir ?" Et le Roi leur fera cette réponse : "Dans la mesure où vous l'avez fait à l'un des plus petits de mes frères, c'est à moi que vous l'avez fait" » (Mt 25, 37-40).

Sans porter atteinte à notre liberté, sans passer au peigne fin notre vie, la Sagesse descend, en douceur, pour établir, rétablir ou maintenir une relation filiale, assurer sa présence, défendre les sans droits, apporter le pardon sans condition. Elle souhaite une réponse authentique à son souhait d'être aimée, mais elle ne contraint personne à le faire. Sa justice se réalise parfaitement et à chaque instant par le don qu'elle fait à tout être humain, sans distinction aucune, de sa manière d'aimer. Il est ainsi le Dieu fou d'amour pour moi. Il est ainsi le Dieu qui « craque » d'amour pour chacune et chacun de nous.

La justice s'avère une réponse à donner à Quelqu'un, un « oui » qui nous met en relation avec l'Amour. Ce *fiat*, en assainissant notre logique, nous permet d'entendre ce que Dieu entend : les clameurs de désespérance de nos contemporains, de nos voisins. C'est alors que nous prenons conscience que le chemin à prendre pour devenir image de Je Suis ne peut être que celui des béatitudes. Avoir faim et soif de justice, c'est aimer à plein cœur, à pleins bras, à pleine vie.

La justice, chemin de sainteté

Te connaître, en effet, est la parfaite sainteté.

Sg 15, 3

Un projet audacieux

Le chemin que Jésus a parcouru et qu'il nous propose est celui des béatitudes, que nous trouvons au chapitre 5 de l'évangile selon Matthieu. Lire ce chapitre, c'est lire le cœur de Je Suis qui, par Jésus, nous révèle le secret de son bonheur. Ce bonheur, il le trouve dans sa manière de donner à profusion à celles et à ceux qui ont les mains ouvertes pour accueillir les dons toujours offerts. Le bonheur de Dieu ne se trouve pas dans l'encombrement, la puissance, les honneurs, la violence, mais dans sa pauvreté, sa douceur, sa justice, sa faiblesse, sa faim, sa soif. Son plaisir consiste à partager, à réconforter, à donner à sa créature ce dont elle a besoin pour exister. Tout cela pour nous rendre saints comme lui.

Dieu travaille en notre faveur. Son projet ? Que nous devenions à son image : libres, aimants, heureux, justes, saints. C'est pourquoi Jésus nous invite : « Soyez parfaits comme votre Père du ciel est parfait », ou : « Soyez miséricordieux comme votre Père est miséricordieux. » On pourrait aussi dire : « Soyez justes comme le Père est juste », ou : « Soyez saints comme le Père est saint ». Nous faisons erreur si nous croyons que Dieu exige de nous la sainteté, car c'est au-dessus de nos forces. « Soyez parfaits » est un désir, non un ordre. Jésus exprime ainsi le souhait de Dieu, qui n'a que faire d'une relation forcée. Jésus appelle son Père *Abba*, terme affectueux qui inspire la relation confiante et intime. Dans cette relation réside la sainteté, l'union de l'être humain avec le Créateur. C'est Dieu qui nous établira dans cette justice, cette sainteté. Comme le fils cadet et comme le fils aîné de la parabole du père aimant, chaque humain a une réponse à donner au Père, à un moment précis de son histoire.

Pour Jean Corbon : « Le juste vit de la foi. La justice évangélique est cette droiture de l'amour que toutes les législations extérieures à nous, même les plus spirituelles, sont impuissantes à réaliser et que seul Celui qui est l'Amour peut inaugurer en nous dans une réponse libre à sa promesse. Cette réponse libre est jaillissement de notre moi profond qui dit *oui* à notre Dieu qui s'offre ; c'est cela, notre foi[9]. » Ce qui veut dire qu'un chrétien ne vit pas de principes moraux, mais de Quelqu'un qui l'aime et à qui il répond librement : « Entre ! »

Cette vie dans la foi est donnée au baptême, mais elle peut s'atrophier si elle n'est pas alimentée suffisamment. C'est au jour le jour que la foi s'éveille, naît, grandit et prend de l'espace en nous. Elle donne l'élan pour affronter les événements heureux et douloureux qui traversent toute vie humaine. Son existence, le chrétien la vit dans la foi au Ressuscité. Parce qu'il sait avoir trouvé un amour d'une densité inépuisable, il s'y attachera et veillera pour ne pas perdre ce trésor inestimable. De plus, se développera en lui une faim de répandre cet amour autour de lui en devenant lui-même amour. Là est la sainteté dans la pratique de la justice au quotidien bien ordinaire de notre existence.

Dieu est saint, et sa sainteté s'exprime dans la justice relationnelle. Par Jésus, il transmet à l'humanité quelque chose de sa sainteté. Notre existence n'est que le temps que Dieu se donne pour nous ajuster à son projet de partager sa vie et son amour. C'est en aimant que Dieu juge, et il le fait par l'Esprit Saint qui est la sainteté en personne. La justice de Dieu s'exerce en

---

[9] J. CORBON, *L'expérience chrétienne dans la bible*, Bruges, Desclée de Brouwer, 1963, p. 86.

justifiant, en sanctifiant toute personne qui ouvre son cœur de pauvre pour tout accueillir de l'Autre. Devenir saint n'est pas une question de pénitence, de sacrifice, de mérite ou d'effort, mais l'accueil d'un don. C'est dire *oui* à ce que Dieu veut accomplir en nous. Comprendre cela, c'est tout comprendre.

À son époque et dans sa Palestine natale, Jésus proclame les béatitudes. Il propose aux auditeurs de sa parole la manière de vivre et d'aimer de son Père. Il nous fait la même proposition. Nous sommes loin de la recherche de la puissance et du pouvoir. Pour vivre ainsi, il faut que nous soient données l'audace de la douceur et la force de croire en la vie que libère en nous le Ressuscité. Nous ne sommes pas pauvres, ni doux, ni justes, ni miséricordieux, ni compatissants, ni humbles, mais nous le devenons, par grâce, tout au long du temps de notre vie. « Le juste est celui qui, fidèle à Dieu, se remet entre ses mains dans toutes les circonstances de la vie[10]. » Je peux très bien dire : le saint est celui qui, fidèle à Dieu, se remet entre ses mains en toutes situations. La sainteté est un chemin peu compliqué, tant que l'on ne s'approprie pas la trajectoire.

« Dieu, la sainteté est son chemin » (Ps 77, 14). Quand la Sagesse éternelle entre en relation avec nous, dès notre *oui*, elle nous met en route vers les autres et en relation avec eux pour accomplir la justice, celle qui se vit à partir de la logique de l'amour. Peut-être veut-elle nous rendre fous d'amour ? Ainsi, nous n'aurions plus à nous demander si nous sommes justes, doux, humbles, compatissants, car nous serions devenus *saints et immaculés en sa présence*.

---

[10] A. RASPANTI, « L'idéal du juste dans le commentaire aux psaumes de Giovanni Pico della Mirandola », *Studies in Spirituality*, TBI, Kampen, Kok Pharos, 1993, p. 137.

* * *

MITAN 5

Le temps d'une rencontre avec soi-même s'impose à partir d'une parabole qui enseigne l'exercice de la justice.
Au temps de Jésus, les Samaritains étaient des mécréants, des impies, des infidèles aux yeux du peuple juif. Parce qu'ils avaient adoré d'autres dieux et avaient quitté le temple de Jérusalem pour le temple du mont Garizim, ils étaient l'objet de leur mépris.

La chance de renaître (Lc 10, 29-37)

Alors qu'il se rend de Jérusalem à Jéricho, un homme tombe sur des bandits qui le dépouillent, le rouent de coups et l'abandonnent sur la chaussée, le laissant pour mort. Un prêtre passe là par hasard. Il le voit et continue son chemin. Un lévite passe. Il le voit et continue son chemin.
Mais un voyageur samaritain passe près de lui. Il le voit. Ses entrailles s'émeuvent. Il s'approche de l'homme et panse ses blessures. Il y verse de l'huile et du vin et le hisse sur sa monture. Il le conduit à l'auberge et prend soin de lui. Le lendemain, il donne deux pièces d'argent à l'aubergiste, lui demandant de prendre soin de l'homme, et si cela exige des frais supplémentaires, il les lui remboursera à son prochain voyage.

Il n'y a, ici, ni Samaritain, ni juif, ni pauvre, ni mécréant, ni juste. Il n'y a qu'un homme qui attend, au plus profond de lui-même, que quelqu'un lui donne ce dont il a besoin pour vivre. L'action se passe sur la route, dans la vie ordinaire des gens. Aucun d'eux ne cherchait à être juste.
Ce récit nous force à ouvrir les yeux pour *voir* dans notre entourage celui ou celle qui a besoin d'aide pour reprendre sa marche. Si nous laissons nos entrailles s'émouvoir, ce sera le signe que nous devenons miséricorde.
Tu as sans doute vécu une expérience semblable. Tu peux la partager à des gens en marche avec toi, car elle est une page d'évangile.

5

L'AMOUR COMME UN FEU

*Sur la montagne, au milieu du feu,
Yavhé vous a parlé, face à face.*
(Dt 5, 4)

Au commencement était le feu

> *L'amour ne veut pas d'autre réponse qu'une réponse d'amour ; aussi Dieu ne veut-il pour son amour rien d'autre que le nôtre.*
>
> H. U. von Balthasar[1]

Un jour d'anniversaire, des amis me donnent en cadeau l'icône de la Trinité de Roublev. Unicolore d'une chaude teinte orangée, cette icône me révèle brusquement que Dieu est un Feu. Cette admirable icône devient pour moi un lieu d'habitation où je me sens aimée et chez moi. J'apprends ainsi que le feu est un indice sensible de l'étendue de l'amour de Dieu pour nous. « Ton Dieu est un feu dévorant, un Dieu jaloux » (Dt 4, 24). Cela signifie qu'il tient à nous comme à la prunelle de ses yeux. Nous ne voyons pas Dieu, mais nous voyons des effets, des signes de son amour. Pour se faire connaître, il emploie des images connues par des êtres humains.

Dès le début de la Genèse, la Bible parle de feu. Quand Dieu chasse Ève et Adam du jardin d'Éden, il poste les chérubins et la flamme du glaive fulgurant pour garder le chemin de l'arbre de vie (cf. Gn 3, 23). Par la suite, le feu signifiera la présence de Dieu au milieu du peuple. Il rendra visible la gloire et la puissance de Dieu : une flamme entourée de fumée, un éclat de feu dans la nuée, un éclair sortant des ténèbres.

Et les humains auront peur de s'approcher de ce feu dévorant : « Car, redoutant le feu, vous n'étiez pas montés sur la montagne » (Dt 5, 5). C'est que le peuple d'Israël voit bien

---

[1] H. U. von Balthasar, *L'amour seul est digne de foi*, Paris, Aubier, 1981, p. 129.

plus qu'un simple feu matériel. Pour lui, le feu égale Présence. Comme lui, elle réchauffe, captive, éclaire, enchante, guide. C'est ce qui fascine Moïse, le libérateur, et c'est ce qui effraie le peuple. Trop proche de Dieu, il y a danger de brûlure !

Un buisson en feu

Ayant mené les troupeaux de moutons de son beau-père par delà le désert, Moïse parvint à la montagne de Dieu, l'Horeb, appelé aussi Sinaï. Là, Dieu se manifeste à lui sous la forme d'une flamme de feu jaillissant du milieu d'un buisson. Moïse voit ce phénomène, mais, en regardant bien, il réalise que le buisson ne se consume pas (cf. Ex 3, 1-6). C'est le « ravissement » pour cet homme. Il aurait pu continuer sa route sans plus, mais il se laisse intriguer et il s'approche. Dieu le voit s'avancer et, du milieu du buisson, l'appelle : « Moïse, Moïse ! » « Me voici ! » dit Moïse. Le Tout-Autre prend l'initiative de la conversation. Dès lors, un nom est livré : « Je Suis celui que je suis. C'est mon nom pour l'éternité. » Une mission spectaculaire est donnée : faire passer le peuple de l'esclavage du *service* de Pharaon à la liberté du *service* de Dieu[2]. Une présence est assurée pour cette mission impossible : « Va. Je serai avec toi. »

Ce jour-là, sans le savoir, Moïse avait rendez-vous avec Je Suis. Ce brasier, vraie curiosité, permet à Moïse de rencontrer le Dieu de ses Pères et de connaître le grand projet de son cœur : libérer chaque être humain de ses entraves, de ses obsessions, de ses chaînes, de ses prisons, de ses esclavages. Moïse ne sera jamais plus le même. Il s'est approché trop près du buisson, et son cœur était inflammable. Il a laissé le feu embraser son cœur, et sa vie en a été bouleversée.

---

[2] Note *z* de la *Traduction œcuménique de la Bible*, Ancien Testament, p. 138.

Grâce à Moïse, le peuple de l'exode sort de l'enfer, et l'Éternel l'accompagne. Il pouvait voir le signe de sa présence : « Dieu les précédait pour leur indiquer la route, le jour sous la forme d'une colonne de nuée et la nuit sous la forme d'une colonne de feu pour les éclairer : ils pouvaient ainsi poursuivre leur marche jour et nuit. La colonne de nuée ne manquait jamais de précéder le peuple le jour, ni la colonne de feu pendant la nuit » (Ex 13, 21-22). Tout en Dieu est délicatesse, prévenance et attention.

Cependant, le peuple avait peur de voir le visage de Dieu. La suite leur a donné raison, car est venu le jour où Moïse, descendant de la montagne où il parlait avec Dieu, « ne savait pas que la peau de son visage rayonnait, à la suite de son entretien » (Ex 34, 29). Voyant cela, le peuple n'osait l'approcher. Alors, Moïse mit un voile sur son visage, car il rayonnait de la gloire de son Dieu. Brûlure sans douleur, rayonnante de la présence de l'Amour.

L'histoire nous apprend que Moïse a continué à dire et à être « Me voici » tout au long de sa mission. Son *oui* a transformé aussi la vie de ses frères. Dieu est un feu, un incendie dont la flamme est douceur. Il ne détruit pas. Il fascine, attire, enflamme qui s'abandonne à lui, qui a confiance en son amour gratuit et sans condition.

La compassion de Dieu

La Sagesse éternelle ne connaît pas l'indifférence ni l'impassibilité. Elle est trop sensible et vulnérable. Depuis que le monde est monde, elle prête l'oreille au moindre cri qui monte jusqu'à elle et elle intervient avec douceur, sagesse et humilité. En Genèse 21, 17-21, Dieu visite Agar, la servante d'Abraham, chassée avec Ismaël, son fils. N'ayant plus d'eau et perdue en plein désert, elle dépose son fils sous un buisson pour ne pas le voir mourir ; mais l'enfant a faim et il ne cesse de pleurer. Alors, Dieu envoie un ange dire à sa mère : « Ne crains pas, Agar, car Dieu a entendu les cris du petit là où il est. » Sans cœur, Dieu ? Indifférent à nos peines et à nos souffrances ? Ce n'est pas parce que nous ne l'entendons pas qu'il n'agit pas !

Elle est du même ordre, l'intervention gratuite faite auprès du peuple vivant en terre étrangère : « J'ai vu la misère de mon peuple qui réside en Égypte. J'ai prêté l'oreille à la clameur que lui arrachent ses surveillants. Je suis résolu à le délivrer » (Ex 3, 7-8). La Sagesse éternelle veut toujours délivrer de tout mal, car elle aime. Aujourd'hui, comme au temps de Moïse, elle voit les malheurs de notre monde, elle entend son désarroi, ses plaintes, et son cœur en est retourné.

À Agar découragée et épuisée, elle envoie un ange. Au peuple esclave en Égypte, elle envoie Moïse. Maintenant, elle envoie son propre Fils *mettre le feu sur la terre*. Ce Fils, Jésus, étant l'amour du Père, il est donc impossible qu'il n'y répande pas l'amour comme un feu qui va de l'un à l'autre et embrase le monde. Seul l'amour détruira le mal et sauvera le monde.

Le feu au cœur du monde

Voici que je m'approche de toi, feu consumant, mon Dieu.

Gertrude d'Helfta[3]

Jésus, tendresse du Père, vient pour endiguer les torrents de haine, de méchanceté, de violence qui s'abattent sur l'être humain et lui enlèvent toute dignité. Pour cela, il veut allumer le feu dans les cœurs, un feu qui ne peut que se propager ; mais nous, nous élevons des « pare-feu ». Ces murs se dressent à partir de nos résistances et de nos réticences à nous laisser aimer. Nous avons peur d'être obligés de donner, de pardonner, d'aimer. C'est trop d'exigences, et nous avons peur de la brûlure. Nous avons peur d'un amour gratuit, car c'est trop beau pour être vrai ! Quelque part en nous, nous craignons que vienne le jour où il nous faudra payer.

La gratuité totale semble bien difficile à comprendre. Recevoir sans donner en retour est presque impensable au cœur humain. Nous craignons de dépendre d'un autre, de devoir la vie à quelqu'un d'autre. Question d'honneur, paraît-il. Pourtant, nous connaissons notre dépendance. Nous avons besoin des autres. Inutile de faire semblant d'être capables sans aide ; mais la peur ne s'explique pas toujours. Dieu connaît le lieu de nos peurs et sa profondeur. Pour lui, faire le ménage dans ce lieu obscur ne cause pas de problème. Il attend que ce besoin naisse en nous ; suivra l'acceptation de sa gratuité. Et le feu s'allumera.

---

[3] G. D'HELFTA, *Le hérault de l'amour divin, Révélations de sainte Gertrude, vierge de l'ordre de saint Benoît*, Paris, Maison Alfred Mame et Fils ; Internet : livres-mystiques.com.

Bois tout en feu

Le buisson ardent qui fascinait Moïse est peu de chose comparé à ce grand et véritable Buisson tout en feu au milieu duquel s'éteint un Cœur passionné d'amour pour le Père et pour l'humanité. La croix sur laquelle meurt Je Suis demeure à jamais le mystère d'un amour incompris et méconnu, qui continue à aimer et à répandre le feu sur la terre. Un feu dont la brûlure ne fait aucun mal tant elle est doucement fraîche. Sur ce bois, Je Suis, tendu de tout son corps, tendu de tout son être, attire à lui tous les enfants du Père. « Ils regarderont celui qu'ils ont transpercé » (Jn 19, 57).

Au milieu de ce bois tout en feu, Dieu n'a jamais parlé aussi fort : « Tout est achevé. » L'*Abba* de Jésus a tout dit de son amour inconditionnel, gratuit et éternel. Le Fils n'était venu que pour parler du cœur brûlant de la Trinité, et sa parole n'a pas été entendue, son amour n'a pas été reçu. Il était venu apporter le feu sur la terre, et le feu n'a pas pris. Il meurt nu, abandonné, trahi, comme une flamme qui s'éteint péniblement. Sans haine, sans rancune, sans reproche, sans vengeance. Pourtant, dans ce pesant silence qui tombe après sa mort, quelque chose d'imperceptible s'embrase : la Parole s'enflamme en douceur ! Malgré toutes les apparences contraires, les humains ne réussiront pas à éteindre le feu allumé au brasier de la croix et qui flambe dans les cœurs de celles et de ceux qui osent regarder Dieu, fragile, impuissant, parce qu'il est attaché à la croix par les liens indestructibles de l'amour. « Je Suis avec vous jusqu'à la fin des temps » (Mt 28, 20).

De ce Cœur ouvert s'écoulent du sang et de l'eau qui éteignent la flamme du glaive fulgurant qui gardait le chemin de l'arbre de vie. Désormais, tout être humain, sans exclusion d'aucune sorte, sans tri préalable, bon ou méchant, juste ou injuste, a plein accès au jardin d'Éden, c'est-à-dire au cœur de Dieu. Le Fils, en ressuscitant, enlève les barres de fer qui fermaient l'entrée de la maison où le Père qui nous voit venir de loin nous ouvre ses bras pour une éternelle étreinte et un long baiser.

Comme lui, répandre le feu

Aucun être humain n'arrivera à atténuer le message vibrant de la Croix. L'arbre de vie est toujours en flammes : « Et moi, élevé de terre, j'attirerai tous les hommes à moi » (Jn 12, 32). Naît donc en ce lieu où la mort est vaincue une attirance irrésistible à aimer et une capacité mystérieuse de mettre en pratique la Parole d'amour inconditionnel murmurée dans un dernier souffle : « Que la lumière soit ! » (Gn 1, 3). À celle ou à celui qui a des oreilles, il est donné d'entendre.

L'amour aura le dernier mot, car des cœurs brûlés par la contemplation de ce message incandescent annonceront, à travers le monde, que le Christ est ressuscité, que son amour demeure offert, que sa bénédiction est féconde. Ces cœurs brûlants « porteront au loin la lumière » (Si 24, 32) pour proclamer que le passage des ténèbres à la lumière, de la mort à la vie, de l'esclavage à la liberté, est grand ouvert pour qui veut le prendre. Tous, nous avons le temps de notre vie pour tourner notre cœur vers Celui qui nous a aimés jusqu'au bout de son sang, jusqu'au bout de son cœur, jusqu'au bout de sa vie.

L'expérience d'Agar nous rejoint aujourd'hui encore et nous bouleverse. Une longue plainte se fera toujours entendre par les cris des femmes, des enfants, des hommes aujourd'hui victimes de génocide, de guerre, d'injustice, de violence, d'infirmité, de pauvreté, de maladie ou du déchaînement des forces de la nature. Comme la Sagesse incarnée et portant son feu, nous entendrons leurs cris de douleur, nous deviendrons l'ange qui porte de l'eau à la mère et à l'enfant perdus en plein désert. Nous irons libérer de l'esclavage celles et ceux qui nous entourent, en partageant leurs peurs, leurs peines, leurs fardeaux, en les portant avec eux, en les soulageant à la mesure de notre amour et de nos possibilités. Quel réconfort et quelle bienfaisante douceur que la présence d'un cœur compatissant ! Avec Jésus, ils pourront dire : « Je suis venu apporter le feu sur la terre », et ce sera vrai.

Feu délicieusement doux

Si le Feu est descendu au cœur du monde, c'est finalement pour me prendre et pour m'absorber.
Pierre Teilhard de Chardin[4]

Dieu aime totalement chacun de ses enfants avec ses limites, ses faiblesses, ses déficiences, ses incapacités. Comme nous venons de le voir, cet amour est un Feu qui brûle tous nos manques d'amour, nos doutes, nos révoltes, nos errances. Nous n'avons qu'un seul geste à faire : lui donner tout ce que nous préservons si fort de ce Feu dévorant qui ne fait aucun mal et qui nous conduit à devenir amour. Embrasés, nous ferons tout pour que l'autre se sache aimé et soit heureux de l'être. Il portera la flamme à son tour de proche en proche.

Pour décrire l'amour fou de Dieu, les mystiques parlent d'une flamme qui brûle le cœur sans le consumer ; d'un amour qui *blesse* sans blesser ; d'une douce et profonde brûlure qu'ils ne peuvent décrire correctement. Pour eux, Dieu est Feu, et ils sont le bois à allumer. Ils acceptent d'être vulnérables à une telle attirance. D'ailleurs, ils ne peuvent pas faire autrement, car l'Amour a enflammé leur cœur d'un feu qui ne s'éteint pas.

Montfort, en parlant de la Sagesse qui crée l'humain, écrit :

> Elle alluma dans son cœur un incendie de pur amour pour Dieu, elle lui forma un corps tout lumineux[5].

---

[4] P. Teilhard de Chardin, *Hymne de l'Univers*, Paris, Seuil, 1961, p. 43.
[5] L.-M. de Montfort, *ASE*, 37.

Dans un poème, Jean de la Croix exprime ainsi son désir de devenir amour :

Quand donc, ô mon Dieu, serai-je incendié
Du feu de votre doux amour ?
Quand donc entrerai-je en lice ?
Quand donc serai-je jeté
Dans le foyer de votre amour et consumé[6] ?

Élisabeth de la Trinité implore avec ces mots jaillissant des profondeurs de son cœur :

Ô Feu consumant, Esprit d'amour,
« survenez » en moi afin qu'il se fasse en mon âme
comme une incarnation du Verbe[7].

Pierre Chastellain, après un moment de contemplation, constate :

Oh ! quelle affreuse froideur de notre part, Seigneur Jésus,
au milieu de tant d'étincelles, de tant de flammes de ton amour !
Souvent, nous sommes tout embrasés
par la seule image du feu qui est dans tes créatures ;
et pourtant, notre cœur ne parvient pas à s'enflammer
dans une telle fournaise d'amour,
au milieu du brasier d'un feu si véritable[8] !

On pourrait continuer à écrire d'autres paroles séduisantes de mystiques connus et aimés comme Jean de Ruysbroeck, Marie de l'Incarnation, Thérèse d'Avila, Maître Eckhart, Adrienne von Speyr, Maurice Zundel, Annette Desautels, pour ne nommer que ceux-là. Vaincus, ils ont abattu leur mur coupe-feu et laissé

---

[6] J. DE LA CROIX, *Œuvres spirituelles*, poème XXI, 3ᵉ partie, Paris, Seuil, 1947, p. 1143.
[7] M. MICHEL, *Une soif d'infini, Élisabeth de la Trinité, sa vie, son visage*, Mercuès, Du Jubilé, Sarment, 2006, p. 214.
[8] P. CHASTELLAIN, *L'âme éprise du Christ Jésus*, traduit par Joseph Hofbeck, Montréal, Guérin, 1999, p. 358.

la flamme de l'amour divin envahir leur cœur. Non sans peur parfois ! Tous, ils ont laissé Dieu les aimer comme ils étaient. Leurs joies comme leurs peines, causées par l'amour et vécues dans l'amour, deviennent une braise qui alimente sans cesse un feu intérieur. Doucement, tendrement, les étincelles se propagent. Leur visage, comme celui de Moïse, rayonne, car ils ont côtoyé Je Suis de trop près. Ils ont compris que l'amour n'exige rien, ne condamne pas, ne tient pas compte du mal, ne cherche pas son intérêt (cf. 1 Co 13, 1-8). Un amour fou embrase toute leur vie sur terre et pour l'éternité. Ils nous ont laissé leurs écrits qui nous permettent de saisir un peu ce que l'amour de Dieu est capable d'accomplir dans un cœur qui ose la folie de s'abandonner. En lui, l'Amour pénètre comme le feu. Qu'attendons-nous donc pour devenir mystiques ? Pour prendre ce chemin où un Amour nous attend ?

***

MITAN 6

1re réflexion : Le buisson ardent

Il est possible que tu trouves merveilleux ce qui arrive à d'autres, tout en étant convaincu que rien de tel ne peut se produire pour toi. Alors, prends le temps de chercher ton propre « buisson ardent », celui autour duquel, étonné, tu tournes sans comprendre : le sens de ta vie, un pourquoi qui demeure sans réponse, la perte d'un emploi, une joie qui change ta vie, une maladie incurable. C'est à partir de ce buisson en flammes que Je Suis te parle.

2e réflexion : Qui donc est Dieu ?

Avant d'aller plus loin dans la lecture, tu peux oser une réponse à la question du premier chapitre : Qui donc est Dieu ? Laisse parler ton expérience et tu nommeras Dieu Lumière, Providence, Pardon, etc. Dieu se révèle de façon différente à chaque personne, et partager nos connaissances nous permet de le connaître toujours un peu plus. Montfort incite à chercher : « Cette connaissance de la Sagesse éternelle n'est pas seulement la plus noble et la plus douce, mais encore la plus utile et la plus nécessaire, parce que la vie éternelle consiste à connaître Dieu et son Fils Jésus Christ[9]. »

3ᵉ réflexion : Laisse la parole t'intriguer

Les mains qui m'enserrent (Jn 10, 27-30)

Mes brebis écoutent ma voix ; je les connais et elles me suivent. Je leur donne la vie éternelle ; elles ne périront jamais. Et nul ne les arrachera de ma main.

Le Père qui me les a données est plus grand que tous, et nul ne peut rien arracher de la main du Père. Le Père et moi, nous sommes un.

Toi, moi, oserons-nous croire que cette parole, comme une main, touche quelque chose en nous et le guérit au besoin ?

Oserons-nous croire que cette main nous donne gratuitement ce dont nous avons besoin pour exister ? Qui peut donc m'arracher de la main de Dieu ?

Oserons-nous croire que nous sommes porteurs d'un feu à propager ?

Une mission nous est confiée : Va ! Aime de tout ton cœur et laisse Dieu répandre, par toi, le feu de son amour.

Ce n'est pas parce que je ne vois pas que rien ne se passe !

---

[9] L.-M. DE MONTFORT, *ASE*, 11.

Deuxième partie

SPLENDEUR TENUE CACHÉE

*Contempler la douceur
de la Sagesse dans l'éternité*

6

DIEU, L'AU-DELÀ DE TOUT

*Dans la Trinité, le partage est total,
car l'unité de Dieu est absolue
et les personnes totalement différentes.*
(Yves Raguin[1])

---

[1] Y. RAGUIN, *La profondeur de Dieu*, Paris, Desclée de Brouwer, 1973, p. 139.

L'origine de toute existence

La Trinité divine existait avant d'être révélée et peut toujours agir là où elle n'est pas encore.

Maurice Zundel[2]

Avant le temps, il n'y a que : Je Suis. Ni un ni trois, mais Plénitude. Origine sans origine. Lieu inexistant. Intemporalité. Plein jour et pleine nuit. Abîme de présence. Sagesse éternelle. Amour sans fond. Parole brûlante. Douceur inaltérable. Souffle de vie. Mouvement constant d'engendrement. Don et accueil sans début ni fin. Source inépuisable. Avant le temps, avant le chaos, avant la création, rien n'existe hormis l'Amour.

À partir de ces mots, peut-être pouvons-vous creuser une minuscule brèche dans l'opacité du mystère d'avant l'origine où il n'y a que Je Suis, celui qui est vie, présence, relation.

C'est ici qu'il faut s'écrier avec saint Paul : Ô profondeur, ô immensité, ô incompréhensibilité de la Sagesse de Dieu ! Qui sera l'ange assez éclairé ou l'homme assez téméraire pour entreprendre de nous expliquer comme il faut son origine ?
C'est ici qu'il faut que tous les yeux se ferment, de peur d'être éblouis d'une si vive, si brillante lumière.
C'est ici qu'il faut que toute langue se taise, de peur de ternir une beauté si parfaite en voulant la découvrir.
C'est ici qu'il faut que tout esprit s'anéantisse et adore, de peur d'être opprimé par le poids immense de la gloire de la divine Sagesse en voulant la sonder[3].

---

[2] M. ZUNDEL, *Quel homme et quel Dieu?*, Retraite au Vatican, Saint-Maurice, l'Œuvre de Saint-Augustin, 1989, p. 79.
[3] L.-M. DE MONTFORT, *ASE*, 15.

C'est ici qu'il nous faut *enlever nos sandales* et nous prosterner, car le mystère que nous explorons est sacré. L'Inconnu prend tout l'espace et est hors d'atteinte. Pourtant, nous frappons à la porte toujours ouverte de Je Suis. Il est l'Existant, le Vivant, l'Absolu, l'Inaltérable, le Toujours en gestation de l'univers, du monde, de l'humain. Mais comment parler de ce Dieu d'avant le temps, enfoui dans le plus profond silence où toute forme est informe, où aucun son n'est émis ? Pourtant, la Vie bouge. Un Désir s'élabore. Une Parole se prépare. Une Naissance est imminente.

Que des balbutiements !

Nous imaginons parfois que, dans cet espace indéfinissable d'avant l'être humain, rien ne se passe, que Dieu se repose dans une immobilité insipide et insignifiante, une sorte de béatitude tranquille et ennuyante. Quelle erreur nous commettons parce que nous ne voyons pas! Dieu est Parole, Relation, Énergie ! Comment penser à lui sans le voir dans le feu de l'action ? La vie est mouvement. Elle possède en elle l'énergie qui incite à bouger, à agir, à faire vivre, à inventer, à créer. Dans Jean 5, 18, Jésus, qui vient du Père et qui le connaît, assure : « Mon Père travaille toujours, et moi aussi je travaille. » Et il poursuit : « Comme le Père en effet ressuscite les morts et les rend à la vie, ainsi le Fils donne vie à qui il veut. Car le Père ne juge personne : tout le jugement, il l'a remis au Fils. » Ce qui nous ramène à ce que nous avons déjà vu aux chapitres précédents : Dieu travaille toujours à donner la vie et à la protéger. Il agit donc depuis la nuit des temps, en douceur et dans le silence.

Les livres des Proverbes, de l'Ecclésiaste et de l'Ecclésiastique osent parler du temps, des activités, des attraits, des appels de la Sagesse éternelle bien avant la fondation du monde. Jésus aussi nous amène dans la même direction. Ce qui nous permet de croire que, bien avant les grandes eaux du premier jour, Dieu est, Dieu travaille, Dieu aime, Dieu vit en relation. Je Suis ne peut être que pluriel. Chacune des Personnes est Je Suis pour l'autre. Elle est Je Suis qui vient vers toi.

En lui, nous trouvons la plénitude du temps, la plénitude de la vie, la plénitude de l'amour, la plénitude de la douceur. Il est la source et l'origine de tout ce qui est. Il vit de commencement en commencement. Le pouvoir de faire jaillir la vie existe en lui de toujours à toujours. Cette vie possède l'intensité, la densité, la puissance, la capacité de transmettre et de transformer. Et si l'univers prend forme, c'est que Dieu parle et que, de cette parole, la vie jaillit. Jésus en est témoin, car il est cette Parole faite chair. Il est la Sagesse qui, avant de s'asseoir près du puits de Jacob en Samarie, de crier dans les rues de la Palestine, d'appeler à l'angle des carrefours en Galilée, de discourir aux portes de la ville de Jérusalem, habitait dans les cieux, parcourait la profondeur des abîmes, était aux côtés du Créateur comme maître d'œuvre de la création (cf. Pr 8, 22-31).

Il n'est pas inutile d'entrer dans les Écritures sur la pointe des pieds, pour creuser les profondeurs de la vie qui est Dieu. Il ne peut s'agir que de faibles balbutiements, mais comment vivre de la vie divine, comment devenir à l'image de la Sagesse éternelle, si nous n'osons pas habiter son mystère qui, sans être à notre portée, demeure ouvert à notre désir d'apprendre. Après avoir fait le constat que *Dieu est amour*, je m'aventure dans ce mystère, tout en sachant très bien qu'il est sans fond, sans mots, sans explication, sans facilité. Il m'attire et j'y reviens sans cesse. Il attise mon désir de m'enfoncer au cœur de « mes origines » pour y trouver mon identité, mon nom, ma place. N'est-ce pas la Sagesse qui nous garde en haleine, l'esprit en recherche, le cœur émerveillé, l'âme assoiffée d'une source d'eau vive jaillissant en vie éternelle ?

C'est ici et maintenant, autant qu'hier, que le cœur humain cherche un lieu où il trouvera le repos. Parce qu'il a toujours peur, parce qu'il fuit, parce qu'il sent sa fragilité, parce qu'il essaie de se protéger de Dieu, des autres, de lui-même, l'humain cherche inconsciemment la sécurité, la protection, la solidité. Pour cela, il a besoin de trouver une réponse aux questions qui sourdent de son être profond : « Je viens d'où ? Qui suis-je ? Pourquoi ? » Pour y parvenir, il va jusqu'à sonder l'insondable. Mais « Dieu, nul ne l'a jamais vu : le Fils unique qui est dans le sein du Père, c'est lui qui nous a raconté » (Jn 1, 18). Et si notre repos était semblable à celui de Dieu : aller d'activité en activité sans peur, sans frénésie, sans essoufflement, sans désir de possession, simplement pour donner la vie ? Pour aider quelqu'un à naître à lui-même et aux autres, sans façon, sans éclat, sans bruit ? Pour cela, il faut puiser à la Source de la douceur : Je Suis.

Secrets révélés par le Fils

Tout ce que j'ai appris de mon Père, je vous l'ai fait connaître.

Jésus

L'Écriture sainte, en particulier les Évangiles, expose le mystère de Dieu qui est Un et Trois. En effet, c'est Jésus qui nous parlera de cette réalité inconcevable. Et avant de quitter la terre, il nous garantit la continuité de la connaissance : « L'Esprit Saint, que le Père vous enverra en mon nom, vous enseignera tout » (Jn 14, 26). Mais pour comprendre, il nous « faut naître d'en haut », nous dit-il en Jn 3, 7. Or, l'humain croit difficilement ce qu'il ne comprend pas. Peut-on lui en vouloir ? La vie, cependant, lui apprendra à renaître, s'il adhère à la parole de Celui qui est envoyé du ciel pour parler de façon terrestre. « Celui qui vient d'en haut est au-dessus de tous ; celui qui est de la terre est terrestre et parle en terrestre. Celui qui vient du ciel témoigne de ce qu'il a vu et entendu, mais son témoignage, nul ne le reçoit. Qui reçoit son témoignage certifie que Dieu est véridique. Celui que Dieu a envoyé prononce les paroles de Dieu, qui lui donne l'Esprit sans mesure » (Jn 3, 31-34).

Dans un langage plus proche de nous, Jésus nous amène plus loin dans la réponse à la question : *Qui donc est Dieu ?* Il ouvre l'incompréhensible mystère du pluriel et de l'unité en Dieu en nous révélant que Dieu est Trois et Un. Il nous parle d'un Dieu qui est Père, Fils et Esprit : « Nul ne connaît le Fils si ce n'est le Père, comme nul ne connaît le Père si ce n'est le Fils et celui à qui le Fils veut bien le révéler » (Mt 11, 27). Ici, la connaissance ne consiste pas en un ensemble d'idées, mais elle est expérience. Yves Raguin écrit : « L'étonnant de cette histoire, c'est qu'à partir d'un langage humain nous avons été amenés aux limites de l'inconnaissable. Ce même langage humain, dans son insuffisance, nous a lancés au-delà de lui-même[4]. » C'est en écoutant Jésus : « Je suis dans le Père et le Père est en moi » (Jn 14, 11) que tout doucement notre intelligence s'éveille à l'existence d'une liaison intime qui se vit entre les trois et qui nous amène à croire qu'avant la vie était la Vie, l'Amour, la Relation.

De ce qui se passe entre le Père, le Fils et l'Esprit, Jésus nous en parle d'abord comme d'une expérience. Un lien d'amour indestructible le garde uni au Père. Il se tourne sans cesse vers lui et attend tout de lui, non par dépendance, mais par certitude : « Tout ce qu'a le Père est à moi » (Jn 16, 15). Plus encore, il demeure dans le Père et le Père demeure en lui. Un même Esprit les anime et les garde en communion, l'un dans l'autre. Le mystère de la vie trinitaire s'avère une vie totale, pleine, complète, solidaire. Le Père affirme : « Celui-ci est mon Fils bien-aimé » (Mt 3, 17), et la réciprocité vient : « J'aime mon Père » (Jn 14, 31).

De même que Jésus révèle qu'il est Fils du Père, il annonce qu'il enverra l'Esprit qui vient du Père : « Quand viendra l'Esprit que je vous enverrai d'auprès du Père, l'Esprit de vérité qui provient du Père, il me rendra témoignage » (Jn 15, 26). L'Esprit est celui qui émane du Père en vue d'une action : témoigner du Fils. Il est toujours, d'après Jésus, le souffle qui répand la vie dans les humains et qui les inspire : « Ce n'est pas vous qui parlerez, c'est l'Esprit de votre Père qui parlera en vous » (Mt 10, 20).

Si Jésus ne nous avait pas parlé de son Père, s'il ne nous avait pas dit qu'il est le Fils du Père, que l'Esprit vient du Père, jamais nous n'aurions pu imaginer cette impossible beauté : Dieu, un et trine. Sa vie est relation qui s'exprime continuellement en

---

[4] Y. RAGUIN, *La profondeur de Dieu*, p. 133.

forme de don et d'accueil. Les trois sont Je Suis celui qui sera là pour toi. Ce nom se vit d'abord et réellement en Dieu. C'est ainsi depuis bien avant la création du monde. Et encore là, le mot « avant » n'est pas juste, car tout est *maintenant*. Nous avons pu constater qu'en Dieu rien n'est linéaire comme dans notre monde. Les grandes actions exercées par la Trinité : la création, l'incarnation et la rédemption, la vie selon l'Esprit, ne sont pas vraiment à la suite l'une de l'autre, car, en Dieu, il n'y a ni passé ni futur, mais un éternel aujourd'hui. C'est donc que je suis dans sa pensée longtemps, longtemps avant ma naissance.

7

ÊTRE SOI DANS L'AUTRE

*Entre l'être et le néant,
il n'y a pas d'autre principe d'existence
que le principe trinitaire.
Il est le fondement inébranlable
qui unit le personnel et le communautaire,
et qui donne un sens ultime à tout.*
(Paul Evdokimov[1])

---

[1] P. EVDOKIMOV, *L'art de l'icône, théologie de la beauté*, Paris, Desclée de Brouwer, 1970, p. 205.

« Bénie soit la source »
(Pr 5, 18)

> *Ô source de vie, veine d'eau vive !*
> *Quand pourrai-je accéder aux eaux de*
> *ta douceur ?*
>
> Pierre Chastellain[2]

Dieu, pour les chrétiens, n'est pas un être solitaire, centré et replié sur lui-même, s'admirant et s'aimant lui-même. Ce serait un monstre. S'il n'avait quelqu'un à aimer, comment pourrait-il être Amour ? Pour G. Madore : « Qui dit amour dit relation entre personnes. En fait, l'amour désigne une qualité de relation, celle qui est faite de réciprocité, de profondeur, de fidélité, de totalité, de joie[3]. » Cela décrit bien le genre de relation qui fait vivre le Père, le Fils et l'Esprit. Je peux penser qu'entre les Trois la vie circule dans le don qu'ils se font l'un à l'autre, sans restriction, sans réserve et avec une indescriptible douceur, car elle prend sa source dans l'amour. Une attirance mutuelle et amoureuse produit une volonté de rendre l'autre heureux d'une façon constante. Une parfaite communion unit les Personnes et les fait vivre dans l'altérité la plus authentique.

Si, tout en étant Trois, Dieu est Un, c'est qu'aucune des personnes n'est supérieure à l'autre ; aucune ne possède l'autre ; aucune n'a pouvoir sur l'autre ; aucune n'est première ou avant ou après l'autre. Il n'y a pas le Père, ensuite le Fils et enfin l'Esprit. Il y a l'Être divin sans primauté ni priorité. Chacune des

---

[2] P. CHASTELLAIN, *L'âme éprise du Christ Jésus*, traduit par Joseph Hofbeck, Montréal, Guérin, 1999, p. 58.
[3] G. MADORE, « Amour », *Dictionnaire de spiritualité montfortaine*, Montréal, Novalis, 1994, p. 42.

personnes n'est que relation à l'autre, totalement, librement et pleinement. Les trois se reçoivent l'une de l'autre et se donnent l'une à l'autre dans un mouvement sans fin où se réalisent leur unité et leur altérité. S'il en était autrement, ce ne serait pas une vie dans l'amour, et la douceur serait absente. Les Personnes vivent l'une de l'autre, toujours tendues l'une vers l'autre, sans exigence ni contrainte. Il n'y a ni riche ni pauvre. Il y a Dieu un et trine en communication continue. Aimer, c'est tout recevoir de l'autre, tout donner à l'autre, gratuitement, sans attente, sans comparaison, sans possession. C'est là ce que tout couple humain amoureux souhaite et désire du plus profond de son cœur. La source d'un tel amour se trouve en Dieu.

Un jour, en admirant les vitraux de Marc Chagall dans la synagogue de l'hôpital Hadassah de Jérusalem, je restai là suspendue à ce « bleu » qui devenait moi. Étrange expérience d'être soi dans une couleur. Devant mes yeux, ma vie se déroulait dans ce bleu intense, unique, qui traverse l'œuvre splendide de cet artiste hors du commun. Par la suite, en contemplant Je Suis comme Père, Fils et Esprit, cette expérience a fait jaillir en moi l'idée que la relation trinitaire consiste à être soi dans l'autre et pour l'autre.

Je rejoins ici la pensée de Maurice Zundel, qui exprime à sa façon que, dans la Trinité, se réalise pleinement *le merveilleux paradoxe d'être soi dans un autre*. La relation qui circule entre les Trois inspire l'amour, et, en lui, cette relation atteint un équilibre harmonieux. Un amour libre de toute possession, comparaison ou exigence crée leur unité. C'est là une des grandes révélations que nous fait Jésus quand il affirme que « le Père et moi, nous sommes un » (Jn 17, 22).

Ce *plusieurs en un* nous apprend l'égalité, la complémentarité, l'originalité, l'altérité de chacune des personnes, en même temps que leur communion sans réserve et leur parfait accord. Le Père est tout entier dans le Fils, le Fils tout entier dans le Père, l'Esprit tout entier dans le Père et le Fils, et cela, sans perdre pour autant leur identité. Les trois personnes ont, pour ainsi dire, des rôles particuliers, mais coopèrent à l'action de l'une comme de l'autre avec respect et douceur. Il ne peut y avoir de violence, car toute activité du Père se fait en douceur, celle du Fils également. Et l'Esprit, cette énergie qui les unit, ne dégage que douceur.

Nul être humain ne peut imaginer la vie relationnelle de Je Suis, trois et un. Des mots nous rapprochent, mais ils demeurent trop faibles et tellement en deçà de la réalité. L'amour qui se vit en les Trois est un immense et puissant brasier, toujours en éruption, qui pousse Dieu à sortir de lui-même pour créer. Ce qui se propage alors est douceur, car Dieu ne donne que ce qu'il est. C'est donc à l'intérieur même de la vie trinitaire qu'est la source intarissable de la douceur, de l'humilité, de la clémence. Ce qui se vit entre les Trois ne peut pas être autrement, car ils sont Un dont le nom est Je Suis et dont la logique est celle de l'amour. Nous aspirons constamment à vivre cet « être en l'autre ». Une image de cette réalité est le fœtus qui vit de sa mère, en sa mère. Ainsi, nous vivons en Dieu et Dieu en nous.

Peut-être qu'un effort nous est demandé pour lire l'indéchiffrable, mais l'Inaccessible demeure là en nous et s'offre à notre pauvreté. Nous avons donc le droit et la possibilité de contempler la grandeur et la beauté du mystère qui s'offre à nous, nous fascine et demande d'être lu sans tension, sans acharnement, sans avidité malsaine. C'est Dieu qui se fait connaître au cœur qui le désire. Évidemment, il nous faudra le temps de notre vie sur terre et bien plus encore.

Il nous faut longuement contempler l'être et l'agir de chacune des Personnes qui sont Je Suis. Chacune à sa manière, sans se départir de son identité, vit l'une dans l'autre et pour l'autre. Toute communication entre elles est enrobée de la douceur de leur amour. De leur échange constant et libre, réalisé dans un don de soi sans limites, naît la source de toute communion, de toute vie, de toute relation.

Dieu est Père

Autre bouleversante révélation faite par Jésus : Dieu est Père. Nous savons ce que signifie être père. C'est là un terme connu de tous les humains. Si Dieu porte le nom de « Père », c'est qu'il est géniteur. Il engendre éternellement son Fils dans la fraîcheur et la nouveauté. Et ce Fils, Verbe fait chair, raconte au monde le nom de Dieu : « J'ai manifesté ton nom aux hommes […] que tu m'as donnés » (Jn 17, 6). Je Suis, ce nom pas très familier, devient sur les lèvres de Jésus : Père, mon Père, Abba, notre Père. Déjà le nom Je Suis supposait un être-en-relation. Jésus nous dit, lui, que cette relation est filiale. Il le sait, car il est ce Fils éternellement engendré, aimant le Père et étant infiniment aimé de lui. Il nous présente donc le mystère de Dieu en parlant de ce qu'il connaît : sa relation étroite et unique avec le Père.

Il arrive pour certains que l'image qu'ils ont d'un père soit ternie par le non-amour et la brutalité. Mais alors, il faut nous imprégner des paroles de Jésus parlant de son Père pour savoir, du plus profond de nos entrailles, que le Père qui nous est révélé est douceur à jamais. Déjà, dans un passé lointain, le prophète Osée décrivait la relation tendre et attentive que Dieu souhaitait manifester à chaque être humain : « Moi, pourtant, j'apprenais à marcher à Éphraïm ; je les prenais dans mes bras ; mais ils n'ont pas compris que je prenais soin d'eux ! Je les menais par de douces attaches, avec des liens d'amour ; j'étais pour eux comme celui qui élève un nourrisson tout contre sa joue, je me penchais sur lui et lui donnais à manger » (Os 11, 3-4).

Peut-on mieux dire le lien désiré par Dieu lui-même ? Peut-on mieux exprimer la relation pleine de douceur et de respect que Dieu, comme père, nourrit ? Peut-on mieux exprimer l'instinct maternel qui se vit en Dieu ? Cette relation unique, intime et indescriptible établit le rapport entre le Père-mère et le Fils. Si Jésus nous la révèle, c'est qu'elle s'avère être celle que Dieu nous offre. Seul celui qui a une connaissance parfaite du Père peut nous faire connaître cette éternelle soif de Dieu d'être père pour tous : « Tu es mon fils, moi aujourd'hui, je t'ai engendré » (Ps 2, 7). Nous sommes *en* le Fils et donc, comme lui, éternellement engendrés, entourés de bras aimants, nourris, menés par de douces attaches, éduqués à marcher sous le regard aimant d'un père-mère. Les chanceux que nous sommes ! Dieu, comme un père aimant, comme une mère chaleureuse, nous offre d'entrer dans son propre mouvement d'amour. Il nous laisse le choix de répondre.

Dieu est Fils

Le Père engendre le Fils dans l'Esprit depuis toujours. Et le Fils est et partage ce que sont le Père et l'Esprit. « Tout ce qui est à moi est à toi », dit le Fils en parlant de son Père. Il sait de quoi il parle, car, depuis avant le temps, il se reçoit du Père et le Père se reçoit de lui. C'est ainsi que dans le Fils nous trouvons le Père. La relation qui les unit s'appelle liberté, cohérence, unité, transparence, communion. Le Père ne possède pas le Fils ni ne le retient. Il l'engendre en aimant. Et la profondeur de son amour attire le Fils qui le lui rend pleinement, tout en demeurant parfaitement lui-même en l'autre.

Et quand, dans le temps, la Sagesse éternelle voudra « s'approcher de plus près des hommes et leur témoigner plus sensiblement son amour[4] », c'est le Fils qui viendra sur terre, qui se fera enfant, homme, ami des pauvres, pour faire connaître l'attachement que Dieu a pour ses enfants. Il criera au monde : « Dieu vous cherche et vous aime sans condition. Venez à moi et vous trouverez le repos. Je suis le Bon Berger. J'aime mes brebis et je connais chacune par son nom. Je donne ma vie pour elles. Venez, je vous soulagerai, je vous consolerai. Venez manger de mon pain et boire le vin que je prépare, chaque jour, pour vous. »

---

[4] L.-M. DE MONTFORT, *ASE*, 70.

En portant toute notre attention sur la vie de Jésus, nous réalisons que c'est son agir qui nous enseigne le mieux l'amour du Père. Pas de contrainte, pas de rejet, pas de manigance, seulement compassion, douceur, vérité. On le voit aller jusqu'au bout de sa vie pour rassembler dans l'unité les enfants du Père dispersés. Pour cela, il nous prend dans sa mort pour nous ressusciter avec lui et en lui. Ce n'est pas d'abord un message que le Fils de Dieu nous laisse, c'est sa vie.

Dieu est Esprit

Jésus nous parle aussi de l'Esprit Saint ; mais celui-ci demeure, dans notre pensée, une personne énigmatique, éthérée, sans visage, sans activité visible à laquelle nous référer. Pourtant, il plane sur les chaos du monde et de nos vies. Il fait reculer les ténèbres, allume le feu de l'amour, souffle sur nous pour faire éclater la vie et répandre l'amour. Une parole de saint Paul nous éclaire quand il présente l'Esprit comme « l'amour de Dieu répandu en nos cœurs » (Rm 5, 5). Cela inspire une image de légèreté, de fluidité qui conduit aux symboles du feu, du vent, du souffle, de l'eau. En fait, l'Esprit se répand et pénètre les choses, la pensée, l'intelligence, le cœur.

On dit de lui qu'il est le lien qui unit le Père et le Fils et en qui se réalisent l'unité et l'égalité des Trois. Un tel lien s'avère une force d'attraction du Père vers le Fils et du Fils vers le Père. Il est le va-et-vient entre le Père et le Fils. Il est, en fait, leur esprit. Il est celui qui rassemble le multiple en UN, qui donne au Père d'engendrer le Fils et au Fils de se laisser engendrer. Il appartient autant au Père qu'au Fils. Le Père ne le possède que pour le donner, et le Fils le possède en le donnant.

Deux images effleurent ma pensée et, en les creusant, elles expriment au mieux pour moi ce que je peux dire de l'Esprit. D'abord le *mouvement*. Je vois l'Esprit comme éternel mouvement d'engendrement dans l'amour. Il est cette poussée vertigineuse qui force, pour ainsi dire, Dieu à sortir de lui-même pour créer, pour se révéler, pour s'incarner, pour ressusciter. « L'Esprit est amour dans son activité créatrice, il est l'amour du Père qui engendre son Fils dans le monde et qui, en cet engendrement, crée le monde. La filiation *rédemptrice* du Christ est le mystère premier où la création est ancrée, vers lequel tout est créé[5]. » L'autre image, plus féminine : l'Esprit comme *sein* maternel où un Père-mère inengendré se plaît à donner sa vie au Fils et où le Fils se plaît à recevoir la vie dans une unité, une liberté, une altérité irréprochables. L'Esprit s'avère la source d'un seul et même mouvement en faveur de la vie. Étonnant prodige qu'est cet élan de vie qui va, sans fin, de commencement en commencement.

Sous la mouvance de l'Esprit, le Père et le Fils donnent et reçoivent la vie sans jamais la reprendre. Ils ne gardent rien pour eux. De la puissance de leur Parole naît la création. Je Suis enveloppe tout ce qu'il a créé de sa bénédiction, couvrant ainsi l'univers et ses habitants de sa présence amoureuse et protectrice. L'être humain est créé par le Père, dans l'Esprit, orienté vers le Fils, pour devenir à leur ressemblance : amour, unité, justice, douceur. Dieu voit que cela est bon. Son rêve : que le même amour qui habite les Trois se répande, comme un feu dévorant, sur la terre comme au ciel. Ce rêve se réalisera, car, avec patience, Dieu apprend à ses filles et à ses fils à marcher sous son regard dans l'amour, pour qu'ils arrivent à la plénitude de leur être.

Et lorsque la Sagesse éternelle s'incarne, tout son être humain se love, par l'Esprit, dans l'éternelle étreinte du Père qui toujours l'engendre. Éblouissante communication de vie, d'amour, de douceur qui amène Jésus à cette intimité qui lui donne de nommer Dieu « Abba », papa, petit papa.

---

[5] F.-X. DURRWELL, *L'Esprit Saint de Dieu*, Paris, Cerf, 1983, p. 59.

8

LES TROIS À L'ŒUVRE

*Mon Père travaille toujours,
et moi aussi je travaille.*
(Jn 5, 17)

Dieu travaille toujours

> *Vous qui avez été portés dès la naissance et dont je me suis chargé dès le ventre maternel jusqu'à votre vieillesse, je resterai le même ; jusqu'à vos cheveux blancs, je vous soutiendrai.*
>
> Is 46, 4

Nous trouvons dans la Trinité tout ce qui était, tout ce qui est et tout ce qui vient. Sans cesse en mouvement continuel de création, Dieu, Un et Trois, travaille à la transformation et à l'embellissement du cosmos et de l'humain. La douceur s'est installée dans le cœur de Je Suis, de sorte que rien ne se réalise sans elle. Nous avons peut-être de la difficulté à croire que Dieu travaille ; pourtant, cela est tout simplement dans sa nature de Dieu. Dans l'abri de sa main, tout se vit, se transforme et meurt.

Voir la Trinité à l'œuvre dans notre histoire s'avère une grâce extraordinaire. La voir à l'œuvre dans les grandes activités divines : création, incarnation et rédemption, présence permanente, nous conduit dans la profondeur de l'amour sans fond de Dieu. Même si l'on associe chacune de ces grandes *gestes* à l'une ou à l'autre des Personnes en particulier, nous savons que la même opération est accomplie par Je Suis, les Trois étant solidaires et inséparables. Isaïe nous dit que Dieu a un projet et que ce projet tiendra, car c'est lui qui travaille à son accomplissement. Quel est ce projet qui demande tant de patience, d'énergie et de temps ? Rien d'autre que d'être Père pour chaque fille, chaque fils que son cœur a désirés et que ses mains ont façonnés. Rien d'autre que de voir chaque humain, dans le Fils, entrer librement dans une relation filiale qui le rendra heureux, juste et saint. Rien d'autre que de donner, par l'Esprit, accès à la communication d'égal à égal qui se vit au cœur même de la Trinité.

Il ne faut pas moins que tout l'espace de notre vie pour connaître ce projet divin, l'accepter et le faire nôtre. Sa réalisation nous semble si lointaine et inaccessible. Il ne semble pas possible pour nous d'être appelés à vivre cette intensité d'amour, car il est difficile de faire le passage d'un Dieu lointain devant qui on s'écrase, à un Dieu proche qui *marche en ma présence* sans rien me demander. Il est vrai qu'une telle intimité peut nous faire peur. Nous préférons garder une certaine distance. De plus, nous ne lâchons pas facilement l'organisation de notre vie, car nous craignons de devoir sacrifier quelque chose ou perdre notre liberté. La peur nous saisit du dedans et nous fait garder les rênes de notre vie. Basculer dans l'inconnu ne se produit pas sans hésitation ni frayeur. Même si nous savons, du plus profond de notre être, que nous venons de Dieu et qu'à lui nous retournons, nous demeurons sur nos gardes. L'inconnu fait peur.

Je Suis attend que nous lui remettions avec confiance la direction de notre vie ou de notre projet qui, en fait, est le sien : devenir filles et fils bien-aimés. Pour que s'accomplisse ce but de notre existence, il nous faut simplement laisser Dieu être Père pour nous. C'est possible. Pensons au fils cadet qui retourne à son père, acceptant enfin qu'il soit son père ; pensons à l'homme brisé recueilli par le Samaritain ; à Marie qui abandonne toute question et avance dans l'inconnu. Dieu fera cela en nous. Nous ne sommes jamais en retard ou trop tard, car lui, il prend tout son temps pour nous ajuster au projet de son cœur. La contrainte et l'obligation nous feraient violence, alors que Dieu accomplit toute chose avec douceur. C'est sa marque.

Dans sa sculpture intitulée *La Trinité miséricordieuse*, Caritas Müller, céramiste, exprime bellement et de façon émouvante l'intervention de chaque personne de la Trinité qui, émue jusqu'aux entrailles, s'active à donner à l'être humain exténué l'énergie qui le remettra debout. Cette œuvre, à lire lentement avec le cœur et l'âme, nous permet de voir les Trois en pleine activité, distincte et une. Sans crier gare, Je Suis celui qui est là pour toi est à l'œuvre dans notre histoire. La lecture attentive de cette œuvre nous provoque à la même compassion, la même attention, la même douceur devant la misère de l'autre.

Après un regard en profondeur sur cette sculpture, nous n'hésiterons plus jamais à dire que Dieu travaille toujours. Une image vaut mille mots, dit-on. Je ne saurais trouver mieux, pour parler du travail incessant du Dieu trois fois saint, que de proposer, avec l'autorisation de l'auteure, la contemplation de cette œuvre d'art qui offre quelque chose d'unique.

Pour mieux en saisir toute la portée, j'introduis, en l'adaptant légèrement, le texte de Patrick Scherrer qui accompagne l'œuvre :

> L'être humain est au centre de toute l'attention de Dieu, de son amour, de sa miséricorde. Il est entouré de tous les côtés par ce Dieu « mis de côté ».
> Plein d'amour, le Père se penche sur l'être humain. Il le tient, le porte, l'embrasse, prend soin de lui, l'engendre.
> Le Fils, Sagesse éternelle, s'abaisse, descend aussi bas que l'être humain le plus bas. Il saisit ses pieds, les lave, les couvre de baisers. Il est à genoux devant l'humain.
> L'Esprit Saint, sous forme de colombe et de flamme de feu, fait irruption par le haut vers l'être humain épuisé. Il veut le remplir, en prendre possession, lui donner de sa propre énergie. Il plane au-dessus du chaos que vit cet être, pour y mettre de l'ordre et le relever.
> Pour Dieu, l'être humain est au centre ! Mais en vue d'amener l'être humain à faire de Dieu le centre de sa vie.

* * *

MITAN 7

Prends le temps de contempler, de tout ton cœur, l'illustration représentant la Trinité miséricordieuse, et laisse-toi aimer. Souviens-toi d'un moment de ta vie où la Trinité t'a pris en charge. C'est un événement important que tu pourrais mettre par écrit.

La Trinité miséricordieuse
(Caritas Müller, op)

Prière à la Trinité éternelle

Plongeant audacieusement dans l'abîme insondable du mystère de la Trinité, nous nous sommes rappelé que les Trois portent un même nom : Je Suis. Leur manière d'agir et d'aimer est la même : la douceur. Le regard que le Père, le Fils et l'Esprit portent sur nous s'avère, à n'en point douter, un regard qui crée, transforme, attire, rend fier, remet debout. Leur Parole séduit, car elle jaillit de leur amour fou et inexplicable pour chaque être humain. Je Suis est le juste plein de compassion qui nous justifie et nous invite à devenir comme lui : saints et irréprochables dans l'amour. Cet amour embrase comme un feu tout ce qui existe, ravive la soif inassouvie des humains de parvenir à la plénitude de leur être, et rend possible l'union divine, qui est filiale et fraternelle.

Il y aurait encore tant à dire, car Dieu est infini en tout. Nos sources sont en lui. Et nous, nous cherchons souvent ailleurs. Nous nous épuisons à creuser dans la noirceur et dans le vide nos propres puits et, comme des aveugles, nous ne voyons pas celui qui est là tout près de nous, déjà offert à nos soifs. Voir, comprendre cela et l'accepter nous évite éparpillement et déception. Que Dieu ne puisse pas dire de nous : « Ils m'ont abandonné, moi, la Source d'eau vive, pour se creuser des citernes, citernes lézardées qui ne retiennent pas l'eau » (Jr 2, 13).

Avec Catherine de Sienne, terminons ce chapitre sur la Source de tout. Dans son livre *Le Dialogue*[1], elle écrit une splendide prière à la Sainte Trinité que je me permets de résumer sans en affadir, je l'espère, la vraie saveur. Ces mots inspirés à Catherine pour prier les Trois dans leur Unité, nous pouvons les faire nôtres. Ainsi, nous puisons gratuitement dans le trésor inestimable de l'Église qui ouvre à qui le désire l'expérience

---

[1] C. DE SIENNE, *Le Dialogue*, 2e édition, Paris, Cerf, 1999, p. 366-367.

intime et bouleversante de personnes qui ont choisi de donner leur vie à Dieu, après avoir compris que Dieu, le premier, les a choisies et leur a donné sa vie sans aucune retenue.

Toi, Trinité éternelle, tu es un océan profond.
Tu es le feu qui ne s'éteint jamais.
Tu es le feu qui consume dans ta chaleur tout amour-propre de l'âme.
Tu es le feu qui enlève toute froideur.

Par ta lumière, tu m'as fait connaître ta vérité.
Dans la lumière de la foi, je possède la sagesse
dans la sagesse de ton Fils.
Dans la lumière de la foi, j'espère.
Cette lumière m'enseigne la voie.
Cette lumière est un océan, parce qu'elle nourrit l'âme en toi,
Océan de paix, Trinité éternelle.

Dans cette lumière, je connais et me représente toi, suprême bien.
Bien heureux. Bien incompréhensible. Bien inestimable.
Beauté qui surpasse toute beauté,
Sagesse au-dessus de toute sagesse,
Bien plus : la Sagesse même.
Tu es le vêtement qui recouvre toute nudité.

Tu nourris les affamés dans ta douceur.
Doux sans aucune amertume.
Revêts-moi, revêts-moi de toi
Pour que je parcoure cette vie mortelle
Avec la lumière de la foi qui paraît de nouveau enivrer mon âme.
Amen.

Troisième partie

LE TEMPS DU PÈRE

*Contempler la douceur
de la Sagesse éternelle dans la création*

9

DOUCEUR DANS LA CRÉATION DU MONDE

La Sagesse éternelle a commencé à éclater
hors du sein de Dieu lorsque,
après une éternité entière,
elle fait la lumière, le ciel et la terre.
(L.-M. de Montfort[1])

---

[1] L.-M. DE MONTFORT, *ASE*, 31.

Faire le tri dans nos connaissances

> *Dieu a créé le monde dans un acte libre et gratuit, par une initiative que rien ne lui imposait.*
>
> B. Sesboüé[2]

Un langage à déchiffrer

Devant l'ambiguïté de l'interprétation des récits de la création, de l'incohérence de certains discours tenus par l'Église, des découvertes de la science, beaucoup de croyants tournent le dos à la religion catholique et surtout à la pratique religieuse. Leur intelligence n'accepte pas n'importe quel discours. Cependant, une soif spirituelle leur taraude le cœur et les garde dans un cheminement de foi. Ils ne doivent pas, cependant, en rester aux rudiments du catéchisme de leur enfance. Il appartient à chacun de se poser des questions, de chercher des réponses, de nourrir son intelligence et sa foi, seul et avec d'autres. On ne doit plus avoir peur de Je Suis ni craindre de lui appartenir.

À l'âge où nous sommes dans l'histoire de l'humanité, et puisant dans la multitude de connaissances scientifiques, archéologiques, exégétiques et théologiques qui nous sont offertes, nous avons le devoir de débloquer les chemins qui conduisent à la foi. Il n'est pas difficile de reconnaître que nous sommes encore prisonniers d'un enseignement obscur et lourd qui nous empêche de voir le *commencement* comme le début d'une longue histoire d'amour au cours de laquelle Dieu se réalise en l'humain et l'humain se réalise en Dieu. C'est ce que la foi

---

[2] B. Sesboüé, *Croire. Invitation à la foi catholique pour les femmes et les hommes du XXIe siècle*, Paris, Droguet & Ardant, 1999, p. 139.

chrétienne appelle *l'histoire du salut*. En d'autres mots, c'est l'histoire de la vie sans cesse donnée et non accueillie, sans cesse offerte et non reçue.

Il faut d'abord partir du fait que les premiers chapitres (1 à 11) de la Genèse ne sont pas historiques, car aucun être humain n'a pu voir de ses yeux le *commencement* où tout se passe dans le plus profond silence de l'infini du temps, en dehors de tout regard humain et dans une indicible douceur. Cependant, ils ont fait l'objet de bien des interprétations, bien des études, et ont fait couler beaucoup d'encre. Il est nécessaire, avant de les ouvrir pour une contemplation, de faire le ménage dans tout ce que nous savons, à partir de ce qui nous a été raconté à leur sujet.

Les écrivains primitifs n'ont certes pas voulu faire de vagues. Ils ont imaginé le *commencement* et l'ont écrit dans le langage de leur époque. La densité et la richesse de ces textes, truffés de symboles évocateurs et signifiants, portent à croire qu'ils sont inspirés par l'Esprit, présent dans les actions humaines révélatrices de Dieu. Ces écrivains ne savaient pas que leur inspiration serait un jour un délicieux breuvage pour celles et ceux qui se poseraient les mêmes questions et qui y trouveraient des pistes éclairantes. Ils ne savaient pas non plus que leurs écrits seraient interprétés à la lettre et maintes fois déformés, pour leur faire dire ce qu'ils ne pouvaient pas dire et ne voulaient pas dire. Fort heureusement, des études approfondies nous présentent des pistes de réflexion qui éclairent les anciennes interprétations et les rendent plus acceptables. Les Pères de l'Église nous ont laissé un bel héritage, mais ils avaient aussi leurs limites et, en lisant leurs écrits au sujet de la femme, il est difficile de les trouver sympathiques.

Aujourd'hui encore, nous demeurons dans l'obscurité en ce qui concerne la création, son pourquoi et l'existence du mal inhérent à la condition humaine. Après des siècles de recherches et de discussions, de résistances et de débats, les écrits anciens gardent leur mystère, et les savants apprennent peu à peu à décoder le langage de la Bible avec les *clés* que les siècles leur font découvrir. Nous constatons peu à peu que, du commencement jusqu'à la fin de ce Livre, tout se fait écho, tout se répond, tout se tient. C'est ce que les disciples d'Emmaüs saisissent pendant que Jésus ressuscité leur explique les Écritures. « La Bible bien comprise introduit notre esprit à une perspective globale, éternelle[3]. » On ne doit plus s'arrêter au mot à mot, mais voir la globalité de l'histoire. « Si mystérieusement que ce soit, il (Dieu) survole la succession plate, linéaire de nos "avant et après"[4] », de sorte que l'avant comme l'après convergent sur le mystère du Christ.

Malgré tout, au milieu des diverses interprétations se trouvent de belles intuitions, celle d'un Dieu qui ouvre son cœur et se livre par et dans l'acte de créer ; celle de l'être humain, homme et femme, créé libre et à la ressemblance de Dieu. Ce qui est tout simplement sublime, même si l'expérience amène l'auteur à prendre conscience que le cœur humain est capable du meilleur et du pire, capable de grandes générosités comme des pires atrocités. À partir de ce constat, le chapitre 3 de la Genèse ose une réponse à l'éternel pourquoi du mal et à l'incompréhensible refus des humains de se tourner vers Dieu. Nous y reviendrons plus loin.

Ce que je saisis des premiers chapitres de la Genèse est une volonté, chez les auteurs, de nous faire comprendre que, d'après leurs observations, il existe dans le monde deux réalités. La première est quelque chose de merveilleusement bon. L'univers et le monde sont remplis de beauté, de bonté, de libéralité. Tout vient de Dieu, source de la vie et de l'amour. La seconde, que nous sommes aussi en mesure d'observer nous-mêmes, est le mauvais, qui ne peut venir que des humains. Dieu n'a pas créé

---

[3] É. DE SOLMS et DOM C. JEAN-NESMY, *Bible chrétienne, 1* Commentaire*, Québec, Anne Sigier, 1982, p. 16.
[4] *Ibid.*

le mal. S'il existe, c'est qu'il est causé par un acte libre de la créature. Il est inhérent à la nature humaine limitée en toute chose et marquée de réussites et d'erreurs. Ce qui fait dire à H. Küng que « le *"mal"* est, de ce point de vue, ce qui blesse, lèse, gêne l'humanité. Le mal est particulièrement ce qui rabaisse l'homme au niveau de l'inhumanité, de sorte qu'il se conduit comme un animal mauvais[5]... ».

Pour goûter la lecture des récits de la création, il ne faut pas hésiter à aller sous l'écorce des mots qui nous parlent au-delà des âges. La création avec tout son mouvement d'amour nous a été révélée par des mots humains. Ce sont les seuls que nous pouvons comprendre. Ce qu'il ne faut pas oublier, en relisant le début de la Genèse, c'est que Dieu n'agit que dans la douceur et que ce qu'il fait ne peut être que le produit d'un immense amour. Tout ce qui semble contredire cela est indigne de notre foi et ne peut être conservé.

Des énigmes révélatrices

Dans les récits de la création, nous ne devons rien prendre à la lettre. Mais il est nécessaire d'explorer les symboles pour prendre conscience que les énigmes ne sont pas toutes verrouillées. Pour nous aider à nous y retrouver, je ressors brièvement quelques-unes de ces énigmes que je considère représentatives. Elles serviront à éclairer les pages suivantes.

– Le temps

Les six jours de la création ne sont pas de vingt-quatre heures, car avant le temps, il n'y avait pas de temps, mais l'éternité de

---

[5] H. Küng, *Faire confiance à la vie*, Paris, Seuil, 2010, p. 88.

Je Suis. Dans la Bible, quand nous parlons de l'âge de la terre, la mesure d'un jour se compte par millénaires.

– Le jardin

Le jardin d'Éden s'avère un lieu imaginaire signifiant que Dieu a créé l'être humain pour le bonheur. D'après ce que nous vivons, nous pouvons déjà comprendre que le paradis n'est pas derrière nous, mais bien plutôt devant nous. C'est là où notre vie nous amène : vivre une relation filiale avec notre Créateur et Père, Maître et Dieu de tout, le Très-Loin et le Très-Proche. On imagine déjà cette relation harmonieuse par le symbole de la promenade de Dieu, dans le jardin, à la brise du soir. Son appel toujours actuel : « Adam, où es-tu ? » ressemble à celui, souvent silencieux, des parents inquiets qui attendent leur enfant sorti pour une soirée et qui tarde à rentrer. De la même manière, le Père m'attend.

– Le couple humain

L'auteur des poèmes de la création voit les gens mourir et retourner à la terre. Il imagine donc, à l'origine, un seul couple humain et il le nomme Adam, ce qui signifie *terreux* (fait de terre et qui retourne à la terre), et Ève, la *vivante*, la *mère*. Les connaissances d'aujourd'hui sur la lente évolution de l'humanité nous permettent de dire que tout le monde masculin a pour nom Adam et tout le féminin, Ève. Quant à l'idée de la création par « modelage », l'auteur veut sans doute nous faire comprendre que Ève et Adam ont fait le constat qu'ils ne sont pas à l'origine de leur propre vie et que l'existence, ils l'ont reçue. Ils doivent la vie à Quelqu'un.

Faire naître la femme du côté de l'homme exprime la réalité que l'homme et la femme naissent l'un de l'autre et sortent d'un unique amour : celui de Dieu. Différents l'un de l'autre, ils ont à devenir un en recevant de l'autre sa différence et en l'accueillant. À l'image du Créateur, ils sont faits en forme de don et d'accueil. Ils sont appelés à vivre non dans l'inégalité et la dépendance, mais dans la gratuité qui laisse l'autre être ce qu'il est sans vouloir le changer. Aimer, c'est laisser à l'autre sa liberté et l'aider à s'accomplir pleinement. Naître l'un de l'autre, c'est aussi se recevoir de l'autre. De là commence une véritable relation. Si elle est gratuite, elle devient harmonieuse et féconde. Nous sommes bien loin de l'idée que la femme est inférieure à l'homme parce qu'elle serait sortie de la côte d'Adam. Cette conception fait appel à la violence, non à la douceur.

– L'arbre de la connaissance

Au milieu du jardin, l'arbre de la connaissance du bonheur et du malheur se déploie. C'est, pour Bernard Sesboüé, un symbole qui « peut être lu comme une générosité paternelle et pleine de tendresse de la part de Dieu. Cela peut être aussi compris comme une défiance, une rivalité, la réserve d'une chasse gardée, une menace. Dans la liberté de l'homme, un drame est toujours possible[6]. » Chez les Israélites, la connaissance était moins théorique qu'expérimentale. « La science du bonheur et du malheur est un discernement de caractère universel qui permet de juger de tout pour le bonheur et le malheur de soi-même ou des autres[7]. » Ce serait sous cet arbre mystérieux que s'est jouée la tragédie des humains ou le simple exercice de la liberté.

– Le libre refus et la nudité

Ayant créé les humains libres, Dieu n'est pas surpris ni étonné de les voir refuser sa manière d'agir et d'aimer. Tout amour offert librement oblige à un choix. C'est ainsi qu'Ève et Adam (et c'est notre histoire) sont placés devant le choix de

---

[6] B. SESBOÜÉ, *Croire*, p. 136.
[7] Note *k* du chapitre 2, verset 11 du livre de la Genèse, *Traduction œcuménique de la Bible*.

continuer à dépendre de Dieu ou pas. Il leur apparaît que, loin de leur Créateur, ils seraient autonomes et *comme des dieux*. Cela ressemble à tous les fils prodigues qui tentent leur propre expérience. Appel à la liberté. Euphorie de l'indépendance. Ils ont pleinement le droit de dire non à l'amour. Ils disent non aussi à l'amour des autres, car la séparation d'avec Dieu engendre la séparation d'avec les autres. Ève et Adam se sont choisis. Les chapitres 3 et suivants de la Genèse illustrent le déclin d'une vie centrée sur elle-même. Une telle existence se vit dans l'obscurité, car la gloire de Dieu est absente ; dans la peur, car l'angoisse est lancinante ; dans la division que la jalousie guette. Elle est vide, car elle est privée de contacts humains gratuits. Le refus met l'amour de côté et donne à la violence la place de la douceur.

Dans la Bible, la nudité symbolise la fragilité. Ève et Adam refusent de demeurer « des êtres inférieurs » à Dieu. Ils n'ont pas d'autre issue que partir. Nus et en fuite, ils font l'expérience de leur fragilité, de leur vulnérabilité, de leurs limites. S'installent en eux la peur et l'angoisse. Mais ils ignorent que Je Suis est l'*Abba* de Jésus qui demeure avec eux. Il les attendra longuement, car il reste proche de ses enfants en fuite. Nous savons par expérience qu'il faudra un choc pour les faire revenir à la maison et reconnaître que, sans la présence de Je Suis, ils n'arriveront pas à réaliser leur vocation d'aimer. Leur vraie place, c'est le cœur du Père ; mais cela, il leur faut en faire l'expérience.

Père de la première aube

Mais il changea le désert en nappe d'eau, une terre sèche en source d'eau.
Ps 107, 35

Dieu caché dans sa création

Seule la Sagesse éternelle était présente à l'origine de la création : « Dieu m'a créée au début de ses desseins, avant ses œuvres les plus anciennes. [...] Quand il affermit les fondements de la terre, j'étais à ses côtés » (Pr 8, 22 et 30). Cette présence, bien qu'elle soit mystérieuse, nous indique que Quelqu'un travaille depuis toujours à un projet qui prend forme hors du temps, hors de l'espace, hors de nous. Rien n'est vérifiable, mais tout est déjà là sous les yeux de celles et de ceux qui voient l'invisible à partir du visible.

Ces réalisations racontées par le livre de la Genèse, nous pouvons les expérimenter aujourd'hui dans notre propre vie. En effet, dès l'aurore, Dieu se présente à notre regard dans la nature. La lumière se lève en premier et, devant nos yeux, s'étale un ensemble vivant par lequel la Sagesse vient à nous. Chaque matin nous offre une démonstration exaltante de la vie qui nous dit la présence de Je Suis avec toi. Mystère de la kénose : Dieu enfoui dans la création pour être avec nous chaque jour, sans bruit, sans violence, sans exigence. Pour le reconnaître, il nous faut des yeux illuminés, les yeux d'un amant, d'une amante.

Cette expérience nous confirme, pour ainsi dire, le récit de la création toujours en voie d'achèvement : sur les chaos de nos histoires personnelles, une parole se fait entendre. La lumière se lève sur nos nuits, et lentement l'ordre est rétabli. La vie reprend ses droits. Vient le temps des choix qui entraînent des conséquences, mais sans cesse une Présence bénit. N'est-ce pas en bref le poème du début de la Genèse ? N'est-ce pas fascinant de nous reconnaître à partir de ces récits anciens ? Nous aurions tort de les traiter à la légère et en rigolant, ou de les envoyer aux oubliettes en pensant qu'ils sont écrits par des personnes ignares et incultes.

Certes, les auteurs des récits de la création n'expliquent pas comment la terre a pris forme, car ils n'en savent rien. Ils ignorent également l'âge de la Terre et la naissance de l'humain. Ils ne connaissent pas le lieu géographique où les premiers hommes sont apparus. Tout cela est inaccessible pour eux, et pour nous encore aujourd'hui. Mais si je lis avec attention et ouverture d'esprit leur manière d'imaginer et d'écrire le *commencement*, je lis en quelque sorte mon expérience personnelle et je rejoins celle de l'humanité. Cela ne me dira toujours pas le comment, ni le pourquoi, ni le moment, ni le lieu où le monde a été créé ; mais ces textes énigmatiques nous révèlent quelque chose du mystère.

Ces récits imagés me permettent d'entrer dans la douceur de Dieu, de connaître sa longue patience, sa force amoureuse et dynamique, sa volonté absolue de donner la vie, sa parole capable de créer. Ils me disent simplement, dans un langage d'une époque lointaine, qu'il y eut un premier matin. Ils nous révèlent surtout quelque chose d'unique de la relation vitale de Dieu avec l'Univers et avec l'Humanité. Cela malgré l'impénétrabilité et l'obscurité qui entourent les mots.

Des récits inspirés

La Genèse est le premier livre de la Bible, mais il n'a pas été écrit en premier. C'est seulement après l'Exode et installé depuis longtemps dans sa *Terre promise* que le peuple hébreu écrit son histoire, qui commence avec Abraham et non avec la création.

À partir de souvenirs racontés par les anciens aux jeunes générations tout au long des siècles, des hommes inspirés mettent en mots écrits ce qu'ils ont maintes fois entendu. En cours d'écriture, une question se présente probablement à leur intelligence : Mais qu'était le monde avant Abraham ? Comment tout cela a-t-il commencé ? La réflexion les conduit à penser que le début du monde s'est fait sans doute à partir d'une rencontre et d'un dialogue avec Dieu, car ce qui ressort de l'expérience de leurs Pères dans la foi est une rencontre avec un Dieu qui parle et qui séduit. Cette lecture du passé et de leur propre vécu les amène à tracer le récit que nous connaissons, où tout commence par l'irruption de Dieu dans l'histoire et par une Parole qui met en mouvement.

À cette époque, Dieu est connu comme celui qui parle. Il a parlé aux Pères et ne cesse de parler au peuple, en vue de faire naître une amitié qui se développe au quotidien *en marchant en sa présence*. « Quand une conscience plus évoluée s'interrogera sur le fait de la création, elle l'abordera naturellement dans cette ambiance de dialogue[8]. » Cela est inévitable. On comprend mieux pourquoi la Parole a le premier rôle dans le récit de la création. Comme elle a été à l'origine de l'expérience d'Abraham et de son peuple, l'auteur en déduit qu'elle est aussi à l'origine du monde. Il croit qu'un dialogue a eu lieu entre le Créateur et l'être humain qu'il a façonné comme un potier fabrique un vase d'argile.

Une expérience vécue m'amène à penser ainsi et à trouver que la poésie des récits de la création a un sens caché qui n'est pas banal. En terminant l'écriture du livre *Comme un feu dévorant*[9], des mots se bousculent en moi et d'un trait j'écris ce poème :

---

[8] *Ibid.*, p. 30.
[9] C. DUMONT, *Comme un feu dévorant, la Sagesse*, Bégrolles en Mauges, Abbaye de Bellefontaine, 2002, p. 254.

Avançant peureusement dans un tunnel sans fin,
Je voyais miroiter une clarté qui n'éclairait pas.
J'entendis, à l'intérieur de mon cri, un cri :
Y a-t-il quelqu'un ? Y a-t-il quelqu'un ?
Seul le silence de mon angoisse répondait.

Dans ce labyrinthe silencieux et obscur,
Mon âme, collée à la poussière,
Criait à plein pouvoir son désarroi
Quand je sentis l'étreinte de grands bras
Se fermer sur moi et me presser vers la lumière.

C'est alors que j'ai senti battre ton cœur.
J'ai vu ton amour me couvrir, ta parole s'approcher.
Mon âme a entendu ta voix lourde de compassion :
« Viens, ma bien-aimée, viens ! »
Et ton cœur enflamma le mien.
Chante mon âme, chante Celui qui vient
Dans l'abri de tes résistances.

Alors, comme un feu dévorant,
Ta parole se presse en ma bouche.
Ton nom brûle en secret mes lèvres.
Ton amour s'inscrit dans la chair de mon cœur
Qui devient semblable au tien.
Chante mon âme, chante le travail de ton Dieu
Au fil de tes aujourd'huis.

Que viennent la détresse et la froidure.
Je tiens mon âme blottie amoureusement en toi,
Sans peur, sans trouble, sans honte.
Je te tiens doucement par la main, mon Seigneur et mon Dieu.
Chante mon âme, chante sa présence incandescente
Dans l'histoire mystérieuse de ta vie.

Me relisant par la suite, je fais le constat que ce texte me dépasse. J'y reconnais le cheminement de personnes rencontrées, ma propre expérience de recherche de Dieu et l'histoire de l'humanité. À l'amie qui me dit : « Ce texte est beaucoup trop personnel », je réponds : « Il n'est pas personnel, mais universel. Il dit le vécu de tout être humain, son questionnement, ses angoisses, sa quête de sens à la vie, sa recherche d'amour et sa réponse ! »

Mon exemple est plutôt banal à côté des grands récits de la création, mais il explique un peu ce qui a pu se passer pour les rédacteurs du *Commencement*. Ils ont écrit sous le coup d'une forte impulsion, d'après ce qu'ils avaient vu, entendu, observé. Ils ne racontent pas un fait dont ils auraient été témoins, mais ils imaginent, en partant de leur expérience de foi, la création du monde et le début de l'humanité. Ils le font dans un langage d'époque, imagé et symbolique, d'une riche densité. Ce que la femme et l'homme d'aujourd'hui découvrent dans ces textes sommaires et imprécis est la foi profonde vécue par Israël en un Dieu proche qui parle pour libérer la vie et la répandre en abondance. Nous apprenons aussi la confiance d'un peuple en un Père qui « couve » la vie pour la protéger, parce qu'il aime sans aucune condition.

Le temps d'un long désir

Pour créer la moindre fleur, des siècles ont travaillé.

William Blake[10]

Quand ? Comment ? Pourquoi ?

À mesure que l'intelligence humaine se développe, deux questions s'imposent d'âge en âge : Comment ? Pourquoi ? Aujourd'hui encore, elles n'ont pour réponse que des hypothèses. Les auteurs des premiers chapitres de la Genèse ont écrit d'après leur savoir, leur expérience et la réflexion faite à leur époque. Nul doute que cette réflexion est inspirée par *l'Esprit qui plane toujours sur les eaux*. Au début du troisième millénaire après Jésus Christ, la science aidant, nous avançons à petits pas dans la connaissance de l'âge de la Terre, de sa lente formation, de l'arrivée évolutive de l'être humain.

Deux niveaux de notre être sont constamment en recherche de réponses à ce grand questionnement. La science, dans sa soif de compréhension, cherche et approfondit sans se lasser le *comment* de la création du monde et de l'homme. La foi tente de répondre au *pourquoi*. Ces deux niveaux se complètent pour lever le voile sur un mystère toujours à creuser, toujours aussi fascinant.

À ce jour, nous connaissons l'âge probable de notre bonne vieille Terre : quatre milliards et demi d'années, nous dit la science[11]. L'homme n'aurait que deux cent mille ans. C'est loin dans le temps, et c'est proche. Ces chiffres peuvent changer encore à mesure que la science progresse. Mais déjà, cette

---

[10] www.gilles-jobin.org. Citations de William Blake.
[11] www2.ggl.ulaval.ca.

connaissance me réjouit et vient affermir ce que je crois très fortement : Dieu est douceur et il fait tout avec douceur. « La terre était vide et vague, les ténèbres couvraient l'abîme et un vent de Dieu agitait la surface des eaux » (Gn 1, 2). Le temps forge sans violenter.

Celui qui n'est pas engendré engendre dans le silence et l'humilité depuis toujours. Je Suis, Créateur et Père, fait exister ce qui n'était pas là avant et qui va s'accroître avec le temps. En plus de l'imagination, de l'énergie, de l'expérience, des tâtonnements, il faut à tout créateur la patience, la sagesse, la douceur et beaucoup de temps pour que naisse son œuvre. Ainsi le monde créé : Dieu l'a longuement voulu, rêvé, désiré, aimé. On ne peut nier que l'énergie créatrice suppose une certaine violence. Mais Dieu en qui existe toute douceur attend patiemment que les temps s'accomplissent. Il contrôle et canalise en positif cette superbe force à travers les millénaires. Ce qui assure la douceur de l'intervention. Tout vient à l'existence au moment propice, et chaque chose est souhaitée par le Créateur.

La communication bienveillante et conviviale vécue entre les personnes de la Trinité passe dans la création, s'y établit et y demeure. Ainsi, la relation s'avère indispensable entre tout ce qui jaillit des mains de Dieu. Le monde est créé avec le temps. Ce qui advient dépend de ce qui précède. Tout ce qui existe existe par l'autre et attend tout de l'autre pour se reproduire et assurer sa survie. La *communication* devient essentielle pour que l'équilibre se maintienne et que la création se perpétue d'âge en âge. Elle suppose le partage, le respect, le don, le besoin d'entente. Sur ce qui mijote depuis des millénaires, le souffle de Dieu se tient en perpétuel mouvement, attentif à donner la vie au bon moment. Avec douceur, il met de l'ordre dans ce chaos de feu, de terre, d'eau, de roche. Lorsque retentit la parole : « Que la lumière soit ! », tout est prêt à naître.

Dieu est Sagesse. Il sait ce qu'il fait et pourquoi il le fait. Heureusement, car, malgré l'avancement de la science et la recherche profonde des croyants depuis le fond des âges, la création demeure une réalité opaque et complexe. Nous réalisons qu'une fois qu'elle est commencée, rien ne l'arrêtera. Isaïe nous dit : « Ne l'as-tu pas entendu dire ? Yahvé est Dieu éternel, créateur des extrémités de la terre. Il ne se fatigue ni ne se lasse, insondable est son intelligence » (Is 40, 28). Si Dieu ne s'épuise pas, nous pouvons être sûrs qu'il opère et que la création progresse. Celle-ci étant toujours en voie d'achèvement, le jour vient où la Parole se fait entendre à nouveau : « Que la lumière soit ! » Et le matin se lève sur l'intelligence humaine, sur nos incompréhensions, sur nos ténèbres, sur nos limites. Ainsi, la création va vers son accomplissement.

L'apôtre Paul écrit dans sa lettre aux Romains : « La création en attente aspire à la révélation des fils de Dieu. Si elle fut assujettie à la vanité [...], c'est avec l'espérance d'être aussi libérée de la servitude de la corruption pour entrer dans la liberté de la gloire des enfants de Dieu. Nous le savons en effet, jusqu'à ce jour, toute la création gémit en travail d'enfantement » (Rm 8, 18-22). La création en attente ne peut qu'aspirer à parvenir à la plénitude de sa beauté. Elle ne pourra y arriver par elle-même, mais la Sagesse éternelle, demeurant dans ce qu'elle fait, en assure la transformation progressive. Pour elle, créer, c'est demeurer avec. Elle soutient donc et porte tendrement sa créature pour assurer, avec elle, sa croissance tout au long de son histoire.

La joie du premier soir

*Venez, crions de joie pour le Seigneur,
au son de la musique acclamons-le.*

Ps 95, 1-2

La création, expression de joie

« Voici venir des jours où se suivront de près labours et moissons, pressoir et semailles » (Am 9, 13). Sur ce vide du début du temps et sur lequel l'Esprit demeure, la vie surgit des profondeurs, abondante et gratuite, par la puissance d'une Parole. Ce jaillissement vient sans doute d'un déversement du trop-plein d'amour qui se vit au cœur de la Trinité, qui prend plaisir à donner trop de tout. Selon ma logique, je peux voir du gaspillage dans la création. Seul un fou d'amour peut combler ainsi. Or, Dieu est ce *fou* d'amour pour ses créatures, au point de danser pour elles : « Ton Dieu exultera de joie pour toi, il te renouvellera par son amour ; il dansera pour toi avec des cris de joie, comme aux jours de fête » (So 3, 17-18). Nous découvrons là un visage méconnu de Dieu : sa fierté pour ce qui sort de ses mains et la joie exaltante qu'il éprouve.

C'est que l'acte de créer s'avère un mouvement de jubilation où Dieu sort de lui-même pour libérer la vie sans aucune retenue. La surabondance de ses dons répandus avec prodigalité, largesse et gratuité nous fait connaître l'intensité et l'étendue sans mesure de sa joie. Cette joie se propage à toute chose créée : « Joie au ciel ! Exulte la terre ! Que gronde la mer, et sa plénitude ! Que jubile la campagne, et tout son fruit, que tous les arbres des forêts crient de joie à la face de Dieu, car il vient » (Ps 96, 11-12). Dieu est fier de sa création et heureux de la voir participer à son bonheur.

La joie est particulièrement visible, dans le second récit de la création, par le fleuve qui sort d'Éden et arrose tout le jardin. Or, le fleuve n'est fleuve que s'il reçoit l'eau d'une source. Symboliquement, la source, c'est Dieu dans son acte de création. Comme un fleuve naît de sa source, la parole joyeuse s'écoule pour irriguer le sol et en assurer la fertilité. Et la source ne tarit jamais. Il en est ainsi pour tous les dons de la création, qui ne s'épuisent pas, leur source étant l'amour sans mesure offert à chaque instant. On n'épuisera jamais Dieu. C'est pourquoi il vient et offre continuellement. À cette pensée, le psalmiste émerveillé chante : « Que tous les fleuves battent des mains et les montagnes crient de joie… car il vient ! » (Ps 98, 8). Dieu, dans la création, est Celui qui vient. Il est Je Suis en état d'attente et de don. L'attente de Dieu n'a rien à voir avec l'inaction.

« La puissance créatrice à l'origine de toutes choses aurait pu demeurer repliée en elle-même et ne jamais se manifester, elle est sortie d'elle-même afin de faire exister un autre qu'elle-même, elle s'est manifestée[12]. » Parce qu'il est amour et communication, Dieu ne peut pas ne pas créer. C'est dans sa nature. Et tout ce qu'il crée est créé dans la joie. Elle est partout dans l'univers. On la retrouve dans le clapotis rieur de la vague, dans le rire cristallin de la source, dans le gloussement de la chute, dans le murmure de la claire fontaine, dans le frémissement des fleurs et des herbes, dans le chuchotement des feuilles, dans le silence de la forêt, dans les yeux de l'enfant, dans le fou rire de l'être humain ou dans l'accomplissement d'une tâche. La joie emplit l'univers.

---

[12] B. VERGELY, *Retour à l'émerveillement*, Paris, Albin Michel, coll. Essais/Clés, 2010, p. 78.

La joie émerge de la douceur

Dieu fait chaque chose avec sagesse, car il est discernement. Il le fait pour permettre à un autre d'exister, car il est justice. Il le fait avec joie, car il est heureux. Il le fait sans bruit, car il est douceur. Il crée librement à partir de ce qu'il est et il est doux et humble de cœur. Ensuite, il laisse vivre, il laisse libre, il laisse être. Cela suppose une grande humilité, un sens de la liberté hors de notre entendement et un amour sans bornes. À jamais, il est celui qui agit sans éclat, sans bruit, sans mesure, sans condition, sans raison. Quand il prend l'initiative de venir, il le fait avec douceur. Douceur dans ses interventions. Douceur dans sa parole. Douceur dans son regard.

– Douceur dans ses interventions

Montfort dit que la Sagesse éternelle, après « avoir créé le monde, y a mis le bel ordre qui y est. Elle a séparé, elle a composé, elle a pesé, elle a ajouté, elle a compté tout ce qui y est[13] ». Et il poursuit : « Elle a étendu les cieux ; elle a placé le soleil, la lune, les étoiles et les planètes avec ordre, elle a posé les fondements de la terre ; elle a donné des bornes et des lois à la mer et aux abîmes ; elle a formé les montagnes ; elle a tout pesé et mesuré jusqu'aux fontaines. » On trouve là un fort joli récit de la création inspiré de Pr 8, 27-31.

Toutes ces activités de la Sagesse se réalisent dans la douceur, comme l'indique le temps indéfini. La violence n'a pas de place dans ce jeu ineffable de la Sagesse qu'exprime le livre des Proverbes : « Je l'amusais, jour après jour, jouant sous ses yeux sans cesse, jouant sur le terrain de son monde, et je m'amuse avec les gens[14]. » Que penser aussi de la douceur qu'exige la

---

[13] L.-M. DE MONTFORT, *ASE*, 32.
[14] Pr 8, 30. *La Bible, nouvelle traduction*, Paris/Montréal, Bayard/Médiaspaul, 2001.

création de l'infiniment délicat ? On peut chercher, mais nous ne trouverons pas de bavures, de laideurs, de manques, d'oublis dans la création. Chaque geste s'accomplit avec douceur. Tout a été pétri avec une infinie puissance de délicatesse, de tendresse, de précision.

– Douceur dans la parole

Dieu ne crie pas. Il est douceur dans sa parole qui s'accomplit, dans le temps et dans l'espace, sans brusquerie. Ce qui ne veut pas dire que la Parole ne peut pas se faire incitative. Quand la parole est prononcée, elle demeure en gestation jusqu'à ce que *le temps soit venu*. La parole ne bouscule pas. Elle prend le temps, tout le temps nécessaire à la réalisation parfaite et complète de l'œuvre. La douceur s'exprime avec fermeté et ténacité pour que s'accomplisse tout projet. La Sagesse possède une douceur invincible qui donne à sa parole la force de mettre au monde le monde. On peut dire que la douceur pénètre tout dialogue, toute parole enfouie dans l'univers, et imprègne ce que nous sommes. Dieu n'a pas créé par ennui ni pour avoir des esclaves à qui crier des ordres et de qui exiger obéissance. Il crée pour avoir des filles et des fils à qui donner la vie, à qui faire plaisir et à rendre amoureux. Leur bonheur sera sa joie. C'est pourquoi sa parole sera séduction pour celle et celui qui se laisseront séduire. Ce qui explique sa douceur absolue.

– Douceur dans le regard

« Et Dieu voit comme c'est bon et beau ! » (Gn 1, 10). Oh ! cet étonnant regard de Dieu sur ses réalisations, à la fin de chaque jour de la création ! Sa sagesse lui fait observer, analyser, évaluer l'univers créé. Son regard pénètre bien au-delà de ce qu'il voit à ce moment précis. C'est le devenir qu'il regarde, car la création n'est pas chose d'un instant perdu dans le temps ou un moment statique figé au fond des millénaires. À ce qu'il fait exister, Dieu donne la vie à jamais. Et la vie bouge, s'épanouit, grandit. Tout ce qui est créé a un avenir. J'aime *voir* Dieu inventer le jour et la nuit, prendre du recul, regarder et laisser éclater sa joie : « C'est beau ! » De même, j'imagine Dieu fabriquer la Terre dans ses moindres détails, avec tout ce qu'elle contient en devenir, et, dans un recul, la regarder avec de la joie plein les yeux. L'univers, le monde, l'infiniment petit, l'infiniment grand ne peuvent être conçus en dehors de la joie et de la douceur.

Et depuis le tout premier matin, chaque fin de jour se révèle être un premier soir où Dieu constate : « C'est beau ! C'est bon ! » C'est aujourd'hui que cela se passe. Ce soir, sur la création, Dieu pose un regard où douceur, joie et admiration se rencontrent. Dieu ne repousse rien de ce qu'il fait, car il façonne avec son cœur qui ne connaît qu'amour et beauté.

✳ ✳ ✳

MITAN 8

Tu te reconnais sans doute dans les récits de la création. En prenant ta marche de santé, en cuisinant le repas du soir ou assis dans le métro, laisse monter en toi le souvenir d'un événement où tu as entendu une parole semblable à celle-ci : « Que la lumière soit ! » et où tu as basculé dans la foi.

Chante ta joie[15] (Ps 19, 2-9.15)

Les cieux proclament la gloire de Dieu, le firmament dévoile l'ouvrage de ses mains. Le jour au jour relance sa parole, et la nuit à la nuit transmet le message.
C'est la Parole sans langage qui n'élève pas la voix ; mais par toute la terre jaillit son écho, et ses accents jusqu'aux limites de l'univers.

---

[15] Traduction à partir de *Les Psaumes*, Cahiers de la Pierre-qui-vire, Tome 1, Paris, Desclée de Brouwer, 1966, p. 205.

Il y a planté la tente du soleil, qui sort tel un époux du pavillon nuptial, il s'élance en conquérant joyeux. Où commence le ciel, il se lève et il s'en va jusqu'où le ciel s'achève. À sa chaleur, rien n'échappe.
Sa loi est entière, elle recrée l'âme. Son témoignage est vrai, il donne au simple la sagesse. Ses préceptes sont droits, joie pour le cœur. Le commandement du Seigneur est limpide, lumière des yeux. Te plaisent le chant de mes lèvres et le murmure de mon cœur. Toujours en ta présence, Seigneur, mon roc, mon rédempteur.

N'est-ce pas une belle narration de la création ?

10

DOUCEUR DANS LA CRÉATION DE L'ÊTRE HUMAIN

Si la puissance et la douceur de la Sagesse éternelle
ont tant éclaté dans la création,
la beauté et l'ordre de l'univers,
elle (la Sagesse) a brillé bien davantage
dans la création de l'homme,
puisque c'est son admirable chef-d'œuvre,
l'image vivante de sa beauté et de ses perfections.
(L.-M. de Montfort[1])

---

[1] L.-M. DE MONTFORT, *ASE*, 35.

L'être humain, visage de Dieu

*Il t'a engendré comme son Fils
unique, et non pas moindre.*
Maître Eckhart[2]

Créés pour aimer

Une grande douceur émane du premier chapitre du livre de la Genèse ! À travers les mots, les phrases, le rythme, le déroulement, le lecteur peut ressentir paix, docilité, fraîcheur, suavité. Pendant longtemps, Dieu prépare la terre et travaille en faveur de celui qui la développera. De la profondeur de son éternel silence et de son intériorité, la Trinité fait jaillir la création comme un cri qui trouve son écho en l'être humain. Les récits de la création nous font réaliser que tout est en progression depuis des millénaires et culmine doucement vers l'homme. Lorsqu'il vient, tout est en place. Il faut voir, dans cette incalculable longueur de temps, l'attention et la délicatesse de la Sagesse qui fait toute chose en douceur. Des millénaires ont passé quand Dieu dit : « Faisons l'homme à notre image et à notre ressemblance. » Ici, le mot homme signifie l'être humain générique, homme et femme. La Sagesse prend toute *une journée* pour façonner, de ses mains, la plus belle des créatures qu'elle veut semblable à elle-même. « Tout dans l'homme était lumineux sans ténèbres, beau sans laideur, pur sans souillure, réglé sans désordre[3]. »

Ce premier récit nous dit que Dieu crée l'être humain sexué, mâle et femelle, homme et femme, à son image et à

---

[2] G. JARCZYK et J.-P. LABARRIÈRE, *Maître Eckhart ou l'empreinte du désert*, Paris, Albin Michel, 1995, p. 149.
[3] L.-M. DE MONTFORT, *ASE*, 38.

sa ressemblance. Parce qu'il est Celui qui engendre, quelque chose du Père passe inévitablement dans l'être humain. Ce qui est pétri de ses mains ne peut que lui ressembler. Nous voyons dans le récit de la Genèse qu'en sortant des mains de Dieu Adam s'attache à la femme, parce qu'il voit en elle l'achèvement de cette image de Dieu qu'il est lui-même. Ève tourne ainsi Adam vers Dieu. C'est son rôle de tourner Adam vers elle et vers Dieu. Il est assez étonnant de voir dans le texte une réelle insistance : « Dieu créa l'homme à son image, à l'image de Dieu il le créa, homme et femme il les créa » (Gn 1, 27).

Je trouve particulièrement éclairante la pensée d'Élisabeth Dufourcq à ce sujet. Elle écrit bellement : « La répétition annonce la conséquence fondamentale : l'Irreprésentable, unique et pourtant pluriel, crée à son image l'unique et pourtant pluriel. À quelle révélation le peuple juif doit-il d'avoir écrit ce splendide "homme et femme il le créa", point d'orgue de toute la création, le seul auquel se réfère le Christ des Évangiles ? Ce passage génial du pluriel (homme et femme) au singulier (il le créa) fait du couple humain, mais aussi de chaque être humain, quel que soit son sexe, l'image de Dieu à part entière ; il résume la création divine et le caractère générique du couple et la singularité radicale de tout vivant sexué[4]. »

La foi nous invite à entrer dans ce mystère inépuisable : l'être humain, homme et femme, créé à l'image de Dieu, un et pluriel. Cela nous dit quelque chose d'essentiel sur le pourquoi de la création : communiquer, unir, relier. Pour Dieu, *être* signifie *être avec*. Quand nous affirmons que Dieu est amour, nous disons qu'il est relation. C'est dans la nature de l'amour que de vouloir entrer en contact avec d'autres êtres. Pour qu'existe une relation, il faut être deux. Pour aimer, il faut être deux. L'amour se dirige vers l'autre et a besoin de l'autre pour s'exprimer. « La création

---

[4] É. Dufourcq, *Histoire des chrétiennes, l'autre moitié de l'Évangile*, Montrouge, Bayard, 2008, p. 27.

est le premier temps d'une entreprise qui commence avec elle pour conduire l'homme à son bonheur à travers une histoire[5]. » Le bonheur se trouve dans une relation d'amour avec quelqu'un. Nous sommes créés, à chaque instant, pour aimer, parce que Dieu déjà nous aime. Il s'agit là de notre vocation première : vivre à la manière de Celui qui nous a créés. L'être humain s'humanisera en aimant. Comme il est Amour, Dieu ne peut créer que dans l'amour, dans une structure de dialogue, d'échange, d'alliance, de relation.

Des interrogations inévitables

Le récit de la création que l'on trouve en Genèse 2 diffère grandement du premier et il est plus loin de nous dans le temps. À partir de ce texte, É. Dufourcq peut dire que « la création du premier couple humain traduit une pensée hiérarchique[6] ». Elle le situe ainsi : « Le récit plus orné, plus miroitant, est plus enraciné dans un espace dominé par l'Assyrie. » D'après les noms des bras du fleuve qui sort de l'Éden, le texte serait écrit à l'époque de l'Empire assyrien. Le courant de pensée de cette époque s'avère bien différent du premier et fait dire au narrateur que l'homme sort seul des mains du Créateur. Alors que le monde animal et le monde végétal, créés depuis le troisième jour, sont sexués, le masculin de l'humain se retrouve seul. C'est à l'inverse de tout être vivant déjà créé.

Après la création de l'homme racontée dans ce texte, nous constatons pour la première fois que Dieu ne considère pas « que cela est bon ». En effet, Dieu s'aperçoit qu'il n'est pas bon que l'homme soit seul, et en créant la femme, c'est un peu comme s'il réparait une erreur. Dieu aurait-il manqué de sagesse ?

---

[5] B. Sesboüé, *Croire, Invitation à la foi catholique pour les femmes et les hommes du XXIe siècle*, Paris, Droguet & Ardant, 1999, p. 131.
[6] É. Dufourcq, *Histoire des chrétiennes, l'autre moitié de l'Évangile*, p. 27.

Aurait-il oublié de créer l'être humain comme être sexué ? S'il a créé un être masculin à partir de la terre, il crée ici le féminin manquant à partir du corps de l'homme. Et l'homme lui donne un nom : femme. Nous savons bien que Dieu n'avait nul besoin d'une côte d'Adam pour créer la femme. Mais cette réparation de *l'erreur* a été interprétée de façon à laisser croire que la femme, étant un être inférieur, devait être « domestiquée ». Si le narrateur, tout comme celui du premier récit, a imaginé la création de l'être humain à partir de ce qu'il voyait vivre, c'est donc qu'une situation de fait existait et se vérifiait bien avant la rédaction de Genèse 2. Mais je crois que l'Amour n'a pas voulu cela.

Cette conviction de l'infériorité de la femme fut nourrie et transmise à travers les siècles, bien avant la fondation de l'Église. Elle a conduit à la domination et à une possession radicale et odieuse de celle qui a été créée pour être une compagne. Impossible de savoir pourquoi ce récit a été adopté par les responsables de grandes religions, dont ceux de la religion catholique, qui pourtant n'a de sens que dans l'amour et dont les racines sont plantées dans le cœur de Jésus Christ. C'est dire que ce texte primitif a été compris, retenu et enseigné, à la lettre, par quelques machistes et misogynes, dont la volonté était de régner en maîtres absolus sur le monde créé, soumettant aussi la femme, créature non achevée pensaient-ils, au pouvoir masculin. Les grands perdants de cette théorie ne sont pas seulement du sexe féminin, car le monde masculin perd aussi en ne traitant pas la femme comme une partenaire égale à lui-même et en la considérant incapable de penser, d'agir pour protéger la vie et la faire naître de diverses façons. La mission de la femme va bien au-delà d'elle-même. Elle atteint le mystère du monde, de la vie, de l'amour, de la douceur : « Elle l'emmaillota et le coucha dans une mangeoire » (Lc 2, 7).

Dieu, Père, Fils et Esprit, en créant l'humain à son image, a donné la vie à des êtres égaux, libres, capables de vivre entre eux la relation d'amour qui se vit déjà au sein de la Trinité. Il est donc urgent de décrocher et de dépasser la *lettre* de ce récit de la création de l'humain qui suggère une interprétation aliénante pour la moitié de l'humanité. On y arrive en accueillant le mystère d'un Dieu amour qui crée à partir de ce qu'il est : pluriel et singulier, sans échelons, sans supériorité, sans pouvoir. Il en résulte que ce sont l'homme et la femme, *pris ensemble*, qui sont l'image totale de Dieu. Ils sont égaux, complémentaires, différents ; ils ont les mêmes droits, la même responsabilité de prendre soin de la vie reçue gratuitement. Ils ont la charge de devenir plus humains, dans et avec leur différence, qui atteint tous les niveaux de leur être. Ils sont deux aspects inséparables de l'image unique du Dieu Trinité.

À l'image de Dieu

Nous sommes à même de constater que les grandes interventions de Dieu ne s'expliquent pas à partir de notre intelligence et de nos raisonnements. La foi tente de percer en douceur l'opacité du mystère et elle donne au cœur de croire au-delà du visible. Peu à peu et à partir des recherches et des réflexions que des gens proposent et partagent, notre intelligence s'éveille et met de l'ordre dans les enseignements reçus. Vivante est l'histoire. Elle bouge, elle évolue, elle change. La création est un élan qui, surgissant sans cesse du cœur du Père, projette vers l'avant pour libérer la vie, selon la logique divine. Ainsi, l'être humain s'avère un être encore en devenir, comme l'ensemble de la création. Il est une « image » mouvante, sans cesse en état de transformation.

L'être humain a reçu sa vocation propre dès sa sortie des mains de Dieu : mettre de l'ordre, donner la vie, la protéger, faire justice, nouer une relation aimante avec les autres créatures de qui il dépend. C'est ce que l'on demande à des partenaires. Ceux-ci ont la compétence pour le faire : « Il leur a donné un pouvoir sur les choses de la terre. Comme lui-même, il les a revêtus de force, il les a faits à son image. Il leur a donné le jugement, la langue et les yeux, les oreilles et le cœur pour réfléchir. Il les a remplis de savoir et d'intelligence, il leur a montré le bien et le mal » (Si 17, 2-4 ; 6, 7). La Sagesse n'a pas créé pour jeter dans la misère et l'oubli. Elle n'a pas lésiné sur ses dons. De plus, elle a déposé *son œil dans mon cœur* (Si 17, 8) ainsi que ses propres capacités.

« Dans ce mouvement vers la Beauté de Dieu, l'homme n'est pas confondu avec les pierres du chemin : il est celui en qui le Visage de Dieu doit émerger de l'ombre à la lumière[7]. » En effet, Dieu nous a créés à sa ressemblance, c'est-à-dire qu'il a déposé en nous des qualités divines : intelligence, sagesse, conscience, douceur, patience, liberté. Il nous a aussi partagé ses propres capacités : créer, organiser, discerner, décider, aimer, donner la vie. En nous, il y a tout ce qui est en Dieu, mais en germe. L'être humain est appelé à participer à la vie et au travail des Trois. Il devient un partenaire, un collaborateur, un cocréateur. À nous de sortir de nous-mêmes et de participer consciencieusement à l'émergence de la vie qui dépend de nous.

La bonne nouvelle, c'est que, de partenaires, nous sommes passés au statut d'amis, plus encore, à celui de filles et de fils. C'est du moins ce que l'Évangile nous révèle. De Jésus, nous apprenons que le Père nous donne accès à l'intimité de la maison ; que nous avons à devenir un seul Corps ; que nous sommes conviés, tous ensemble, à une même table pour partager un même pain. À chacun de nous, Dieu a tout donné : « Tout ce qui est à moi est à toi », et il continue à s'offrir lui-même sans jamais s'imposer. Plus nous vivrons comme sœurs et frères d'une même famille, plus l'humain s'humanisera. Ici, les mots « frères et sœurs » n'ont rien de mièvre ou de doucereux. Leur

---

[7] J. CORBON, *L'expérience chrétienne dans la Bible*, Bruges, Desclée de Brouwer, 1969, p. 37.

signification atteint plutôt une profondeur sans mesure qui seule peut créer la *famille humaine* dans la vérité.

La vision de Dieu

Certains Pères de l'Église nous partagent bellement leur méditation sur le mystère de la création de l'homme telle qu'elle est décrite en Genèse 2 : « Dieu modela l'homme à partir de la terre. » L'image de Dieu comme potier nous permet d'imaginer ce moment si intime et délicat de la création de l'humain. J'ai un ami potier. En le regardant fabriquer des pièces, j'ai appris que, lorsque le potier pétrit sa terre, il voit déjà l'œuvre terminée : utile et belle. Ce moment s'avère important pour affiner la conception de ce qui sortira de ses mains. Ensuite, avec confiance et précision, il installe sa motte sur le tour et, dans un silence absolu, puissant, il façonne ce qu'il voit. Il fait corps avec la pièce, il l'enveloppe amoureusement. Son regard tient solidement ce qui émerge lentement de son cœur. Plus rien n'existe que le potier et sa pièce en devenir. Dans ses yeux et dans ses mains, j'ai vu du respect pour la terre, de la tendresse et de la douceur ; de la douceur, une infinie douceur.

Comme le potier, Dieu en nous créant nous voyait dans notre état parfait. Il façonnait un cœur capable d'aimer sans raison. Il le créait à sa ressemblance. Il ne faut pas être surpris en entendant Tertullien affirmer que Dieu, en modelant l'être humain, voyait le visage de son Fils, l'Homme à venir. Je comprends de l'intérieur que l'être humain a été créé par et dans l'amour. Bien avant que son cœur bouge, celui de son Dieu battait pour lui tendrement. Je crois que tout mon être a été tenu amoureusement dans les mains créatrices de Dieu et façonné à l'image de Celui qui devait s'incarner dans ma chair.

Lorsque le Créateur regarde et apprécie ses œuvres, ce qu'il voit, c'est Jésus, la Sagesse incarnée, l'Unique tourné vers lui dans une relation filiale, transparente, libre, égale, aimante. Par la suite, lorsqu'il parle à son peuple, l'accueille et lui pardonne, il voit en chaque personne le visage de son Fils bien-aimé qui répond *oui* à son amour. Et Dieu ne perd jamais cette vue. De chaque être humain qu'il façonne, il garde une image intacte. Il le voit déjà à la plénitude de son âge, car sa parole est agissante à jamais et elle accomplira cela. Aucun péché ne viendra ternir cette vision du Créateur.

L'idée de représenter Dieu comme un potier est signifiante, car elle laisse entendre que l'œuvre ne sortira jamais de la pensée de l'Auteur et « qu'elle devra reposer calmement et patiemment entre les mains formatrices de Dieu[8] ». Pour toujours, notre nom est gravé sur les paumes de ses mains (cf. Is 49, 16). Convaincus que cela est vrai, nous pouvons plonger sans peur dans l'intime de notre être pour comprendre et accepter que la vie nous est donnée sans raison ; que notre vocation est de faire advenir tout être humain à la liberté et à la dignité, à commencer par soi ; que notre travail est de manifester aux autres la douceur du visage du Père ; que tous nous sommes appelés à devenir filles et fils de Dieu non par nos efforts, mais par l'accueil d'un don. Le Fils bien-aimé, parlant notre langue, nous instruira. À tout cœur de femme et d'homme, de jeune et d'enfant, le Verbe a quelque chose d'important et d'unique à dire.

---

[8] H. U. VON BALTHASAR, *La Gloire et la Croix. Les aspects esthétiques de la Révélation*, III, Théologie, vol. 1 : Ancienne Alliance (*Théologie*, 82), Paris, Aubier-Montaigne, 1974, p. 80.

Le souffle de vie, un don à partager

> *Toute l'histoire du salut se développe selon ce mouvement unique d'expiration et d'inspiration propre au Souffle de Dieu.*
>
> F.-X. Durrwell[9]

Issus de l'Amour, nous retournons à l'Amour. Notre corps est l'expression visible de notre être tendu vers l'Autre et vers les autres. Même inconsciemment, l'humanité vit dans ce mouvement d'amour gratuit qui déclenche cet élan viscéral de communication, de création, d'invention, d'engendrement. Cette poussée irrésistible à donner la vie nous vient du souffle transmis par notre Père. Nous ne savons pas toujours l'utiliser au mieux, mais Jésus nous indique comment faire : « Vous avez reçu gratuitement, donnez gratuitement » (Mt 10, 8). Nous sommes à l'image de Dieu, mais bien incapables d'aimer inconditionnellement et de donner la vie gratuitement. Cependant, l'Esprit ne connaît pas de limites dans ses dons. Libres de faire nos choix, nous sommes aussi libres de recevoir. Plus nous l'accueillons, plus Dieu nous livre sa vie.

Le souffle qui anime notre corps appelle celui du Ressuscité, qui répand l'Esprit sur toute la terre pour la recréer. Ce souffle de vie, les êtres humains reçoivent le pouvoir et l'obligation de le partager. Réalité que je vois vivre aujourd'hui concrètement sous mes yeux. Au moment où j'écris ces pages, un tremblement de terre vient de transformer Haïti, terre de soleil, en terre de ténèbres. L'Esprit de Dieu plane sur ce désordre et répand son souffle de vie par les milliers d'intervenants venus du monde

---

[9] F.-X. Durrwell, *L'Esprit Saint de Dieu*, Paris, Cerf, 1983, p. 33.

entier. Ils sont là pour donner au peuple d'Haïti ce dont il a besoin pour exister et pour aimer. Ils accomplissent ainsi la justice en rétablissant le droit de vivre, de boire, de se nourrir, de marcher, à des êtres en totale détresse.

Il n'y a plus de riches, de pauvres, de couleurs, de religions, mais seulement des frères et des sœurs de la grande famille humaine qui libèrent la vie gratuitement, simplement parce que, comme Dieu, ils ont accepté que leurs « entrailles » s'émeuvent. Et c'est Pâques. En ressuscitant, la Sagesse incarnée dit ouvertement la présence permanente de Je Suis au cœur de l'être humain et au cœur du monde, au cœur de la joie comme au cœur de la détresse. Dès que l'amour circule entre les humains, Dieu est là. Et là où est la Croix, là est la Trinité miséricordieuse affairée à remettre debout ce qui est tombé. Le Ressuscité, vivant dans la Trinité, agit sans délai, quoique toujours dans le clair-obscur des humains. Dieu est, était, vient et sera toujours présent dans tous les chaos du monde. Il vient et se tient au milieu de toutes les désespérances humaines, des souffrances, des pauvretés, des injustices et, doucement, remet de l'ordre. La vie sera toujours plus forte que la mort.

C'est dans les désastres que nous côtoyons de plus près la double réalité inhérente à l'histoire du monde : la mort et la vie ; la souffrance et la joie ; la beauté et la laideur ; le pouvoir des forces du mal et la solide puissance de l'amour ; l'action de Dieu par les mains de sœurs et de frères qui se solidarisent. Nous mesurons la grandeur sans mesure du cœur humain quand il aime. Alors, nous pouvons relever la tête et boire à cette parole du prophète Isaïe : « Ta lumière se lèvera dans les ténèbres et tes ombres deviendront plein midi » (Is 58, 10). Quand une croix se dresse dans nos nuits, un voile se déchire. Christ est ressuscité pour donner le Souffle de vie. C'est toujours en donnant la vie que nous sommes le plus près de Dieu et que nous lui devenons semblables.

* * *

Mitan 9

Nous sommes appelés à vivre de cet amour infiniment sublime qui est au cœur de la relation trinitaire. Mais qu'est-ce que cela signifie concrètement ?
Tu as certainement une idée sur ce sujet et tu peux la partager.
Ensuite, approfondis la pensée de l'apôtre Paul.

Aimer à la manière de Dieu (1 Co 13, 4-8)

L'amour prend patience, l'amour rend service, il ne jalouse pas, il ne plastronne pas, il ne s'enfle pas d'orgueil, il ne fait rien de laid, il ne cherche pas son intérêt, il ne s'irrite pas, il n'entretient pas de rancune, il ne se réjouit pas de l'injustice, mais il trouve sa joie dans la vérité.
Il excuse tout, il croit tout, il espère tout, il endure tout.
L'Amour ne disparaît jamais.

Paul nous dit : « Aspirez aux dons les meilleurs. Je vais vous indiquer *une voie infiniment supérieure.* » Nous n'y arriverons pas par nous-mêmes, car nous vivons avec cette peur de nous perdre qui nous pousse à nous replier sur nous-mêmes. Or, le mouvement de l'amour s'avère contraire au mouvement de retour sur soi. Pour un être humain, aimer et tout donner, c'est se retrouver sans protection.
Malgré tout, le désir d'aimer demeure et nous permet de faire l'inestimable découverte que c'est Dieu qui, en nous, aime les autres. C'est lui qui nous entraîne à réaliser, dans la douceur, les œuvres de justice et de miséricorde qui prennent d'assaut notre être. Ainsi, nous découvrons que « l'amour, le véritable amour, c'est vraiment de savoir libérer, dans l'autre, l'image de Dieu[10] ».

---

[10] H. Blommestijn et P. Humblet, *Charisme et spiritualité*, session, Saint-Laurent-sur-Sèvre, 1992.

11

SOUS L'ÉCORCE DES SYMBOLES

*Or, la vocation de l'homme et celle du cosmos
sont solidaires,
parce que le même amour gratuit
les suscite l'un et l'autre,
et l'un pour l'autre, vers une même fin
personnelle d'amour.*
(Jean Corbon[1])

---

[1] J. CORBON, *L'expérience chrétienne de la Bible*, Bruges, Desclée de Brouwer, 1969, p. 42.

Le commencement d'un amour sans fin

> *Dans la mesure où c'est Dieu tout-puissant qui fait retentir sa Parole, celle-ci a la force de garder auprès d'elle et même d'amener à une réponse docile l'homme ainsi touché.*
>
> H. U. von Balthasar[2]

Une incompréhension majeure

Le chapitre 3 de la Genèse est une représentation symbolique de la liberté fondamentale de l'être humain qui a laissé le mal envahir l'humanité. C'est le récit d'un événement mystérieux où l'humanité refuse le don de Dieu, refuse de dépendre de lui, refuse de lui devoir la vie et décide de s'organiser sans lui. Cependant, des penseurs religieux, à l'esprit plus imaginatif encore que celui de l'écrivain primitif, voient dans ce récit la *chute* de l'homme provoquée par Ève, la tentatrice. C'est le premier péché impardonnable qui provoque la colère de Dieu. D'après eux, cette faute provient de l'union du couple et de l'activité sexuelle qu'elle sous-tend. Commence et perdure, dans le temps, l'histoire infantile, même aberrante, de la pomme cueillie d'un pommier intouchable et de la découverte de la nudité, de la sexualité. Ce fait honteux, raconté à mots couverts de génération en génération, serait le péché le plus grave de l'histoire de l'humanité, qui se transmet d'âge en âge. C'est ainsi que, dans la réalité du Mal, l'incarnation du Fils de Dieu trouve une explication plausible. Dieu, hautement offensé, exige réparation et accepte la mort

---

[2] H. U. VON BALTHASAR, *La Gloire et la Croix*, III, Théologie, Ancienne Alliance, p. 15.

infâme de son Fils. Où est la douceur dans cette théologie de violence ? Où est l'amour sans limites et inconditionnel ? Où est la justice miséricordieuse ?

En associant pouvoir créateur et péché mortel, une grave erreur s'est glissée dans l'interprétation du chapitre 3 de la Genèse, et Maurice Zundel parle de cette erreur comme d'une catastrophe[3] dans notre éducation. Cette interprétation a amené l'idée que la sexualité est un acte mauvais, bien qu'il soit toléré dans le mariage. Cette vision a nui profondément à la relation entre les femmes et les hommes au temps du christianisme primitif et aujourd'hui encore dans l'Église. L'historienne Elizabeth Abbott a consacré quelques années de sa vie à une imposante recherche sur la chasteté et le célibat à travers les âges. Elle affirme : « La pierre angulaire du christianisme primitif est son combat contre la sexualité, notamment sa volonté d'imposer la virginité et l'abstinence[4]. »

Au fond, nous n'avons pas accepté l'idée que l'être humain est créé pour le bonheur et que le plaisir sexuel en fait partie. Nous avons oublié que l'acte de procréation tel qu'il est voulu par Dieu s'avère l'acte le plus sublime qui existe, celui qui rend l'humain semblable à son Créateur, lui-même pluriel-singulier : « Ils deviennent une seule chair », deux en un. G. von Rad n'hésite pas à écrire que « ce puissant désir que Dieu a suscité dans l'être humain donne à la relation sexuelle entre l'homme et la femme la valeur de la plus grande merveille et du profond mystère de la créature ». C'est donc dire que le péché des origines n'est ni la fornication ni une orgie sexuelle. Bien malin celui qui enseignerait aujourd'hui avec certitude que la femme et l'homme, à l'intelligence encore crépusculaire, aient été capables d'offenser Dieu au nom de l'humanité qui, depuis,

---

[3] M. ZUNDEL, *Je parlerai à ton cœur*, Québec, Anne Sigier, 1990, p. 283.
[4] E. ABBOTT, *Histoire universelle de la chasteté et du célibat*, Montréal, Fides, 2001, p. 66.

naît coupable. Je me demande si l'on ne donnait pas à l'homme primitif une intelligence et une maturité semblables à celles des êtres humains du XXIe siècle.

De telles idées nous éloignent de la véritable beauté qu'est la liberté de choisir que Dieu laisse à ses créatures. L'être humain est pécheur parce qu'il est fini et limité dans toutes ses capacités. Comment l'amour peut-il être parfait dans un être limité ? Au jardin d'Éden, nous sommes devant une réalité tellement plus profonde et angoissante : choisir entre la vie et la mort, entre le bonheur et le malheur, entre rejeter la vie ou la protéger, entre refuser Dieu ou l'accueillir.

La faute et le péché

En fait, sous l'arbre du malheur et du bonheur, c'est de liens à ajuster qu'il est question. Pour être heureux et fécond, l'être humain doit vivre en harmonie avec son environnement et avec ses semblables, avec l'univers et avec son Dieu. L'humain est responsable de l'équilibre à maintenir, mais ses limites en tant que créature le ramènent à se centrer sur lui-même. Il devient pécheur quand il choisit de garder la vie pour lui alors qu'il doit la donner. Le récit du drame vécu par le *premier* couple humain se comprend si l'on ne le situe pas uniquement dans le passé. Tous les jours, nous sommes confrontés à décider et à vivre avec nos choix. En fait, c'est par l'observation de notre agir au quotidien que nous constatons que la violence se terre dans notre existence et que le péché, ce mal qui ronge le cœur, nous empêche d'accéder au bonheur. Il est vrai qu'à notre époque la notion de péché est mise de côté, car cette notion est liée au sens de Dieu. L'un ne va pas sans l'autre.

Dans un entretien avec Jean-Louis Missika et Dominique Wolton, Jean-Marie Lustiger, le cardinal-archevêque de Paris, réaffirmait ainsi la pensée de l'Église sur le péché : « Le péché ne se conçoit que par rapport à Dieu, qu'au regard de Dieu. "Au regard de Dieu" veut dire sous le regard de Dieu et en regardant Dieu. Le péché ne peut se comprendre qu'à l'intérieur de la foi. Prendre conscience de son péché, c'est comprendre que l'on est aimé de Dieu et qu'on ne l'a pas vraiment aimé. » Le péché est considéré comme un refus d'entrer ou de demeurer dans la relation avec Dieu. Il s'avère un repli sur soi qui conduit à ne pas accepter d'accueillir l'Auteur de sa vie. Il est l'acte qui nous détourne du Père et des autres et qui nous centre sur soi. Le péché ne réside pas dans l'acte de refuser Dieu ou de quitter la *maison*, mais dans la motivation. « Tout est dans la motivation, c'est-à-dire dans le désir pour l'homme de devenir comme Dieu par sa propre force[5]. » Le bien, ce n'est pas de rester avec le Père, mais dans le pourquoi je reste avec le Père. Si le fils aîné descendait en lui-même, il y verrait peut-être un intérêt ou une jalousie ou une rancœur qui obstrue sa joie et l'empêche d'entrer dans la fête. S'il ne fait pas cela, il restera dehors toute sa vie, incapable d'audace et de joie. Nous reconnaissons là la parabole des talents du Père miséricordieux racontée par Jésus en Mt 25, 14-30.

Quant à l'être humain, il ne peut répondre à l'appel : « Où es-tu ? », car il considère Dieu comme celui qui pose des interdits et qui le « chasse du paradis » sans explication et sans la moindre compréhension. Il se ferme à toute communication, à tout dialogue. De son côté, la relation est rompue.

Le péché, c'est à l'intérieur que ça se passe. Cela regarde moins l'acte que la motivation, et celle-ci, je suis seule à la connaître. Je suis seule à savoir si j'ai péché ou non, car personne d'autre ne peut connaître la vraie raison de mon geste. Cela regarde ma conscience que je dois éclairer de cette merveilleuse lumière déjà là en moi. Je peux la faire taire et m'habituer à vivre sans me poser de questions. On ne peut alors

---

[5] B. Sesboüé, *Croire*, p. 210.

qu'espérer l'événement qui, comme un choc, viendra éveiller cette conscience et lui permettra de planter son regard dans le regard aimant, libérant, attirant du Père qui attend pour me prendre, en douceur, à l'abri de ses bras. « D'un cœur brisé, broyé, tu n'as point de mépris » (Ps 51, 19).

La conscience comme don

Selon K. Waaijman, le Créateur « *mit son œil dans leur cœur* pour leur faire voir la grandeur de ses œuvres, pour qu'ils parlent de la grandeur de ses œuvres et qu'ils célèbrent son Saint Nom[6] » (cf. Si 17, 6-10). La célébration suppose toujours un aveu et un cri : *Seigneur, prends pitié*. C'est avec le cœur que l'être humain prend conscience du bien et du mal, prend conscience de ce qu'est la création. « Le cœur de l'homme devient un œil plein de révérence qui se sait responsable et compétent, car, à un niveau essentiel, il a pris conscience que son "sentir" le plus profond a été créé en lui lors de sa création comme une faculté divine[7]. »

L'œil ou la lumière que Dieu dépose dans notre cœur, je l'appelle la conscience. Si je suis le moindrement attentif à ce que je vis, il y aura des moments où je me ferai des reproches à cause d'une parole, d'un geste, d'une manigance qui aura blessé l'image que je me fais de moi-même. C'est avoir le sens de la faute que de juger mes actions et de me comprendre. Cela s'avère nécessaire à ma croissance et à ma liberté. Si je tiens ma conscience éveillée, je pourrai mieux discerner entre le bien et le mal et juger un acte en le plaçant dans la lumière.

---

[6] K. WAAIJMAN, « *Imago Dei* dans la Bible », *Studies in Spirituality*, TBI, Kampen, Kok Pharos, 1991, p. 168.
[7] *Ibid.*, p. 169.

L'être humain aimerait faire le bien, mais sa volonté ne suit pas. Il voit la lumière, mais s'oriente vers les ténèbres. Le drame de toute existence humaine se trouve dans la liberté de choisir. Se tourner vers l'Amour ou se retourner vers soi. Choix déchirant à refaire chaque jour. Nous sommes toujours là, sous *l'arbre de la connaissance*, devant des faits à refuser ou à accueillir : une réciprocité dans l'image, une communauté de vocation et de destin, une soif d'infini. Nous avons à choisir entre le bien et le mal, à décider en faveur de la vie ou contre elle, à dire oui ou non à ce qui est offert et à notre devenir. Tout n'est pas limpide et transparent. C'est exactement là, dans cette situation nébuleuse, que Dieu vient nous tendre la main pour nous sortir de notre condition de finitude. Il nous faut demeurer attentifs à la moindre inspiration qui nous donne du souffle et affermit nos pas toujours prêts à fuir, à *quitter la maison* pour chercher le bonheur par nos propres moyens, et souvent là où il n'est pas.

Le choix du couple humain, Adam et Ève, devenu pécheur, a fait la manchette de l'enseignement religieux au point de faire oublier le véritable dessein de Dieu : l'incarnation du Fils, Sagesse incréée, dans l'humanité, pour qu'il soit Unificateur et Seigneur de toute créature. Dans le passé, cette bonne nouvelle a fait peu partie de l'enseignement religieux. Il n'est pas trop tard pour en prendre conscience et accueillir cette extraordinaire réalité : la création est la naissance continuelle de la Sagesse éternelle dans nos vies et dans le monde. Jésus ne parle pas de péché, mais d'amour. Le christianisme n'a pas pour but de nous faire éviter le péché, mais de nous séduire, afin que notre cœur devienne assez brûlant pour répandre le feu sur la terre.

J'apprends cela de l'apôtre Paul, qui, en résumé, nous parle ainsi : « Vous pensez que le péché est entré dans le monde par un seul homme. Eh bien ! moi, je viens vous dire que, par un seul homme, Jésus, l'amour, la vie, la sainteté, la douceur ont envahi le monde. C'est lui, le véritable Adam qui rassemble l'humanité en un seul Corps » (cf. Ep 1, 10 ; 1 Co 1, 15-20 ; Rm 5, 12).

Le chapitre 3 de la Genèse se termine par un geste d'une grande violence : Dieu rejette sa créature, la met à la porte de son *jardin* et en ferme l'issue par la flamme d'un glaive fulgurant. Cela, pour moi, est inconciliable avec la douceur de la Sagesse éternelle, qui jamais ne ferme la porte. C'est bien plutôt la manière humaine d'agir.

La douceur à la dérive

Dans un monde livré aux ténèbres et au désordre, le Royaume de Dieu peut encore régner dans le cœur des hommes.
M. Luther King[8]

L'être humain a longtemps tenu Dieu responsable de tous les malheurs. Il oublie que Dieu a tout donné, même son souffle, et qu'il s'est « vidé de lui-même », comme il le fait en Jésus. Cependant, nous ne pouvons ignorer la violence décrite dans l'Ancien Testament ni passer sous silence les scènes de brutalité et de cruauté qui ont Dieu pour auteur. *Celui qui est doux* s'y révèle colérique, violent, rancunier. Comment encore affirmer que Dieu est Amour ? Je crois, en lisant l'histoire, que l'être humain, fait à l'image de Dieu, a créé un dieu à son image : intolérant, vengeur, écrasant, sans pitié.

La Sagesse a créé le cosmos libre et autonome. L'univers régit donc ses propres lois. Dieu n'a pas à intervenir pour provoquer ou empêcher les catastrophes. L'Esprit qui était présent au début du monde ne se cache pas sous les continents pour punir les gens en faisant trembler la terre. De même que « Dieu n'a pas fait la mort » (Sg 1, 13), il n'a pas inventé le mal. Je réalise combien l'être humain est à la merci de la Terre lorsque j'entends parler de tsunamis, de tremblements de terre, de cyclones ; mais la Terre est aussi à la merci des humains. Cela me fait dire que le cosmos, la Terre, la femme, l'homme sont membres d'un fameux quatuor, et, pour évoluer en harmonie, ils doivent établir des liens, se respecter et s'accueillir. Leur croissance, leur bonheur, leur aboutissement dépendent de liens ordonnés et cohérents qui

---

[8] M. LUTHER KING, *La force d'aimer*, traduit de l'américain par Jean Bruls, Paris, Casterman, 1964, p. 231.

favorisent la vie. L'être humain a la responsabilité de gérer et d'harmoniser cette relation.

La violence et le mal

L'expérience nous fait dire que le lieu de la violence est le cœur humain. Elle était là bien avant l'histoire du serpent. Le récit du paradis terrestre vient simplement confirmer les faits existant déjà. Nous reconnaissons que la violence habite en nous et qu'elle se manifeste sous les formes les plus variées. Chaque matin, en ouvrant le journal, des manchettes me donnent froid dans le dos et me font voir que la violence ne se situe pas en Dieu, mais bien dans le cœur des humains, de ma ville, de mon être. Sans vraiment le vouloir, mon cœur l'abrite. Si souvent, il se laisse prendre par le mensonge, la convoitise, le goût de dominer et de contrôler les autres. Il se nourrit de rancune et de ronchonnements intérieurs. Il se laisse séduire par l'accumulation des biens. Quel constat !

Cette violence viendrait-elle de la force reçue à l'origine, qui rend l'être humain capable d'oser, de créer, de cultiver, de prendre soin de la terre, de protéger la vie ? Viendrait-elle de cette puissance créatrice qui permet d'inventer, de découvrir, d'aller plus loin ? Viendrait-elle de ce cadeau de Dieu si précieux qui permet d'affronter les événements de la vie, et que l'homme n'a pas su et ne sait pas encore gérer ? De la force coupée de la douceur peut naître l'orgueil, la colère, le rejet et tout ce qui en résulte. Devons-nous pour autant asseoir la force au banc des accusés pour lui intenter un procès ? Si elle n'est pas dirigée ni contenue, elle entraîne à la violence et au mal, mais nous savons aussi combien elle est nécessaire. Il en faut une bonne dose pour vivre avec la maladie, un handicap, la pauvreté, l'injustice. Elle est également essentielle et indispensable pour se relever et rebâtir après des catastrophes naturelles ou des guerres.

De plus, la force est cette énergie, ce dynamisme qui nous tient debout, capables de chanter, de « souffler » pour transmettre la vie, de parler et d'agir avec douceur. Mais cette douceur partira à la dérive si je ne contrôle pas mon appétit de posséder, de m'enrichir, de dominer, si nous, les humains, nous utilisons la force pour éroder ou détruire les liens qui, en nous reliant au cosmos, nous unissent les uns aux autres. La Sagesse a toujours su cela. Il nous revient, avec elle, de nous servir de la force et de la transformer en douceur.

L'être humain se cherche et se cherchera tant qu'il n'aura pas saisi que Dieu n'est pas à l'extérieur de lui, mais en lui ; tant qu'il n'aura pas accueilli l'Amour dans la profondeur de son être imparfait ; tant qu'il n'aura pas compris que Je Suis habite en lui, et lui en Je Suis. Un désir incontournable d'absolu se cache au secret de notre être et nous fait aspirer Dieu, car lui, le premier, nous aspire en douceur et patiemment. Il ne veut tellement pas le mal que le moyen qu'il trouve pour nous en délivrer et nous aider à le combattre est la Croix. C'est en levant les yeux vers elle que nous saisirons que la racine de tout mal, c'est que *l'Amour n'est pas aimé.*

* * *

Mitan 10

Maintenant, tu as bien le droit de prendre un peu de recul pour réfléchir.
Demande-toi ce que tu veux retenir des récits de la création.
Comment te reconnais-tu personnellement ? Pour cela, il te faut un peu d'audace : celle d'écrire ton propre récit de la création, de l'univers et du monde.
Réécris aussi, à ta façon, le chapitre 3 de la Genèse : le choix.
L'Esprit rend libre, alors laisse-le te parler au cœur.
Je te souhaite la chance de partager ton récit avec d'autres lectrices et lecteurs.

12

UN PEUPLE EN MARCHE

Tu conduis avec amour ce peuple que tu as racheté ;
tu le guides par ta force vers ta sainte demeure.
Tu les amènes, tu les plantes sur la montagne, ton héritage,
le lieu que tu as fait pour habiter.
(Ex 15, 13.17)

L'histoire d'Israël, mon histoire

> *La vie est ce long ruban qui se déroule sans temps morts et dans un mouvement souple qui alterne espoir et déception.*
>
> Dany Laferrière[1]

L'histoire commence par une rencontre où le Père engendre une fille et un fils de qui il tombe amoureux. Créés dans la liberté, ceux-ci font des choix qui les entraînent souvent en dehors de la *maison*. Ce qu'ils ignorent, c'est que, dès leur départ, le Père les accompagne sur leur route. Mieux encore, il les précède. Avec une inlassable douceur, il poursuit son rêve d'être père pour l'humanité : « Vous êtes des fils pour Yahvé votre Dieu » (Dt 14, 1). Et lorsque le fils devient un peuple, Dieu ne le lâche pas : « Je vous adopterai pour mon propre peuple et je serai votre Dieu » (Ex 6, 7). L'Amour le met en route non pour contraindre ses enfants de revenir, mais pour les conduire vers leur plénitude de femme ou d'homme. D'âge en âge, Dieu reste ce qu'il est : Parole enfouie dans toute misère, dans tout effort, dans toute recherche, dans tout quotidien. C'est de cette présence agissante de toujours à toujours que le psalmiste veut parler : « Le plan du Seigneur subsistera à jamais, les projets de son cœur, d'âge en âge » (Ps 32, 11). Dieu demeure en mouvement dans cette histoire qui a commencé quelque part dans le temps.

La grande merveille à retenir est que Dieu, en créant, inaugure une histoire d'amour avec l'humanité. Chaque être humain est appelé à se laisser aimer, à aimer, à collaborer à sa propre croissance, à celle des autres et à celle de la terre. Tout au long de l'Ancienne Alliance, Dieu est vu comme une force libératrice,

---

[1] D. Laferrière, *L'énigme du retour*, Montréal, Boréal, 2009, p. 284.

une présence créatrice et amoureuse. Lentement, péniblement, avec des ratés et des succès, l'humanité marche vers sa pleine réalisation, vers le véritable jardin d'Éden, vers la relation trinitaire. Plus l'être humain croit en lui-même et en l'autre, plus il croit en Dieu et plus il devient lui-même. Les grands récits bibliques visent à mettre en valeur la grandeur de Dieu qui agit dans et par les personnages dont on raconte l'histoire.

La Bible, une histoire de foi

Le point de départ de l'histoire écrite d'Israël est la naissance d'un enfant. « Cet événement originel avec lequel est apparu le germe de la Bible est "l'entrée du Dieu vivant et personnel dans la vie d'Abraham"[2]. » Si la Sagesse se met en marche avec l'être humain, c'est pour s'inviter à sa table et dialoguer avec lui. Le premier personnage connu chez qui Dieu s'invite ainsi, c'est Abraham. À l'heure du plein midi, au chêne de Mambré, Dieu vient : « Ayant levé les yeux, voilà qu'il vit trois hommes qui se tenaient debout près de lui » (Gn 18, 2). C'est l'heure de la promesse. Dieu redonne vie au sein desséché de Sara. Elle aura un fils. Abraham écoute, reçoit et répond. Il fait confiance à la parole qui l'avait déjà invité : « Marche en ma présence et sois parfait » (Gn 17, 1). À nouveau, il entre dans la dynamique de l'amour, et sa vie en est transformée. Il ne sait pas où cela le conduira, mais il prend la route vers lui-même, vers les autres, vers Dieu. Toujours devant ses yeux, Isaac, le fils de la promesse, lui rappellera cette bouleversante rencontre.

L'histoire d'Abraham avec le divin ressemble à la nôtre. Je Suis se fait connaître d'abord. Son irruption dans la vie provoque une réaction et une réponse, car la personne touchée ne peut pas faire comme si rien ne s'était passé. Commence alors pour elle

---

[2] J. CORBON, *L'expérience chrétienne dans la Bible*, p. 29.

sa propre histoire de foi. Son *oui* fragile s'enracine dans le *oui* de l'Amour qui seul peut faire fructifier et devenir. Elle découvre peu à peu qu'une force *délivrante et guérissante*[3] l'accompagne sur le chemin de la transformation. Que cette personne s'appelle Rachel, Jacob, Tobit, David, Job, les amants du Cantique des cantiques, Jérémie ou encore Jean-Baptiste, Marie, Joseph, Zachée, Nicodème, Marthe, elle demeure unique et indispensable pour Dieu qui vient, propose et attend sa décision de marcher ou non avec lui. Le psaume 12, 6 – « J'assurerai le salut à ceux qui en ont soif » – nous dit pourquoi Dieu n'insiste pas : il sait que l'on ne donne pas à boire à celui ou à celle qui n'a pas soif. Il est douceur, Dieu : il attend simplement que son temps rencontre notre temps.

La Bible nous apprend à voir le monde et le déroulement de l'histoire avec les yeux de Je suis l'éternelle présence dans l'infini du temps. Une rencontre, une parole, un dialogue, l'attente d'une réponse. Telle est l'histoire de la foi d'un peuple racontée à partir de faits vécus, bons ou mauvais, tout au long des millénaires. Telle est aussi l'histoire de ma foi. Chaque livre biblique rapporte, selon son époque, l'histoire de l'amour que Dieu porte à chacun de ses enfants. En fait, le plus vieux livre du monde révèle l'histoire du désir continu de Je Suis qui veut obtenir avec chaque être humain, de tous les temps, une relation d'amitié. C'est ce à quoi Dieu tient vraiment.

Cette expérience fondamentale qui se renouvelle pour chaque personne nous laisse percevoir que la lumière du Dieu d'Israël brille sur tous les peuples et sur toutes les époques. Il est le Dieu de l'univers et il se dévoile peu à peu à tout être humain qui a soif d'amour. La Sagesse a installé dans chaque cœur ce dont il a besoin pour accomplir sa vocation. Au cours des siècles, des bouleversements d'une violence inouïe ont modelé le cœur humain. Chaque génération a vu des indécis, des mécréants et des saints. Ils cherchaient tous le bonheur. Certains ont reconnu la

---

[3] L.-M. DE MONTFORT, *ASE*, 50.

présence de l'Amour dans leur quotidien. D'autres l'ont ignorée ou refusée. Sans s'imposer jamais, Dieu suit son plan d'unité : « Je vous prendrai du milieu des nations, je vous rassemblerai de tous les pays, je vous conduirai dans votre terre » (Ez 36, 24). Notre véritable terre n'est pas ailleurs que dans le cœur de la Trinité, mais il faut le temps de notre vie pour le comprendre.

La Bible, l'histoire d'une alliance

Le chapitre 3 de la Genèse se termine par une promesse qui porte à l'espérance. Tout n'est pas perdu. Dans le monde troublé de l'après-Paradis terrestre, cette promesse se précise par l'institution de l'alliance de paix, scellée par un signe : l'arc-en-ciel. L'histoire du peuple de Dieu se déroule sous ce signe. Reprise avec Isaac, Jacob, Joseph, cette alliance est vécue par l'homme et aussi par Dieu comme une recherche, un va-et-vient, un contrat et aussi comme un combat. Je pense ici à Jacob qui, au gué du Yabboq, lutte toute la nuit avec *Quelqu'un* pour la vie ou la mort. Il gardera des séquelles de ce combat : une hanche démise. Mais, dès l'aurore, il reçoit un nom nouveau et une bénédiction. « On ne t'appellera plus Jacob, mais Israël, car tu as été fort contre Dieu » (Gn 32, 29). Ce fait nous permet de comprendre que, sur le chemin de nos vies, Dieu entre dans nos résistances. Il n'est pas contre nous, mais pour nous. Sa bénédiction nous assure présence et fécondité, même si nos yeux ne le voient pas.

Le Dieu de nos pères s'avère fidèle à sa promesse d'*être avec*. Il intervient dans la vie de Moïse pour faire justice à son peuple opprimé. Pour gouverner, il donne le roi David, un pasteur selon son cœur. Il visite assidûment ce peuple et lui parle par les prophètes. Fidèle, Dieu ne lâche pas. Malheureusement, l'être humain est ce qu'il est : infidèle, limité, pécheur. Ses promesses sont de courte durée. Il peut faire siennes les paroles de l'apôtre Paul : « Je découvre cette loi : quand je veux faire le bien, c'est le mal qui se présente à moi » (Rm 7, 21). Ainsi, l'alliance avec Dieu est sans cesse rompue. Cela se manifeste par le désir d'aller voir ailleurs. En pays étranger, nous fabriquons nos propres dieux que nous pouvons mieux contrôler. Comme ils sont faits à notre image, nous pouvons les dominer, leur imposer nos propres exigences, nos propres lois. Ils sont extérieurs à nous. C'est alors que commence un autre combat.

Ainsi va l'histoire d'Israël et la mienne. Elle est faite de fidélité et d'infidélité, de détour et de tournant, de départ et de retour. Mais à cause de son infinie douceur, la Sagesse respecte les décisions et attend. Elle ne retient personne de force : « Je me laisserai chercher par la maison d'Israël afin d'agir en sa faveur » (Ez 36, 37). Elle n'oublie jamais sa promesse d'alliance, mais elle ne sauve personne sans son accord. Israël, lui, s'éloigne, reconnaît ses égarements et revient. Maintes fois, il refait l'expérience que, malgré toutes ses erreurs, ses refus, ses résistances, Dieu l'accompagne et le protège. C'est alors qu'il chante la gloire de Dieu : « Je veux te bénir chaque jour » (Ps 145, 2) ; « Je veux louer Dieu tant que je dure » (Ps 146, 2).

Sans jamais abandonner son désir de paternité, Dieu propose, à chaque tournant, une alliance renouvelée : « Voici l'alliance que je conclurai avec la maison d'Israël. Je mettrai ma Loi au fond de leur être et je l'écrirai sur leur cœur. Alors, je serai leur Dieu et eux seront mon peuple » (Jr 31, 33). C'est seulement avec le Fils incarné que Dieu peut enfin établir une Alliance nouvelle qui ne sera jamais rompue. Et Dieu nous voit tous dans le cœur du Fils, sa parfaite image. Cette alliance sera éternelle, car Jésus n'oublie pas et demeure en son Père.

La Bible, l'histoire d'un compagnonnage

Les récits bibliques nous révèlent aussi cette réalité inconcevable : Dieu marche avec l'être humain. Au long des jours et des nuits, nous voyons la Sagesse s'empresser d'accompagner son peuple : « C'est justement sa "gloire" qui chemine avec son peuple à travers le désert ; Dieu fraie le chemin du désert pour les siens ; il est lui-même ce chemin[4]. » Grande est la mobilité de Dieu. Il est là où se trouve son fils, sa fille. Il travaille de nuit, en Gn 46, 2-3, et il veille, d'après Ex 12, 42. Il précède son peuple « le jour sous la forme d'une colonne de nuée pour leur indiquer la route, et la nuit sous la forme d'une colonne de feu pour les éclairer » (Ex 13, 21). C'est de nuit qu'il parle à Jacob, à Samuel, à Joseph l'époux de Marie. Jésus rencontre Nicodème la nuit. Il est la Lumière, la vraie colonne de feu. Rien ne nous oblige à croire aux détails des récits que nous livre la Bible, mais en portant attention, nous verrons comment la Sagesse rejoint chaque être humain sur la route où il marche, et comment elle le fait pour moi aujourd'hui.

L'Inconnaissable, le Très-Haut, le Tout-Puissant se fait compagnon de route. Il est Je Suis qui se fait Père aimant, Présence discrète, Parole efficace. En marchant, il révèle son ultime secret : « D'un amour éternel, je t'ai aimé » (Jr 31, 3). Et toute noirceur s'illumine ; la tristesse se change en joie ; l'impossible devient possible ; la haine se transforme en amour ; l'angoisse en paix ; le doute en foi. « Souviens-toi des marches que Dieu t'a fait faire dans le désert » (Dt 8, 2) pour affirmer tes pas chancelants. Souvent, c'est dans nos temps de désert et dans nos nuits de détresse et de combat, de ténèbres et de chaos, que la Sagesse se présente à notre cœur, comme elle l'a fait pour les personnages bibliques. Elle ne s'efface pas. Elle vient sous le visage d'un ange, d'un ami, d'un étranger, d'un parent, et entreprend son œuvre de guérison, son œuvre de salut. E. Drewermann écrit à ce sujet : « On doit donc en déduire que Dieu agit par l'intermédiaire de quelque chose qui nous semble familier, donc en quoi

---

[4] H. U. VON BALTHASAR, *La Gloire et la Croix*, III, Théologie, Ancienne Alliance, p. 194.

nous pouvons avoir confiance[5]. » Si nous prenons la main qui se tend vers nous, nous retrouvons, même lentement, le chemin de l'alliance à réaliser : *moi en toi, toi en moi.*

La Bible, une histoire de salut[6]

Dieu a un cœur de Père. « Son regard s'étend de l'éternité à l'éternité » (Si 39, 20) et ne juge pas. Ce qu'il voit demeure beau. Même au fond de l'abîme, l'être humain peut toujours crier vers lui : « Lève-toi ! Sauve-nous ! » (Jr 2, 27), et toujours attentif, Dieu répond : « Je veux guérir vos rébellions » (Jr 3, 22). La marche reprend dans la douceur de la brise légère du soir. « Chaque époque et chaque culture ainsi que chaque homme se trouvent toujours de nouveau confrontés à la mission essentielle qui est de trouver sa propre place par rapport à l'histoire du salut[7]. » Ce qui ne change pas à travers les siècles est que l'être humain doit faire, pour lui, le choix d'ignorer, de refuser ou d'accueillir ce Dieu fou d'amour qui vit l'histoire sans la changer. Seul un *oui* à l'Amour le place sur le chemin du commencement où un Dieu le sauve. Sauver signifie protéger la vie, la garder, la rendre éternelle.

L'être humain aimerait bien se sauver lui-même. Longue est la route qui l'amène à laisser enfin à Quelqu'un d'autre ce geste de salut qui est don de la vie. D'après l'apôtre Paul : « La foi est une manière de posséder déjà ce qu'on espère, un moyen de connaître des réalités qu'on ne voit pas » (He 11, 1). Ce que le peuple d'Israël espère, et nous à sa suite, c'est vivre sur la *terre promise où coulent en abondance le lait et le miel.* Le Dieu auquel

---

[5] E. DREWERMANN, *Dieu guérisseur, la légende de Tobit*, Paris, Cerf, 1993, p. 75.
[6] Le lecteur aimerait sans doute lire l'histoire du salut que l'apôtre Paul présente dans l'épître aux Hébreux, au chapitre 11. Il trouvera là une belle synthèse que j'intitulerais : *Par la foi.*
[7] P. HUMBLET, *Lettre d'une amante à son amant*, p. 28.

nous croyons possède tout et il partage tout avec son peuple, sa famille. Une famille vit gratuitement d'un même souffle de vie, d'un même sang, d'une même *terre*. Voilà une réalité que nous ne voyons pas. Tout en demeurant la respiration qui seule nous tient ensemble, le Père est l'espace où notre liberté s'épanouit en un devenir sans fin.

Afin de se rendre plus visible, son Fils naît en Jésus, qui sera le véritable compagnon de route et le frère qui reçoit totalement et rassemble. Ce faisant, il nous sauve, c'est-à-dire qu'il fait avec nous le passage de nos limites à l'infini, de notre être pécheur à la sainteté, de la mort à la vie. Il nous fait le don de marcher vers l'achèvement de notre Pâque. Il sauve notre dignité, notre grandeur, notre beauté de femme et d'homme.

Demeure le fait que les enfants de Dieu sont résistants et souvent imperméables à l'amour. C'est sans doute ce qui leur fait *quitter la maison*. Pourtant, il demeure au fond de tout cœur humain une soif jamais satisfaite qui s'appelle la foi. Jean-Claude Guillebaud exprime ainsi cette réalité : « Si l'expérience spirituelle en général – et celle du monothéisme en particulier – est aujourd'hui porteuse d'une leçon qu'il faut entendre et peut-être réapprendre, c'est celle-ci : il existe un *ailleurs* de l'expérience humaine que la science est impuissante à saisir. En nous demeure magnifiquement un principe de liberté et d'humanité échappant à toute rationalité instrumentale[8]. »

Ce que la Bible peut nous faire comprendre à travers les récits de personnages vivants et colorés, c'est la présence fidèle et amoureuse de Je Suis à travers l'histoire et son action transformante dans toute vie humaine. Elle est histoire sainte parce que Dieu l'écrit avec chaque être humain de la terre pour en faire une histoire d'amour. C'est sur cette réalité que je m'appuie personnellement pour affirmer ma foi en un Dieu qui sauve.

---

[8] J.-C. GUILLEBAUD, *Le principe d'humanité*, Paris, Seuil, 2001, p. 375.

« Paix à qui est loin et à qui est proche »
(Isaïe 57, 19)

> *C'est Dieu qui marche devant toi,*
> *c'est lui qui sera avec toi ; il ne te*
> *délaissera pas et ne t'abandonnera*
> *pas. Ne crains pas, ne tremble pas.*
> Dt 31, 8

Que désire Dieu pour son peuple ? « La paix », répond le psaume 85, 9. Le Père donne le bonheur à qui en a soif et il souhaite : « Paix sur la trace de nos pas. » La paix est liée au bonheur et à la douceur. Il est vrai que la violence sillonne la Bible, mais le travail en faveur de la paix n'est pas moins présent. « La Sagesse éternelle a témoigné aux hommes, en mille manières, l'amitié qu'elle leur portait[9]. » Elle cherche sans cesse à communiquer avec ses enfants par des paroles d'une infinie douceur. Celle-ci : « N'aie pas peur », traverse toute l'histoire. Ces mots ne se prononcent que doucement. Ils fondent la paix. Comme si Dieu, en regardant la violence du cosmos et du monde, voulait apporter un contrepoids : « N'ayez ni crainte ni angoisse et ne tremblez pas devant eux. Car Yahvé votre Dieu marche avec vous » (Dt 20, 4).

La douceur se révèle plus subtile et plus présente encore que la colère ou la violence, de sorte que nous ne la reconnaissons pas toujours. Elle a moins d'éclat et fait tellement moins de bruit. Cependant, nous la voyons à maintes reprises dans les prévenances, les délicatesses, les attentions, lors des événements douloureux qui parcourent l'histoire d'Israël : invasions, guerres, chute de Jérusalem, etc. Par les prophètes, la Sagesse annonce

---
[9] L.-M. DE MONTFORT, *ASE*, 47.

les malheurs et les désastres à hauts cris ; mais elle exprime aussi la tendresse de Dieu pour ceux qui ne peuvent pas fuir : « Rassemblez les vieillards, réunissez les petits enfants, ceux qu'on allaite au sein, les femmes enceintes ou qui allaitent » (Jl 2, 16). Et les prophètes laissent une parole d'espoir : « Relevez la tête, c'est ton Dieu qui vient. » Nous voyons cette même délicatesse dans le discours de Jésus sur la ruine de Jérusalem (cf. Lc 21 ; Mc 13 ; Mt 24). Les apôtres aussi entendent : « Ne craignez pas » ou « N'ayez pas peur ». Le Fils est bien comme le Père. Il prononce les mêmes mots d'apaisement.

Je Suis ne peut pas vouloir autre chose que la paix. Le rassemblement promis et rêvé est un royaume où la douceur règne en maître : « Le loup habite avec l'agneau, la panthère se couche près du chevreau, veau et lionceau paissent ensemble sous la conduite d'un petit garçon. La vache et l'ourse lient amitié, leurs petits gîtent ensemble. Le lion mange de la paille comme le bœuf. Le nourrisson s'amuse sur le trou du cobra, sur le repaire de la vipère l'enfant met la main » (Is 11, 6-8). Existe-t-il image plus émouvante pour décrire ce que Dieu veut pour ses filles et ses fils ? Je me demande souvent pourquoi je ne reste pas dans le ravissement, enivrée de cette Parole qui délivre et guérit ! Peut-être que je ne crois pas encore à un tel royaume ? Cela s'avère trop beau pour être vrai ? Pourtant, je sais que rien n'est impossible à la puissance de l'Amour. Alors, si c'était vrai ? J'ose la supplication de l'aveugle que Jésus rencontre sur sa route : « Seigneur, je crois, mais augmente ma foi. » Je veux vivre dans cette paix. J'en sortirai encore et encore, mais l'important, c'est que j'y revienne par grâce.

Sans cesse, la peur rôde

« Sois sans crainte », « N'aie pas peur ! » Par ces paroles, Dieu aimerait chasser la peur logée au creux de notre être. C'est elle, plus que la force, que l'on doit mettre au banc des accusés, car c'est d'elle que sort la violence. Quand battent les tambours de la peur, tout s'écroule, même ce que nous croyons solide. D'après Anthony de Mello : « Il n'y a pas un seul mal en ce monde qui ne puisse être assimilé à la peur. Pas un seul[10]. » La peur est à la racine de la violence. C'est elle qui nous tient sur nos gardes et déclenche la colère. Elle est partout et s'insinue dans nos cœurs depuis le temps du Paradis terrestre. Elle possède mille couleurs, prend mille détours et mille formes. Ce n'est qu'en la reconnaissant que nous pourrons nous en libérer. Peur de l'inconnu, du changement, de la souffrance. Peur de ne pas comprendre, de ne pas bien paraître, de décevoir, d'être déçu, de ne pas être parfait, de ne pas être aimé. Peur de Dieu et des autres. Longue est la liste de nos peurs.

Jésus lui-même a plié sous la peur. C'est qu'elle est puissante, tenace, enracinée, peut-être pas au tréfonds de l'être, mais solidement à la superficie. Ainsi, elle filtre toutes les émotions, les sentiments, les réactions. Elle interprète tous les gestes, toutes les paroles, tous les événements et, selon ce qu'elle en saisit, elle explose. Elle se dit par l'anxiété, l'angoisse, la crainte, mais aussi par l'agressivité, l'intolérance, la violence dans la parole comme dans le geste. La peur peut rester tapie longtemps sans se manifester, mais lorsqu'elle le fait, elle ankylose toute action et abolit la foi en nous, en l'autre, en l'Amour. Elle fige la vie et paralyse notre capacité d'aimer, nos décisions, notre devenir.

La seule façon, pour moi, de lui faire face est de marcher sous le regard de l'Amour. Comme je suis, je prends la route. Plutôt que de garder mes peurs pour moi, je les lui donne à transformer, me sachant bien-aimée avec mes imperfections et mes refus. Peu à peu, je l'entends moduler aux oreilles de mon cœur ces paroles de paix : « Ne crains pas, car je suis avec toi ;

---

[10] A. DE MELLO, *Quand la conscience s'éveille*, Montréal /Paris, Bellarmin/ Desclée de Brouwer, 1994, p. 81.

ne guette pas anxieusement, car je suis ton Dieu » (Is 41, 10) ; « Soyez forts et tenez bon, ne craignez pas [...], car c'est ton Dieu qui marche avec toi : il ne te délaissera pas et ne t'abandonnera pas » (Dt 31, 6) ; « Maintenant, ma fille, sois sans crainte » (Rt 3, 11) ; « Sois sans crainte, Marie » (Lc 1, 30). Je désire laisser descendre en moi ces paroles qui, comme un refrain, traversent constamment mon histoire comme elles ont traversé l'histoire du peuple de Dieu. En relisant ma vie, je fais le constat que Dieu ne m'abandonne jamais. Il entre dans toutes mes détresses et, en douceur, y dépose sa paix. Un bien long chemin d'apprentissage qui en vaut largement la peine. Je sais que la peur est encore là dans ma vie, mais je la vis mieux.

Je suis avec toi

À ces mots si réconfortants : « Sois sans crainte », « N'aie pas peur », « Ne tremblez pas », s'ajoute toujours cette parole : « Car je suis avec toi ». Je Suis connaît la source de notre peur : la fragilité. Instinctivement, nous tentons toujours de nous protéger en nous repliant sur nous-mêmes. En vérité, c'est la Sagesse qui seule peut nous protéger et sauver la vie en nous. Elle, la forte Douceur, vient au secours de notre faiblesse et « fait couler la paix comme un fleuve » (Is 66, 12). Et ce n'est pas parce que nous ne la voyons pas que ce n'est pas vrai !

J'ai l'assurance que, plus nous nous tournons vers elle, plus nous lui faisons confiance, plus nous abandonnons nos raisonnements, plus nous la laissons nous *laver les pieds*, alors plus elle vient et libère la vie. À chacun de nos retours à la maison, le Père ouvre ses bras, nous prend à bras le corps, nous tient à l'abri de son amour. Là tombe toute peur. Je Suis est avec nous pour combattre, pour marcher, pour assurer nos pas. La tendresse de Dieu remonte toujours à la surface : « Viens, n'aie pas peur. Je suis là. » C'est « dans la paix que Dieu bénit son peuple » (Ps 29, 11).

Jésus a le réflexe de son Père lorsqu'il voit venir le malheur. Il prévient les siens et les apaise : « Sois sans crainte, petit troupeau, car il a plu à votre Père de vous donner le Royaume » (Lc 12, 32). Au cours de son dernier repas, il les rassure : « Que votre cœur cesse de se troubler ! Croyez en Dieu, croyez aussi en moi. Il y a beaucoup de demeures dans la maison du Père, je vais vous préparer une place » (Jn 14, 1-2). Sorti à peine du tombeau, il salue les femmes au coin de la rue et leur dit : « Ne craignez point : allez annoncer à mes frères qu'ils doivent partir pour la Galilée, et là, ils me verront » (Mt 28, 10). Avant son ultime départ, le jour de l'ascension, il dit encore : « Je Suis avec vous tous les jours » (Mt 28, 20).

Du fond de notre angoisse et afin que la peur cède sa place à la paix, Jésus nous invite à vivre en sa présence. Toujours et sans cesse, une parole se fait entendre : « Ne crains pas. » Elle est toujours en mouvement de création et elle nous est adressée maintenant. En acceptant de marcher en présence de Je Suis, j'ai la certitude que la peur fera peu à peu demi-tour. L'assurance que vit saint Paul me touche et me donne le goût de croire avec lui que « si Dieu est pour nous, qui sera contre nous ? Qui nous séparera de l'amour du Christ ? La tribulation, l'angoisse, la persécution, la faim, la nudité, les périls, le glaive ? Oui, j'en ai l'assurance, ni mort ni vie, ni anges ni principautés, ni présent ni avenir, ni puissances, ni hauteur ni profondeur, ni aucune autre créature ne pourra nous séparer de l'amour de Dieu manifesté dans le Christ Jésus notre Seigneur » (Rm 8, 31.35.38-39).

* * *

MITAN 11

L'Amour te donne audience.
Regarde ce que tu vis concrètement, ou lis lentement le psaume 139 en laissant descendre en toi cette parole écrite depuis si longtemps. C'est ta prière, tes constats, tes mots, ton expérience.
Tu peux avoir l'impression d'être *étouffé* par la présence de Dieu qui t'enveloppe de trop d'amour. Cette sensation peut venir du désir de fuir une présence qui pèse. Dans notre for intérieur, il nous arrive de penser que Dieu exige et surveille. Croire cela, c'est marcher à l'envers et c'est épuisant.
Le psaume 139 nous remet à l'endroit et dans la paix. Dieu veut « conduire nos pas au chemin de la paix », de la douceur, de la sainteté.
Que ta nuit devienne alors une nappe de lumière ! Ton Seigneur est avec toi pour toujours, alors ne te laisse pas troubler. L'Amour ne juge pas.

Quatrième partie

LE TEMPS DU FILS

*Contempler la douceur de la Sagesse
dans l'incarnation*

13

NOUS AVONS VU SA GLOIRE

*La gloire au sens biblique s'achève
dans la réciprocité du don que Dieu fait de lui-même
et de son accueil dans la louange par l'homme croyant.*
(H. U. von Balthasar[1])

---

[1] H. U. VON BALTHASAR, *La Gloire et la Croix*, III, Théologie, Ancienne Alliance, p. 26.

À force d'espérance

Goûtez combien l'amour est doux.
L.-M. de Montfort[2]

Mystère d'un désir réciproque

« Qu'ils soient un comme le Père et moi nous sommes un. » Cette aspiration de Jésus pour la relation exprime la soif insatiable de la Trinité depuis toujours. Présenter à l'humanité une liaison intime et indestructible avec son Créateur s'avère une raison suffisante pour que le Fils prenne le chemin des humains, parle avec leurs mots et loge chez eux. L'incarnation est une intervention de Dieu annoncée, promise, attendue de longue date. Préparée avec une interminable patience, elle vient de son désir d'entrer dans l'histoire pour faire naître la réciprocité. Cet événement, à la fois grandiose et humble, n'annule en rien les interventions précédentes, mais les atteste et réitère la fidélité de Dieu. Il unifie l'histoire passée, présente, à venir et lui donne son véritable sens. Le rêve poursuivi par Je Suis de se communiquer totalement à l'humain et d'être accueilli sans réserve se réalise quand le Verbe se fait chair.

Cette soif est transmise au cœur des femmes et des hommes depuis la création et elle reste vivante. Sans cesse, une ardente espérance la ranime et amène le peuple de la Première Alliance à exprimer son désir de se tourner vers Dieu par une prière répétée à travers les siècles : « Cieux ! Répandez comme une rosée la victoire, et que les nuées la fassent pleuvoir. Que la terre s'ouvre pour que mûrisse le salut » (Is 45, 8). Israël attend la réalisation

---

[2] L.-M. DE MONTFORT, *Cantique* 135.

de la promesse de vie, mais le sens qu'il lui donne n'est pas celui que Dieu lui donne. Alors, Dieu attend que la terre s'ouvre d'elle-même. Il a vu souvent son peuple tenter l'expérience de vivre sans lui. Il l'a vu, assoiffé et angoissé, vouloir marcher, seul, dans la nuit. Il a entendu ses prières : « Où sont donc ta jalousie et ta puissance, le frémissement de tes entrailles ? Ah ! ne rends pas insensible ta pitié, car tu es notre Père » (Is 63, 15-16). La Sagesse éternelle reçoit la plainte et ouvre ses bras, prête à tenir longuement sur son cœur ce peuple à la nuque raide à qui elle veut faire justice. Elle l'a créé libre.

Israël se fait de plus en plus insistant au long des siècles: « Lève-toi. Sauve-nous ! » (Jr 2, 27) ; « Ah ! si tu déchirais les cieux et si tu descendais ! » (Is 63, 19). Alors, dans sa libéralité, Dieu consent à déchirer les cieux pour que sa gloire[3] habite la terre. Il répond à son peuple qui espère contre toute espérance. Alors, les Trois se penchent avec tendresse sur une jeune femme nommée Marie. La docilité de son cœur aimant et disponible les attire irrésistiblement. Dieu a vu son attente. Il a entendu sa prière. Il se souvient de sa promesse d'alliance. Alors, « il jeta sur les enfants d'Israël un regard bienveillant » (Ex 2, 25). L'aube de la Seconde Alliance se lève.

Si la Bible est le cheminement de Dieu et des humains vers leur face à face, on peut dire ici *que les temps sont accomplis*. L'humanité est prête à accueillir le fruit véritable de l'arbre de Vie. Alors, Dieu entre, par Marie, dans l'aujourd'hui de sa création. C'est là qu'il naît à nous, en nous et pour nous. Il prend forme, la forme humaine de l'Amour qui se laissera

---

[3] La gloire de Dieu est sa présence englobante qui demeure. Elle apparaît visiblement ici et là dans l'histoire : l'Esprit recouvre les eaux au début du monde ; la nuée accompagne les Hébreux au désert ; l'ombre déposée sur Marie ; celle qui apparaît au baptême de Jésus et lors de sa transfiguration. Sa manifestation devient plus tangible lorsque le Fils de Dieu habite la terre : il est la gloire du Père, son œuvre parfaite, sa présence au monde. Il est juste d'affirmer que la gloire de Dieu est sa splendeur dans ses œuvres éclatantes. Celles qui rendent visible la toute-puissance de sa sainteté.

voir par nos yeux. Celui dont la parole crée, celui qui a tout pouvoir au ciel et sur la terre vient au monde dans une étable, près de Bethléem. Couché dans une mangeoire, il s'offre déjà en nourriture aux affamés : « Me voici ! C'est mon corps livré pour vous ! » Et le mystère est là sous nos yeux : « L'Éternel est d'un jour, le Verbe est en silence. » « On s'empresse, c'est la Sagesse dont la douceur vient ravir notre cœur[4]. » L'annonce de cette naissance est faite à des bergers et les met en marche : « Allons et voyons [...]. Ils allèrent [...], ils ont vu et ils firent connaître ce qui leur avait été dit » (Lc 2, 15-16). Jésus, tout comme le Père, incite à la marche, à la constatation, à l'annonce.

Mystère du temps

Quand Dieu s'incarne en Jésus, la limite du temps est franchie. L'Éternel pénètre le temps humain, y apportant la dimension de l'infini. Il ouvre les portes et les barrières pour donner plein accès à son temps, à son amour, à son cœur : « En vérité, je vous le dis, vous verrez le ciel ouvert et les anges de Dieu monter et descendre au-dessus du Fils de l'homme » (Jn 1, 51). Désormais, le ciel demeure ouvert et la terre découvre la présence dans le temps de Je Suis. Il n'y a ni flamme, ni chérubins, ni glaive fulgurant pour garder le chemin de l'arbre de vie (cf. Gn 3, 23). Une création nouvelle nous est offerte : « Venez et voyez » (Jn 1, 39). Comme aux bergers, la réponse est donnée : « Allons et voyons. » Elle nous conduira, avec le temps, à une relation personnelle, unique avec Celui en qui nous découvrirons notre être, le sens de la marche, le témoignage à livrer.

Comme il est Dieu, c'est lui qui vient à nous pour nous dévoiler la beauté et la nécessité du temps. Le beau texte des

---

[4] L.-M. DE MONTFORT, *Cantiques*, 57 et 65.

Évangiles qui étale la généalogie de Jésus nous fait basculer dans un passé qui prépare en douceur le présent où la terre s'ouvre et produit son fruit. Il a fallu des millénaires pour que Dieu naisse de l'être humain, afin que l'être humain naisse de Dieu. Nous sommes des créatures et ne connaissons que la finitude et la mort. En naissant, le Fils entre dans notre temps. L'Éternel lui-même marche sur nos routes et leur donne une longueur incommensurable.

Personne ne sait mieux que le Fils ce qui se vit dans la Trinité. Personne ne connaît mieux que le Fils l'amour que Dieu porte à l'humanité. Personne ne sait aussi bien que le Fils la relation que le Père offre à ses enfants. Alors, le Fils prend de son temps pour dire, de toutes sortes de manières, qu'il vient rassembler tous les enfants du Père. Il le signifiera par sa vie et par sa mort. Mais sa mort, aboutissement de l'amour, n'aura pas le dernier mot, car l'incarnation appelle la résurrection. « La Nativité du Verbe selon la chair est l'aube de cette nouvelle création qui resplendira dans la Résurrection, vraie naissance du monde[5]. » Le Ressuscité nous regarde et, comme la femme adultère, nous nous relevons ; il nous prend la main et, comme la petite fille de Jaïre, nous nous levons ; il nous appelle et, comme Lazare, nous sortons du tombeau. Il prononce notre nom, et nos yeux le reconnaissent. Sans aucune forme de violence, avec le Père et l'Esprit, il donne la vie en nous la communiquant : « Comme le Père en effet a la vie en lui-même, de même a-t-il donné au Fils d'avoir la vie aussi en lui-même » (Jn 5, 26). Le Fils ne garde pas la vie pour lui, mais il la dispense largement, abondamment.

---

[5] J. CORBON, *L'expérience chrétienne dans la Bible*, p. 65.

Mystère de l'attente

L'attente attise le désir et l'amplifie. Cela est vrai pour Dieu et pour nous, car elle est réciproque. Nous attendons Dieu parce que déjà il nous attend. Sans nous presser, il attend que nous venions vers lui. Il nous donne le temps et nous laisse le temps de devenir conscients de son amour. Son attente est faite de douceur, de patience, de longanimité. Il veut que nous reconnaissions par nous-mêmes que nous sommes sa fille bien-aimée, son fils en qui il met son espérance et sa joie. À l'intérieur de son attente commence la nôtre. Nous pouvons mieux le comprendre en repassant dans notre cœur la parabole du Père aimant. Le Père attend et guette. Le fils marche vers lui et s'attend à le voir. Un même désir les met en mouvement et aboutit à une extraordinaire rencontre : accueil sans réserve, chaude embrassade, remise du vêtement du salut, éclatement de la fête.

L'être humain doit savoir que Dieu l'attend, même si cela ne peut s'imaginer. Quelle joie de savoir, au creux de mon être, que Dieu m'attend et me demande d'unir ma vie à la sienne ! Découverte suave, fascinante, stimulante ! Au cours de l'attente, l'intensité du désir creuse un espace pour Dieu seul. Peu à peu, les pans de ma tente s'élargissent pour laisser naître en moi le divin. C'est à ce moment que la Lumière repousse les ténèbres, que la Gloire enveloppe ma terre, que la Douceur remplace la brutalité, que l'Amour domine la haine, que la Vie devient salut. Tout se passe lentement, imperceptiblement, silencieusement, obscurément, dans une attente qui ressemble déjà à la réalisation.

Le voile se lève sur la face de Dieu

Je Suis vient sur la terre pour être connu, vu, entendu, touché. La Gloire se manifeste en Jésus, homme parmi les hommes, et propose à tous d'entrer dans une relation filiale avec Dieu, son

Père et le nôtre, et de mettre en pratique une manière d'aimer, de faire justice, de servir, de vivre. Jean en témoigne dans sa première lettre : « Ce qui était au commencement, ce que nous avons entendu, ce que nous avons vu de nos yeux, ce que nous avons contemplé, ce que nos mains ont touché du Verbe de vie – car la vie s'est manifestée : nous l'avons vue, nous en rendons témoignage et nous vous annonçons cette Vie éternelle qui était auprès du Père et qui nous est apparue –, ce que nous avons vu et entendu, nous vous l'annonçons » (1 Jn 1, 1-3). L'incarnation est un geste que Dieu fait avec la plus grande douceur en l'étalant dans le temps. Dieu s'introduit dans l'opacité de la réalité humaine « en devenant homme comme tout le monde, parce qu'il doit être pour tout le monde, et se caractériser justement dans sa banalité, comme l'Unique : "Il ne crie pas, n'élève pas le ton, il ne fait pas entendre sa voix dans les rues." Ce qui est sans apparence doit être l'apparition de ce qui est le plus apparent[6] ». Devenu l'un de nous, il se fait connaître à partir d'un langage, de gestes, de sentiments qui limitent l'expression, mais que les êtres humains comprennent. Invisiblement, car c'est ainsi que Dieu agit, la gloire de Dieu habite la terre. La Parole se donne à entendre. La Sagesse éternelle dévoile, au fil des jours, le visage humain du Père et le mystère d'un Dieu qui aime jusqu'à l'excès.

Il se trouve dans le mystère de l'incarnation une réalité stupéfiante qu'il nous faut scruter avec soin, car elle nous révèle une facette de Dieu. En approfondissant le mystère, nous découvrons Quelqu'un qui a foi en l'être humain au point de lui donner et de lui confier son Fils unique : « Marie l'enveloppa de langes et le coucha dans une crèche » (Lc 2, 7). Marie et Joseph reçoivent l'enfant au nom de l'humanité. Entre leurs mains et

---

[6] H. U. von Balthasar, *La Gloire et la Croix, Les aspects esthétiques de la révélation*, 1, *Apparition*, traduit de l'allemand par Robert Givord, Paris, Aubier, 1965, p. 386.

dans les nôtres, le Père remet Celui qu'il aime comme la prunelle de ses yeux : « Celui-ci est mon Fils bien-aimé qui a toute ma faveur » (Mt 3, 17). C'est assez dire la totale confiance que Dieu fait à l'humain. C'est assez dire l'immense considération que Dieu porte à la femme et à l'homme pour que son Fils leur soit donné : « Prends et reçois mon Fils. » Le temps de la mise en commun a sonné : « Tout ce qui est à moi est à toi » (Lc 15, 31).

L'incarnation s'avère une œuvre trinitaire, car inséparables sont les Trois. Comme elle est commencement, la Trinité est naissance qui rassemble, dès avant la création du monde : « Ce dessein bienveillant qu'Il avait formé en lui (Jésus) par avance, pour le réaliser quand les temps seraient accomplis : ramener toutes choses sous un seul chef, le Christ » (Ep 1, 9-10). Jésus, façonné par le mystère trinitaire, est « sorti de Dieu et envoyé dans le monde » (Jn 8, 42) pour remplir l'histoire de la présence amoureuse du Père, du Fils, de l'Esprit. Par lui, il nous est donné de voir le visage des Trois. Cependant, nous devons reconnaître que l'incarnation est aussi l'œuvre de la volonté et de la foi d'une femme : Marie. Il nous faut plonger, admiratifs, dans le mystère de cette femme qui permet à Dieu d'entrer chez les siens sans faire de bruit. Dans la nuit des siècles se lève la Lumière née de la Lumière ! Vrai Dieu né du vrai Dieu. Et le monde dort.

Heureuse celle qui a cru

> *Si l'Esprit Saint personnalise la sainteté divine, la Vierge personnalise la sainteté humaine.*
>
> P. Evdokimov[7]

Entre la Première et la Seconde Alliance se lève une expérience unique, si grande, si humble, si discrète qu'il est difficile de la décrire : celle de Marie. Cette expérience vient d'un amour tel qu'il rend possible une authentique remise de soi entre les mains de Dieu. « Son amour unique atteint une telle intensité et profondeur que la conception du Fils vient en elle comme une réponse divine à l'approfondissement de sa vie de prière, à sa transparence aux énergies de l'Esprit[8]. » Depuis le jour où elle accepte, avec lucidité et limpidité, d'enfanter son Créateur, elle entre de tout son être dans l'expérience d'abandon, de confiance, de dépouillement. Son chemin comme il se présente, elle le parcourt en « gardant toutes choses en son cœur ». Le silence s'avère pour elle une école de vie, car elle a compris qu'il est le nom de la vie. Elle a pris la voie mystique dès sa toute première rencontre avec Dieu et elle l'a suivie, certaine qu'un amour l'attend à chaque tournant. D'étonnement en étonnement, elle va jusqu'à la révélation sublime faite au pied de la croix : « Voilà ton fils ! » Dès lors, elle se dessaisit de son expérience unique de Mère de Dieu et, librement, elle la donne en partage aux femmes et aux hommes de toutes les générations. L'Église reçoit ce don pour le partager.

---

[7] P. Evdokimov, *L'art de l'icône. Théologie de la beauté*, Paris, Desclée de Brouwer, 1970, p. 217.
[8] *Ibid.*, p. 217.

La réponse humaine à la demande divine

Avec Abraham qui reçoit la promesse d'une naissance et qui, bouleversé, quitte Ur en Chaldée pour un ailleurs qu'il ne connaît pas émerge la Première Alliance. Il ne sait pas où son *oui* le mènera, mais il sait avec qui il marche. Cela suffit. Des millénaires s'écoulent, et le temps vient où Marie, à son tour, accueille la promesse d'une naissance ; bouleversée, elle répond *oui* sans savoir où cette acceptation la conduira. Elle va vers son avenir, vers l'inconnu. Je Suis est en elle. Cela suffit. Alors, la terre chaleureusement s'entrouvre pour que le germe de promesse, le germe de justice, le germe du salut prenne racine et se développe. Mystère tout aussi inconcevable que celui de la création où Dieu, déjà, contemple l'humanité de son Fils.

Accueillir la promesse, c'est se mettre en mouvement d'espérance. C'est croire en la présence de Celui qui s'offre sans rien exiger en retour. Marie sait que, lorsque Dieu envoie une personne, il vient avec elle pour réaliser son projet. Mue par l'attouchement de la Sagesse éternelle, elle prend le chemin de sa vocation : « Voici : la jeune fille est enceinte et va enfanter un fils qu'elle appellera Emmanuel » (Is 7, 14). Prodige inconcevable : Je Suis devient le fils de Marie et Dieu-avec-nous. Dans la foi, Marie entre dans le mystère, comme l'a fait Abraham, le père des croyants ; non pour disparaître, mais pour parvenir à la plénitude de son être et prendre sa place dans le plan de Dieu.

Il est plus facile de croire à un Dieu installé dans les hauteurs pour surveiller, juger et diriger les événements, qu'à un Dieu proche qui marche avec nous. Marie a reçu l'éducation religieuse de la Première Alliance, selon laquelle Dieu était loin et d'une majesté écrasante. Mais voilà qu'elle fait l'expérience d'un Dieu proche et qui a besoin d'elle. Alors que le peuple d'Israël attend un sauveur né de Dieu et choisi par lui, voici que le Messie vient, né parmi les hommes et offert à l'humanité qui doit choisir. C'est en Marie que ce grand changement s'opère.

Cette femme, bénie entre toutes les femmes, ouvre une nouvelle page de l'histoire du salut. « Qui est celle-ci qui surgit comme l'aurore, belle comme la lune, resplendissante comme le soleil, redoutable comme des bataillons ? » (Ct 6, 10).

La jeune Marie connaît bien l'histoire d'Israël. Elle-même, comme une terre assoiffée, attend que Dieu visite et rachète son peuple en suscitant une puissance de salut dans la maison de David (cf. Lc 1, 68-69). Lorsque l'ange Gabriel vient, sans bruit, dans la maison de Nazareth, il salue Marie de la part de Dieu. Elle ne peut cacher sa surprise, car étonnante est la salutation. Mais le Messager prend le temps de dire les choses. Il entre en dialogue avec elle, il répond à son questionnement et attend sa réponse. La demande de ce jour la dépasse largement : devenir mère de Celui qui l'a créée. Demande bouleversante proposée dans la plus grande douceur. Douceur dans l'approche. Douceur dans la salutation. Douceur dans la parole. Douceur dans l'attente. Mais tant de douceur n'empêchera pas Marie d'être profondément troublée.

Mais déjà, « la loi de la douceur est sur sa langue » (Pr 31, 26). De ses lèvres vient une parole unique : « Qu'il m'advienne selon ta parole. » Cette réponse pleine de confiance ne peut venir que d'un cœur qui se sait aimé. C'est l'acquiescement le plus extraordinaire qu'un être humain puisse prononcer. Et dans la douceur, Dieu s'incarne en elle pour la joie, pour la paix, pour la vie du monde. En douceur aussi, elle accueille la Vie pour la donner. Parce qu'elle est humble, transparente, réceptive, elle permet à Dieu de remplir la terre de sa gloire. La réponse de Marie devient le lieu et l'espace où Dieu engendre l'homme et où l'homme engendre Dieu.

L'annonce faite à Marie est l'annonce faite à toute créature. C'est à chaque être humain qu'est donnée la grâce d'enfanter le Christ dans son cœur et dans son être. Jésus dira à ses disciples : « Quiconque fait la volonté de Dieu, celui-là est ma mère » (Mc 3, 35). En moi et par moi, Dieu veut naître chaque jour. Il prend chair dans ma vie à la mesure de ma réponse. Il prend forme dans mes mains, dans mon cœur, dans mon action si humaine et trop petite. Ce n'est pas trop beau pour être vrai ! Je n'en suis pas indigne, car l'Amour me rend digne.

Se tourner vers Dieu, c'est se conformer à lui, prendre sa forme. C'est un mouvement irrépressible du cœur humain vers le divin. Cet attrait, qui ne peut venir que de Dieu, nous porte à désirer être transformés en Jésus, la Sagesse incarnée. Nous ne pouvons pas le faire. Il faut donc regarder Marie. Elle nous indique comment se laisser aimer par Dieu et laisser la Parole s'enraciner en nous. Elle nous enseigne à dire *oui* en toute confiance et liberté. Elle est la femme en qui Dieu se forme un cœur d'homme, et la mère qui enfante Dieu en nous. À toute personne qui ouvre son cœur, « elle donne accès à la naissance de l'homme nouveau, parce qu'elle est "devenue la mère, la maîtresse et le trône de la divine Sagesse[9]". Par l'opération du Saint-Esprit en elle, la vie divine s'incarne dans la réalité humaine[10]. »

Tel que nous pouvons le voir agir avec Marie, Dieu ne se présente pas à nous de façon majestueuse, brutale et hautaine. Il n'exige pas que nous acceptions avec une foi aveugle et par pure obéissance quelque chose d'obscur et d'incompréhensible. Il sait vivre, Dieu ! Lorsqu'il vient à nous, il le fait de façon à ce que nous puissions savoir qu'il respecte notre liberté et qu'il reste avec nous en tout temps. Alors, notre réponse sera claire et libre : « Qu'il me soit fait selon ta parole. » Et, comblés de joie, même là où il y aurait lieu de nous affliger, nous continuons notre marche.

---

[9] L.-M. DE MONTFORT, *ASE,* 203.
[10] H. BLOMMESTIJN et J. HULS, *La spiritualité Sagesse, un pèlerinage intérieur,* Période B, p. 7, Institut Titus Brandsma, 1996.

Tout s'accomplit dans l'ombre

Les rédacteurs des Évangiles de l'enfance nous laissent sur notre appétit, car tant de choses ne sont pas dites clairement et nous aimerions comprendre. Des savants, des penseurs ont tenté d'interpréter, selon leur perception et les courants théologiques, la virginité de Marie, la conception de Jésus, le rôle de l'Esprit, les songes de Joseph, les mages. Ces explications de l'inexplicable sont allées souvent trop loin et frôlent parfois le ridicule. À trop vouloir idéaliser en apportant des réponses compliquées et longues à des questions simples et brèves, nous créons un barrage qui nous empêche d'entrer dans la dimension beaucoup plus large et plus vaste que cachent les mots.

Le mystère de l'incarnation nous place devant un merveilleux prodige que nous pouvons explorer sans vraiment l'expliquer. Dieu se fait *chair* pour proposer à l'humanité d'entrer dans une relation d'intimité amoureuse où *tout ce qui est à moi est à toi*. Aucun être humain n'aurait pu imaginer que le Verbe, Parole et Sagesse de Dieu, serait allé si loin en s'enfonçant dans notre humanité. Le Fils a quitté la gloire qu'il avait auprès du Père. Sa venue chez les humains est le mystère inépuisable de l'enfoncement du divin dans l'humain : la kénose. L'amour, la puissance, la douceur de Dieu se trouvent dévoilés, mais qui peut expliquer comment cela a pu se faire ?

Matthieu et Luc n'essaient pas de nous apprendre comment le Fils s'est incarné dans le monde. Ils veulent simplement partager ce qu'ils ont pu saisir du mystère en nous assurant que Jésus est vraiment le Fils de Dieu ; son origine est divine et l'incarnation est une gratuité absolue jaillissant d'un amour sans condition ; l'attouchement de Dieu se fait toujours en douceur. Ils ont exprimé leur expérience dans un langage humain qui a nécessairement ses limites quand il parle du divin. Il est facile de discourir sur le comment de l'incarnation du Fils de Dieu. Mais toute discussion demeure stérile et nous sort de la contemplation du mystère qui veut se révéler à notre cœur : « Et le Verbe s'est fait chair, il a habité parmi nous, et nous avons vu sa gloire» (Jn 1, 14).

Je ne voudrais pas laisser croire que le questionnement toujours actuel au sujet de la virginité de Marie, de la paternité de Joseph, des frères de Jésus n'a pas sa pertinence. Ces questions, je me les pose, mais elles n'entravent en rien ma foi dans le mystère de l'incarnation du Verbe dans le monde et en moi. Je crois que « la Sagesse éternelle, le Fils de Dieu, s'unit, en vérité de personne, à ce corps et à cette âme (Marie). Et voilà la grande merveille du ciel et de la terre, l'excès prodigieux de l'amour de Dieu[11]. » Au-delà de tout enseignement qui peut laisser entendre que Dieu, pour devenir un homme, trouve indigne de lui l'acte amoureux d'un couple, chemin normal de la conception qu'il a lui-même créé et admiré, moi, je crois simplement que Dieu s'est fait chair et que personne ne peut nous dire comment.

Je crois que Dieu a pris un corps d'homme grâce à la matrice d'une femme et qu'il a habité son utérus, sans répugnance. Je n'ai pas de problème avec l'idée que Joseph pourrait être le père de l'enfant de Marie. Pour moi, cela n'enlève rien à Marie ni à Jésus et encore moins à l'Esprit Saint, car « rien n'est impossible à Dieu » (Lc 1, 37). Ces pensées n'ébranlent en rien ma certitude que Jésus est le fils de Dieu venu m'apprendre que Dieu est Abba, Père. Ma foi n'est pas fondée sur la virginité physique de Marie. Je crois que nous pouvons apprendre à devenir fille et fils en regardant Marie et Joseph vivre leur propre histoire en marchant sous l'ombre très sûre de l'Amour. Je crois que l'Esprit, de qui émane la vie, plane encore sur tous les événements du monde pour éveiller la vie et la protéger, établir la justice et répandre le feu sur la terre.

Cependant, je n'ai de cesse de demander à Dieu d'augmenter ma foi. Je sais que je dois l'alimenter pour qu'elle grandisse.

---

[11] L.-M. DE MONTFORT, *ASE*, 108.

Cela même à partir de la réflexion, de l'étude et des questions qu'apportent les chrétiens d'aujourd'hui. La foi, comme tout ce qui vit, ne peut pas être statique. Devant certaines obscurités, j'ai besoin de consentir à nouveau au mouvement de marche, de laisser le Ressuscité m'expliquer les Écritures et de le supplier, avec les compagnons d'Emmaüs, de « rester avec moi, car le soir tombe ».

Tu lui donneras le nom de Jésus

À Marie comme à Joseph, le nom de l'enfant à naître est donné par l'ange : Jésus. Ce nom, en hébreu *Yehoshua*, veut dire « Dieu sauve ». Il faut moduler ce nom lentement et longuement pour en savourer toute la douceur et en pénétrer la profondeur. Dieu sauve en protégeant la vie. D'ailleurs, il n'y a qu'une vie : la sienne. Jésus apprend de Marie et de Joseph à veiller sur la vie, et il sauvera de la mort les enfants du Père. Son travail continu pour la vie n'est pas apparent, car il est encore enfoui, l'histoire n'étant pas achevée.

S'il est vrai que le nom exprime toute la personne, le nom de Jésus révèle tout son être, sa finesse, sa présence, son action : « Je suis doux et humble de cœur. » Comment ne pas faire le lien avec le Nom de Dieu révélé à Moïse : Je Suis. En fait, Dieu est Présence qui vient toujours pour sauver. L'expression hébraïque *Je suis* peut se traduire par : « J'existe pour vous », ou encore : « Je Suis là et tu en feras l'expérience. » Ce nom sublime devient un mystère à développer et une indication du lieu où trouver Dieu. Et Moïse trouvera Dieu là où l'homme est exilé, dépossédé, menacé, réduit en esclavage. Un jour, il verra non plus un buisson en feu, mais une montagne en flammes. Suivra le jour, et il est venu, de la grande manifestation de Je Suis quand, sur le Golgotha, l'Homme élevé de terre attirera tout à lui. Sur cette colline, un cœur humain, véritable buisson ardent, se consume en brûlant d'amour pour le Père et pour l'humanité. C'est le point culminant et inattendu de la rencontre de Dieu avec les siens.

« Tu lui donneras le nom de Jésus. » Ce nom est « un miel très doux pour la bouche et une mélodie agréable à l'oreille, une jubilation pour le cœur[12] ». Jésus ! Mais c'est Je Suis qui est devenu un habitant de notre planète. En lui, Dieu et ses enfants se rencontrent, se voient, se touchent. Il dira de lui-même : « Avant qu'Abraham fût, Je Suis » (Jn 8, 58). Il affirmera sans hésitation : « Je Suis la porte. Je Suis le bon pasteur. Je Suis le chemin, la vérité, la vie. Je Suis la résurrection et la vie. Je Suis la lumière du monde. Je Suis le pain. Je Suis le vrai cep. » Et encore : « Je vous le dis dès maintenant, avant que la chose n'arrive, pour qu'une fois celle-ci arrivée vous croyiez que Je Suis » (Jn 13, 19). Je Suis n'est plus seulement une voix qui sourd des profondeurs de l'abîme. Il est Jésus, l'homme doux et humble qui marche avec ses contemporains, dialogue avec eux d'égal à égal, les invite à prendre le chemin du bonheur en servant. Je Suis ! Jésus, fils de Marie et de Joseph, habitants de la petite ville de Nazareth en Galilée, remplit le monde de sa présence amoureuse, fidèle et éternelle. Rien n'effacera cette réalité.

* * *

MITAN 12[13]

Tu peux, lectrice ou lecteur, trouver ici un temps favorable pour regarder longuement Marie, mère de Dieu et ta mère.
Elle t'enfante, en ce moment même, dans l'éternité de l'amour de Dieu. Elle donne naissance à ton être nouveau. Sa maternité

---

[12] S. BERNARD, *Sermo 15 in Cantica*, PL 183, 847.
[13] Inspiré de l'exercice 6, du *Pèlerinage intérieur de la tête au cœur*, Période A, p. 8, H. BLOMMESTIJN et J. HULS, Institut Titus Brandsma, 1996.

dépasse toutes les capacités humaines, parce qu'elle enfante l'amour même de Dieu. Elle ne garde rien pour elle. Elle donne tout ce qu'elle reçoit : l'Enfant.

Tu es aussi appelé à devenir « mère ». Cela se réalise en Marie. De même qu'en elle s'est incarnée la Sagesse éternelle, de la même manière, elle assure l'incarnation de la Sagesse en toi. Concrètement, incarner la Sagesse dans sa vie, c'est devenir amour ; et devenir amour, c'est devenir douceur. Crois-tu cela ?

À toi d'exprimer, à ta façon, la réponse que tu veux donner à Dieu aujourd'hui. Peut-être trouveras-tu la mélodie qui chantera ta joie et qui sera ton *Magnificat*.

Une vie à ciel ouvert

Limité dans son temps et n'en pouvant distraire un moment, Jésus n'est pourtant jamais tendu, bousculé. Pauvre de son temps, il n'en est jamais avare.

J. Guillet[14]

Un temps pour apprendre

La Parole s'incarne pour raconter le Père. Répondant au doux nom de Jésus, elle prend le chemin de tout homme venant dans le monde : conception, gestation, naissance, croissance, apprentissage. À Bethléem, en Égypte ou à Nazareth, Jésus se conduit comme tous les enfants du monde. Son comportement au temple à l'âge de douze ans marque son passage à l'âge adulte et fait réfléchir ses parents par l'enclenchement de sa vocation : « Je me dois aux affaires de mon Père » (Lc 2, 49). Le reste se vit dans l'ombre. Les années à Nazareth sont pour Jésus un temps consacré à son développement humain. Comme tous les humains, il doit apprendre, choisir, expérimenter, grandir.

De sa mère, il apprend la communication, la relation familiale, la bonté, la présence à l'autre, le don de soi, la prière. De son père, le métier de charpentier, les relations d'affaires, la nécessité du travail bien fait, l'accueil et le respect des clients. D'eux, il apprend à reconnaître la présence de Dieu dans sa vie de chaque jour, à lui faire confiance, à lui parler, à l'aimer. Il apprend à écouter la Parole, à exercer la justice, à regarder les autres avec miséricorde. Avec ses amis, il découvre les valeurs

---

[14] J. GUILLET, *Jésus-Christ hier et aujourd'hui*, p. 99.

de l'amitié, du compagnonnage, de la fraternité. À la synagogue, il apprend l'histoire de l'amour fou de Dieu pour son peuple, l'importance du rassemblement et l'obéissance à la Loi.

Un temps pour centrer sa vie

Il me semble que, si Jésus a pris le temps de vivre ma vie humaine, c'est qu'elle en vaut la peine. Quelque chose, ou plutôt Quelqu'un peut donner un sens au labeur quotidien. La vie de Jésus n'est pas une série d'épisodes touchants et doucereux. C'est la vie simple et ordinaire d'un travailleur de Nazareth en qui, cependant, Dieu fait aboutir son dessein de rassembler tous ses enfants. S'il est prophète, personne ne le sait encore. C'est en douceur qu'il vit le quotidien d'un charpentier et c'est en douceur qu'il sortira de son atelier pour aller dire l'amour du Père *lorsque les temps seront accomplis* pour lui et pour les siens.

En attendant, il vit pour le Père, attentif à son regard, à sa présence, à ses appels. Déjà, il *travaille aux affaires du Père*, même dans une existence plutôt banale où les soucis, déposés chaque soir, reviennent chaque matin. C'est au creux de cette vie qu'il découvre les désirs du Père, la mission à accomplir, et comment y parvenir. Lui seul peut découvrir qu'il est le Fils de Dieu. Marie ne peut lui enseigner cela. Le silence de Nazareth permet à Jésus d'entrer dans son propre mystère et de l'intégrer. Il garde les yeux fixés sur le Père pendant que l'Esprit le couvre de son ombre. Comme toujours, la Trinité travaille en douceur et attend. Il faut toute une vie pour apprendre à devenir une femme, un homme. Comme Jésus, nous avons tous besoin de temps et d'effacement pour toucher du doigt ce que nous sommes, pour renaître, pour entendre l'appel à devenir, pour nous laisser habiter par un amour plus fort que la mort et par la douceur. Étant le fruit de la prise de conscience d'être aimés par Dieu tels que nous sommes, la douceur nous libère du besoin de nous affirmer violemment et nous permet d'apprécier le temps, de nous comprendre et de voir la mission qui se dessine.

Peu à peu, le Père se laisse connaître, et Jésus apprend à lui remettre son existence, à le choisir comme lui-même est choisi. Il saisit que le Père enveloppe toute sa vie et lui donne un sens. Il vient du Père et ne veut vivre que de lui, pour lui, en lui. Le Père devient sa nourriture et l'Esprit l'air qu'il respire. Se savoir aimé colore et illumine toute sa vie. Sa joie est douce, paisible, intense. Il sait où il va et pourquoi il vit : « Je dois être aux affaires de mon Père. » Il n'est pas venu pour faire des miracles, mais bien pour faire connaître le Père comme lui le connaît. Le bonheur réside dans cette connaissance.

Un temps pour marcher

Jésus n'attend pas que l'on vienne à lui. Comme le Père, il prend l'initiative et se met en marche. On le retrouve, devenu feu dévorant, sur toutes les routes de Palestine, petit pays d'où il ne sortira pas, mais dont il connaîtra chaque sentier. Sa foi absolue dans l'amour du Père le rendant libre et attentif, il va à la rencontre des enfants du Père, dispersés. Il se rend au désert, visite Nazareth, monte à Jérusalem, passe par la Samarie, traverse la Judée, parcourt la Galilée dans tous les sens. Il s'arrête à Naïm, à Jéricho, à Césarée, à Béthanie, longe le lac de Tibériade, passe par Capharnaüm, chemine à travers les villes et les villages. Il entre dans le Jourdain, gravit la montagne, descend dans la plaine, toujours poussé par l'Esprit. Ses pas le conduisent vers celle qui pleure, celle qui est condamnée, celle qui cherche l'amour, comme vers celui qui est aveugle, paralysé, muet, malade, exclu. Il prend le chemin des pauvres et des chercheurs de Dieu. Il s'arrête pour pratiquer la justice en remettant debout les épuisés de la route. Sa parole, comme un baume, guérit le corps, le cœur, l'âme. En toute occasion, il attise le feu qui sommeille dans les cœurs, et pour cela, il ne prendra que peu de repos, car le temps presse.

Jésus a de bons amis parmi les riches et les gens bien placés, mais il n'utilise jamais la flatterie pour se faire accepter. Il se laisse toucher par toutes les misères qu'il trouve sur son chemin et se tient proche des pécheurs. Il vit une vie publique, c'est-à-dire une vie à ciel ouvert, se faisant tout à tous et donné aux autres qu'il reconnaît comme les enfants du Père. On a dit de lui qu'*il passait en faisant le bien*. Jean le Baptiste, voyant l'action de cet homme plus grand que nature, peut dire à ses proches : « Au milieu de vous se tient quelqu'un que vous ne connaissez pas » (Jn 1, 26).

« L'éternel bonheur de Jésus est d'être l'Engendré du Père et de le savoir[15]. » Jésus abandonne au Père le soin de remplir sa vie. Il ne cherche ni ne provoque les situations à vivre au jour le jour, mais il laisse le Père lui faire signe et, librement, il entre dans l'événement qui vient. Il reçoit de son Père la vie, le temps et son contenu. Ce qui donne à son vécu quotidien – rencontres, repas, marches, visites, prières – une dimension capable de traverser le temps. Le plus petit événement de sa vie n'a rien de banal, car il est vécu par l'Éternel inséré dans le temps. Chaque parole, chaque geste, chaque situation a quelque chose d'inépuisable qui rejoint, maintenant, toute personne assoiffée de pain, d'amour, de vérité, de guérison.

Jésus vit de l'enseignement de ses parents. Ils lui ont transmis ce qui vient des ancêtres, saints ou pécheurs, et qui fait partie de sa nature humaine. Marie lui a appris à faire ses premiers pas. Maintenant, c'est elle, la mère, qui met ses pas dans ceux de son fils. Sur les routes où il marche, nous la rencontrons. Discrète et effacée, elle boit la parole de son fils et le voit porter la bonne nouvelle aux pauvres, annoncer la délivrance aux

---

[15] F.-X. DURRWELL, *Christ notre Pâque*, Racines, Montrouge, Nouvelle Cité, 2001, p. 45.

prisonniers, rendre la vue aux aveugles et aux opprimés la liberté (cf. Lc 4, 18). Mystère plein de douceur et d'intimité dans les rencontres entre la mère et le fils, où s'unissent concrètement le divin et l'humain ; où un même désir d'aimer et de servir enflamme l'être ; où apparaît clairement le respect de la liberté de l'autre. Cependant, elle porte toujours ce fils et, pour le trouver, elle n'a qu'à regarder son cœur qui est plein de lui.

L'Unique

Jésus est venu pour les pauvres et les pécheurs. On pourrait tout simplement le considérer comme un apôtre de la charité. Mais il est encore bien plus qu'un homme qui vient défendre la veuve et l'orphelin. Il parle un langage unique parce qu'il est l'Unique, l'Envoyé du Père, et il ne le cache pas : « Je suis la Voie, la Vérité et la Vie. Nul ne va au Père que par moi. » Qui peut faire un tel énoncé ? Jamais il ne se contredit. Ses actes découlent de ses paroles. On ne peut le prendre en défaut. Pas un pharisien, pas même un scribe ne l'empêchera de dire ce qu'il est et pourquoi il est venu dans le monde : « Je suis venu mettre le feu sur la terre » (Lc 12, 49). Il ne fait rien pour provoquer, il ne dit que la vérité : « L'Esprit du Seigneur est sur moi » ; « Avant Abraham, moi, je suis » ; « Il a été dit à vos pères... ; mais moi je vous dis » ; « Je suis la Résurrection et la Vie » ; « Nul n'est monté au ciel, hormis celui qui est descendu du ciel, le Fils de l'homme » ; « Je suis dans le Père et le Père est en moi » ; « Aujourd'hui, tu seras avec moi au paradis. » Ces propos, et tant d'autres, n'ont rien de semblable dans l'histoire. Tout ce qu'il dit est vérité et sera prouvé au moment de sa passion et de sa mort. Et ce sera en douceur. « Que celui qui a des oreilles pour comprendre comprenne » (Mc 4, 9).

Jésus est le Fils unique du Père venu en ce monde. Il ne s'impose pas, mais ose, partout et devant tous, la parole de paix, de douceur, d'amour, de justice. De grands prophètes sont venus avant lui et après lui, mais ils n'ont jamais parlé avec une telle autorité et une telle certitude de Dieu, de la vie trinitaire, du sens du monde et de l'univers. Il s'avère l'Unique qui porte un message unique d'une manière unique et totalement libre. Il a parlé ouvertement et à contre-courant des lois religieuses en vigueur, sans détour, sans hargne, sans peur. La vérité rend libre.

La loi de la douceur

La douceur est accueil des personnes comme elles sont. Elle est force dans toutes les situations de détresse, comme si elle permettait de saisir de l'intérieur l'agir des « forts » pour mieux le contrôler. La douceur est aussi humilité et pauvreté. Le plus bel exemple est celui de Jésus qui, à l'image du Père, renonce à sa force toute-puissante en se laissant clouer au bois de la croix par amour pour les enfants du Père qu'il veut rassembler. Folie ou Sagesse ? « S'il est puissant, c'est pour nous aider. S'il a l'immortalité, c'est pour vivre avec nous éternellement[16]. »

À la lecture des Évangiles, nous voyons la douceur, comme un fleuve, traverser et pénétrer toutes les activités de la Sagesse éternelle et incarnée. Cette douceur est un don que l'on reçoit gratuitement pour l'introduire dans toutes les activités humaines. À la mesure de notre désir, la Sagesse nous donnera sa propre douceur. Nous ne parviendrons pas à en vivre parfaitement, mais nous serons toujours en marche pour la recevoir. « *La Sagesse atteint avec force depuis une extrémité jusqu'à l'autre, et elle dispose tout avec douceur.* [...] Il faut que le sage soit, à son exemple, doucement fort et fortement doux.[17] »

---

[16] L.-M. DE MONTFORT, *Sermon 9, Œuvres complètes*, Paris, Seuil, 1966.
[17] L.-M. DE MONTFORT, *ASE*, 53 ; l'italique est de l'auteur.

Chez Jésus, nous ne trouvons qu'humilité, pauvreté et douceur. Là se situent sa force et sa sérénité. Montfort est fasciné par cette douceur qu'il contemple dans la Sagesse éternelle parce qu'il la voit dans la Sagesse incarnée : « Comme la Sagesse ne s'est faite homme que pour attirer les cœurs des hommes à son amitié et à son imitation, elle a pris plaisir à se parer de toutes les amabilités et de toutes les douceurs humaines[18]. » Né d'une mère pleine de douceur, Jésus apprend la douceur qui le rend aimable envers tous. Doux est son visage par lequel il exprime le respect, la bonté, l'authenticité, la compréhension, l'amour et la fermeté. L'éclat d'un tel visage attire les cœurs et nous oblige à la vérité.

Son regard plonge dans le regard de l'autre pour lui redonner confiance et le remettre debout. Dans ses yeux, nul mépris, nul jugement, seulement une immense admiration pour toute personne rencontrée. Qui se laisse regarder par Jésus sent monter en lui la dignité, l'estime de soi, la miséricorde. Sous son regard, on devient quelqu'un d'unique.

Personne ne peut douter de la douceur des paroles de l'homme de Nazareth, surtout lorsqu'il parle du Père. Il est uni au Père par un lien d'amour tissé à même l'assurance et la liberté. Il n'a rien à faire valoir, à imposer, à prouver. Il *est* ! C'est tout. Il ne crie pas, n'éteint pas la mèche qui fume encore, n'écrase pas le roseau broyé. Avec celles et ceux qui écoutent, il partage sa passion pour le Père. « Jamais homme n'a parlé comme cet homme-là » (Jn 7, 46). Qui a entendu ses paroles de pardon ou de guérison a goûté la suavité de ses mots et sait qu'il apporte le droit. Celles et ceux qu'il a consolés et guéris ont touché à sa sensibilité et à sa sagesse. Pourtant, son langage est sans détour, spontané et direct. Il ne porte aucun masque.

La douceur imprègne toutes ses actions et toute sa conduite, car ce que Jésus fait, il le fait avec droiture, justice et sainteté. Il

---

[18] *Ibid.*, 117 et suivants.

est Je Suis aux yeux de tous et ne le cache pas. Qui le voit voit le Père. Il fait les premiers pas, regarde avec amour, ne pose pas et n'étale pas ses connaissances. Il ne méprise ni ne rejette personne. Ses gestes apportent libération, réconfort, confiance, apaisement. Rendre la vue, tendre la main aux impurs, bénir les enfants sont des gestes qui protègent la vie et qui sauvent. Jésus laisse passer à travers lui la Présence. Celle même qui envahit sa vie et lui enlève toute peur. Un amour illumine son regard et lui donne de voir les autres dans cette lumière. C'est la présence du Père qui libère, dilate et réjouit son cœur d'homme. Cette présence, il la désire, il l'accueille comme une gratuité et il veut la partager à cause du bonheur qu'elle dispense.

Cependant, Jésus s'avère un homme dérangeant. Totalement libre dans ses paroles et dans son agir, il pose question. Il soupe avec les pécheurs. Il va sur les territoires interdits. Il dénonce les autorités religieuses qui ne disent pas les choses vraies sur Dieu. Il parle aux femmes, aux publicains, aux enfants. Il renverse les tables des vendeurs du temple, car il défend les petites gens, ceux qui se font voler. Et les petites gens, bergers, paysans, prostituées, malades, infirmes commencent à découvrir le vrai visage de Dieu : un Père aimant. Que Dieu aime les êtres humains n'est pas tout à fait une nouveauté, car d'autres l'avaient pressenti. Mais que les humains soient invités à aimer Dieu, à entrer en relation avec lui, voilà ce qui bouleverse la structure religieuse du monde. Que Dieu recherche l'amour de ses créatures comme s'il en avait besoin, voilà l'impensable. Peu à peu, les cœurs s'ouvrent. Des foules comprennent ce langage nouveau et, séduites, elles suivent Jésus.

* * *

Mitan 13

Comme tout pèlerin, la lectrice ou le lecteur doit s'arrêter. Parfois, il a besoin d'une parole, d'un repos, d'un silence. Je te propose un moment de réflexion.
Lorsque Jésus revient du désert, il est changé.
Quelque chose s'est produit en lui. Il lui faut être aux choses du Père, c'est sa vocation. Il va à Béthanie, où Jean baptise. En le voyant venir, Jean fixe son regard sur cet homme qui marchait et dit à deux de ses disciples : « Voici l'agneau de Dieu. » Voici la douceur de Dieu. Ces mots se gravent dans le cœur des deux hommes et ils suivent Jésus.

La gratuité d'une invitation (Jn 1, 35-40)

Jésus se retourne et, les voyant, dit : « Que cherchez-vous ? »
Ils répondirent : « Maître, où demeures-tu ? »
« Venez et vous verrez. »
Ils se mirent en route avec lui et virent où il demeurait.
C'était environ la dixième heure.

Nous sommes ces deux disciples en recherche de quelqu'un ou de quelque chose. Que nous soyons à Béthanie, à Paris, à Singapour, à Montréal, à Sligo, à Wijchen, à Port de Paix ou à Kinshasa, Jésus passe.
Sa demande est toujours actuelle : Qui cherches-tu à ce moment de ta vie ? Que cherches-tu vraiment ? Qu'est-ce qui est important pour toi ?
Et si tu lui demandais simplement : *Où demeures-tu ?*
Tu aurais, à coup sûr, la même réponse : *Viens et vois !*
C'est toujours l'heure de répondre et toujours l'heure de l'accomplissement.

14

« L'ESPRIT DE DIEU EST SUR MOI »
(Lc 4, 18)

*Il faut qu'il y ait en Jésus à la fois
une force d'attachement inépuisable
et un respect absolu de chaque personne.*
(J. Guillet[1])

---

[1] J. Guillet, *Jésus Christ dans notre monde*, Paris, Desclée de Brouwer/ Bellarmin, 1974, p. 48.

Sur les chemins de Palestine

*Ta parole était mon ravissement
et l'allégresse de mon cœur.*
Jr 15, 16

Le christianisme n'est pas un programme de vie, ni un enseignement, ni une doctrine, mais bien un chemin de rencontre avec Quelqu'un. Nous sommes amenés à comprendre de plus en plus que nous ne sommes pas dans une religion, mais dans une révélation, et cela fait toute la différence. L'Évangile est le buisson ardent où tout être humain peut rencontrer Je Suis qui s'approche pour faire route avec lui. Il est la source où il puise l'eau qui jaillit en vie éternelle. Il est le souffle qui l'aspire. Il est la lumière qui éclaire son chemin. L'Évangile est la Parole vivante qui permet de voir Dieu avec les yeux de Quelqu'un qui l'a vu. Seul Jésus a vu le Père et peut en parler.

Si l'on veut mieux connaître le Dieu de Jésus Christ, il nous faut donc parcourir les Évangiles comme un touriste émerveillé qui a tout son temps pour écouter, observer et scruter le moindre détail. Le vrai touriste se laisse guider tantôt par une sensation, tantôt par la beauté ou l'intérêt du moment, et il entre, on ne sait trop comment, dans sa propre histoire. Au fil des rencontres, des paraboles et des discours, le visage de Dieu se dessine, ses traits se précisent, son regard s'adoucit. S'arrêter sur un texte connu ou goûter la saveur d'une parole peut provoquer un incendie dans le cœur du lecteur-touriste. Il ne sait jamais quand viendra pour lui la joie d'entendre : « Que la lumière soit ! », ou : « Tu es mon fils bien-aimé, en toi est toute ma joie. » Ce rendez-vous inattendu avec la Parole est un événement unique, personnel, original, qui amène à rechercher plus de communion, plus de présence, plus d'intimité.

Dieu n'est pas une obscure question indéchiffrable ; il se fait connaître par Jésus, la Lumière du monde. D'où l'importance d'ouvrir les évangiles et de regarder la manière d'agir de Jésus : douce, vraie et humble. C'est ainsi qu'il s'approche des enfants, des jeunes, des femmes, des hommes, des pauvres, des savants, des tricheurs, des malades. Si Jésus est doux, c'est qu'il est humble. S'il est humble, c'est qu'il est vrai. Ces qualités sont liées et découlent l'une de l'autre. Il faut bien s'entendre : l'humilité ne consiste pas à s'effacer, mais à faire et à être selon la vérité de son être. Si Dieu n'est pas humble, il n'est pas vrai et il n'est pas amour. Pour le voir tel qu'il est, il faut regarder Jésus qui seul peut nous dire qui est Dieu.

Comme il arrive au touriste de devoir privilégier certains éléments du parcours, je choisis d'offrir aux lecteurs la contemplation de l'entrée de Jésus dans sa vie publique, le baptême, pour ouvrir ensuite sur certaines rencontres qui nous rejoignent et nous bouleversent encore aujourd'hui. Il est nécessaire de regarder d'abord l'événement du baptême, car il nous fait connaître avec quelle douceur et quelle humilité Jésus s'approche de ses contemporains. Il n'est pas au-dessus d'eux, il vient pour être parmi eux. Il n'impose pas, il propose la vie. Il ne condamne pas, il sauve. C'est de cette manière qu'il abordera, par la suite, tous les gens de son pays. Pour le savoir, nous deviendrons témoins de quelques rencontres fortement signifiantes où nous nous reconnaîtrons, car, « dès que nous ouvrons une page de l'Évangile, nous ouvrons une page de notre propre histoire[2] ». Le chemin de Palestine couvre la terre entière.

Étant des présentations de la vie divine, les rencontres de Jésus avec telle ou telle personne ne sont pas limitées à un lieu et à un temps. Elles restent ouvertes et inépuisables. L'action accomplie dans la foi, n'est pas achevée et demeure accessible

---

[2] B. LAPERRIÈRE. J'ai puisé dans les notes personnelles de la retraite sur *L'Esprit Saint,* 1979.

à tous. En réalité, ce n'est pas pour la Samaritaine seulement que Jésus traverse la Samarie et que, fatigué, il se repose sur la margelle du puits, mais pour toute personne qui porte des cruches beaucoup trop lourdes.

Ainsi, nous sommes la femme adultère que l'on condamne ; l'aveugle de naissance dont les yeux s'ouvrent pour voir Jésus ; l'étrangère qui implore la guérison de sa petite ; le paralysé, le lépreux, la femme qui pleure la mort de son fils, et tant d'autres encore. La Sagesse éternelle s'est faite chair pour nous visiter, nous parler. Elle s'adresse à une personne qui vit une situation unique, mais il y a plus : elle rejoint tout être humain qui vit aussi une situation semblable, peu importe à quelle époque il se trouve. Quand Dieu parle, il n'y a aucun éloignement historique, puisque Dieu vit au présent. Par conséquent, sa parole est d'aujourd'hui et nous sommes impliqués dans l'entretien.

« Il s'approcha d'eux »
(Lc 24, 15)

> *Jésus ne se penche pas sur les pécheurs : il est avec eux.*
> F. Varillon[3]

Tout commence au moment où paraît Jésus sur le bord du fleuve où Jean, son cousin, baptise. Ainsi parle Matthieu : « Il arrive de Galilée au Jourdain vers Jean pour être baptisé par lui » (Mt 3, 13). Ces simples mots marquent son entrée dans la vie publique et expriment son désir d'être au milieu de son peuple. Il est Je Suis qui vient et se fait proche. En ce jour où il choisit de recevoir le baptême de Jean, « Jésus, revêtu de la puissance de l'Esprit Saint, fait son entrée sur la scène du monde pour révéler le Royaume de Dieu et l'inaugurer[4] ».

Au moment d'accomplir un geste religieux marquant, Jésus ne se présente pas au temple, ni à la synagogue, ni aux docteurs de la loi, mais il va trouver Jean le Baptiste pour recevoir de lui le baptême de conversion. Il choisit librement de se joindre à la foule, de se mêler aux gens qui, de tous les milieux, de toutes les catégories sociales, viennent écouter la parole du prophète et qui, conscients de leurs péchés, demandent le baptême. C'est ainsi qu'il s'approche de son peuple. Il se fait solidaire des pécheurs venus reconnaître leurs fautes et faire le geste qui, en les purifiant, les engage à changer leur façon de vivre. Le Verbe s'est fait chair pour entrer dans notre besoin de conversion et de communion. Ce geste d'être avec les pécheurs, Jésus le

---

[3] F. Varillon, *L'humilité de Dieu*, Paris, Le Centurion, 1974, p. 150.
[4] P. Bossuyt et J. Radermakers, *Jésus, parole de la grâce selon saint Luc*, Bruxelles, Institut d'Études Théologiques, 1984, p. 168.

refera maintes fois au cours de sa vie publique en partageant leur existence, leur marche, leur repas : « Je ne suis pas venu appeler les justes, mais les pécheurs » (Mc 2, 17). C'est ainsi qu'il voit sa mission.

Inspiré par l'Esprit, Jésus entre dans les eaux du Jourdain après avoir répondu à Jean qui s'étonne : « Laisse faire pour l'instant, il convient d'accomplir toute justice » (Mt 3, 15). Ce « il convient » n'a rien de la condescendance de celui qui veut faire comme les autres pour ne pas être remarqué ou pour obéir à la loi. Jésus est la Vérité, il ne peut faire semblant. Il *convient* ou il *faut* s'avère donc une exigence de son cœur amoureux. Il est venu accomplir la justice. La façon dont il l'accomplit sur la rive du Jourdain sera la même tout au long de sa vie à ciel ouvert. Lui, le Juste, vient remettre debout toute personne écrasée ou humiliée, se faire proche de l'exclu et du blessé, donner aux enfants du Père ce qu'ils attendent au plus profond de leur cœur. Alors, Jean laisse Jésus *s'approcher des siens*. Il entre dans le Jourdain comme il entrera dans la vie de ses contemporains et dans tout le mal qui les empêche d'être un homme, une femme, un fils, une fille.

Sortant de l'eau, Jésus voit le ciel s'ouvrir et, sur lui, descendre le Souffle. Le ciel s'ouvre, parce qu'entre Jésus et le Père il n'existe aucun obstacle. Le contact est direct. Le ciel s'ouvre parce qu'ici se termine la longue attente de l'humanité. La prière du peuple : « Ah ! si tu déchirais les cieux » (Is 63, 19), est exaucée. Le ciel se déchire, donnant à tout être humain accès à la relation d'intimité vécue au sein de la Trinité. Pas d'épée fumante ni de flamme, pas de sandales à ôter, seulement une parole d'infinie tendresse : « Tu es mon fils bien-aimé, je t'ai moi-même engendré aujourd'hui. » Le voilà, ce Fils attendu depuis la première aube du monde et annoncé par les prophètes depuis les temps anciens. Il est là, accueillant tout l'amour du Père et lui répondant de tout son être de Fils. L'Esprit Saint apporte au Fils la parole du Père. Personne d'autre n'a entendu ces confidences. Quelle émotion, mais aussi quelle force, pour Jésus, d'entendre ces mots : « Tu es toute ma joie ! » Jésus s'est approché des enfants du Père, et le Père confirme sa mission. Il trouvera toute sa joie à servir le Père et à aller à la rencontre de ses filles et de ses fils. Il n'aura pas d'autres projets que ceux du Père.

Jésus entre dans sa vocation avec assurance. Il sait maintenant ce qu'il doit faire *pour être aux affaires du Père*. Tout s'est accompli avec discrétion et douceur. Le baptême restera dans sa vie un événement important. Cette expérience bouleversante marquera toute son action. Et « tant qu'il n'a pas atteint son heure, celle de sa mort, le Christ demeure un voyageur en marche vers son but[5] ».

Immédiatement après son baptême, Jésus se retire au désert, car, pour accomplir le dessein du Père, il a besoin que l'Esprit Saint grave dans son cœur cette parole nourrissante : « Tu es mon fils bien-aimé, tu es toute ma joie. » Le désert s'avère un lieu de dépouillement, de vérité, de rencontre avec lui-même et avec le Père. Là, en silence et dans le secret, il se prépare à entrer dans une nouvelle étape de sa vie : faire connaître Dieu aux gens de son pays et de son époque. Cependant, le message qu'il s'apprête à annoncer et pour lequel il donnera sa vie ne sera compris qu'après sa mort et sa résurrection.

---

[5] *Ibid.*, p. 87.

Des rencontres bouleversantes

*Quand le Dieu qui m'inspire
apparaît sur ton visage.*
F. Hölderlin[6]

Dès son retour du désert, Jésus vit son quotidien et chemine sous le regard du Père, s'arrêtant là où un fils, une fille l'attend sans le savoir. Sans empressement, il travaille déjà à établir, entre le Père et ses enfants, la relation d'amour voulue depuis bien avant la fondation du monde : toi en moi et moi en toi. Même s'il n'a pas encore été au bout de sa vie, il se dégage de lui une plénitude qui donne à ses paroles comme à ses gestes quelque chose de divin. Il remplit avec douceur sa mission d'être, parmi ses frères humains, le Fils bien-aimé en qui le Père met toute sa joie. Il fait route avec eux. S'il entre dans leur vie, c'est pour apporter lumière, guérison, espérance. Chemin faisant, il s'arrête pour accomplir la justice là où l'Esprit le conduit.

La nouvelle naissance (Jn 3, 1-21)

Nicodème, notable juif et membre du sanhédrin, a entendu l'enseignement de Jésus. Il a vu des signes : des aveugles voient, des muets parlent, des boiteux marchent. Il reconnaît en Jésus quelqu'un qui a une relation privilégiée avec Dieu. Il vient à Jésus, ne sachant pas que c'est Jésus qui vient d'abord à lui. De nuit, il est reçu par la Lumière du monde. « Nicodème cherche Dieu dans la nuit tant qu'il n'a pas reconnu en Jésus la lumière[7]. »

---

[6] Internet : citation de F. Hölderlin.
[7] X. LÉON-DUFOUR, *Lecture de l'Évangile selon Jean*, tome 1, Paris, Seuil, 1987, p. 287.

L'entretien commence par une parole de reconnaissance : « Tu es un Maître envoyé par Dieu. » Mais Jésus prend l'initiative de la conversation : « À moins de naître d'en haut, nul ne peut voir le Royaume de Dieu. » Surpris, Nicodème éprouve de la difficulté à passer de sa tête à son cœur. Il questionne : « Comment un homme peut-il naître, une fois qu'il est vieux ? » Et Jésus reprend : « À moins de naître d'eau et d'Esprit, nul ne peut entrer au Royaume de Dieu. »

Déjà dans son prologue, l'apôtre Jean présente une idée semblable : pour devenir enfant de Dieu, il faut avoir été engendré non par le sang, ni la chair, ni un vouloir d'homme, mais par Dieu même (cf. Jn 1, 12). Être engendré par Dieu, c'est, pour l'être humain, recevoir en lui la vie même de Dieu. Si le Père engendre éternellement, cela ne peut se faire que dans l'Esprit. C'est l'Esprit qui éveille, renouvelle et protège la vie. Ce n'est pas par nos efforts et par nos mérites que nous y arrivons. C'est un don. Et il n'existe aucun truc pour y parvenir. Sans l'intervention de Dieu, les êtres humains n'accèdent pas à la vie éternelle. Nicodème ne comprend pas. C'est un langage tellement nouveau.

Alors, Jésus prend l'exemple du vent. Et Nicodème découvre qu'il s'agit d'une naissance spirituelle, que le maître d'œuvre de la nouvelle naissance est l'Esprit ; mais une question demeure : « Comment cela peut-il se faire ? » Au docteur de la loi, Jésus explique les Écritures, lui parle de lui, du mystère de l'incarnation, de l'amour du Père qui n'a pas envoyé son Fils dans le monde pour le condamner, mais pour le sauver. Or, être sauvé, c'est accueillir tout le déferlement de l'amour de Dieu sur soi, sur le monde ; c'est avoir accès à la vie éternelle, ce que l'être de chair ne peut faire par lui-même. C'est pour cela que la lumière est venue dans le monde. Mais chaque personne a le choix de l'accueillir ou non. Quant à Dieu, il n'a qu'une volonté : donner sa vie en abondance à qui la désire. Il ne violente pas, car il est doux et humble de cœur.

Nicodème ne refuse pas. Il se tait. Il sort de scène sans voir la lumière, mais dans sa nuit une lueur s'est levée. Il devra faire l'expérience que l'être humain est incapable de rencontrer Dieu par lui-même. Il lui faudra naître d'en haut pour que ses yeux s'ouvrent. On reverra plus tard ce grand personnage prendre la défense de Jésus. Cette nuit-là, il n'était pas prêt, tout simplement.

À l'heure du midi (Jn 4, 1-42)

Poussé par l'Esprit, Jésus traverse la Samarie. Fatigué, il s'assoit près du puits de Jacob pendant que ses disciples partent à la recherche de provisions. Il est midi. Une femme de Samarie vient puiser de l'eau. À cette heure, à cause de la grande chaleur, elle ne risque pas de faire de rencontres. Ce jour-là, cependant, quelqu'un l'attend.

Jésus prend l'initiative : « Donne-moi à boire ! » Surprise, car les Juifs ne parlent pas aux Samaritains, elle n'hésite pas à lui faire sentir la distance qui les sépare, et son étonnement peut se traduire par : « Quoi ! J'existe pour toi ? » Mais Jésus poursuit : « Si tu savais le don de Dieu pour toi, c'est toi qui m'aurais demandé à boire et je t'aurais donné de l'eau vive. » Elle semble vouloir le faire attendre, mais Jésus, avec douceur, entre dans sa vie pour enlever la pierre qui bloque son cœur et l'empêche d'être heureuse. Progressivement, l'entretien devient sérieux : « J'ai eu cinq maris. » Sans doute avait-elle rêvé du grand amour qu'elle cherche toujours. Jésus n'est pas là pour reprocher ou juger, mais lorsqu'elle dévie la conversation en parlant du lieu de prière des Samaritains, il entre dans son histoire telle qu'elle est, dans son cœur avec ce qu'il vit, et lui fait comprendre que le temple, c'est elle. Elle est le lieu où Dieu habite, et c'est toujours l'heure d'accueillir la Parole et d'adorer. Émue, elle change à nouveau le sujet de la conversation en parlant du Messie attendu par les Juifs. Alors, Jésus se révèle : « Je le suis, moi qui te parle. » Je Suis là et tu en fais l'expérience. Les yeux de la femme s'ouvrent et elle reconnaît l'Amour. Elle laisse Je Suis faire surgir en elle les eaux jaillissantes en vie éternelle et, sur l'heure, oubliant ses cruches, libre, remplie de joie, elle court en ville. Elle est pressée, car il lui *faut* dire aux autres : « J'ai rencontré quelqu'un ! » De sa plénitude, elle a tout reçu, et grâce pour grâce (cf. Jn 1, 16).

Jésus devait passer par la Samarie, car il lui fallait, depuis la fondation du monde, rencontrer cette femme pour la libérer. Elle sait maintenant que sa vie est un temple et qu'elle n'aura plus jamais soif, ayant trouvé la source d'eau vive. Elle a accès à la relation d'intimité avec Dieu, elle, une pécheresse ! « Si tu savais le don de Dieu. » Il faut, encore aujourd'hui, que Jésus passe par nos vies pour nous libérer du mal qui éteint la lumière, nous empêche d'aimer et de bondir vers les autres. Il lui faut passer par nos cœurs pour dire : Je Suis là, toujours tourné vers toi.

Le temple, c'est Jésus, c'est son cœur ouvert et c'est aussi mon histoire telle qu'elle est : « Nous viendrons et nous ferons chez toi notre demeure. » Comme la femme de Samarie, je peux oublier mes cruches pleines de regrets, de plans, de culpabilité, de doute, d'inquiétude. Léger, mon cœur se hâte d'aller dire aux autres : « J'ai vu le Seigneur » (cf. Jn 20, 18).

Cette femme de Samarie accueille Jésus fatigué. Elle puise l'eau profonde dont il a besoin. Et elle court annoncer la Bonne Nouvelle aux gens de son village. Il est facile de faire un lien avec le « Salut ! » (cf. Mt 28, 9) que Jésus ressuscité adresse aux femmes au coin d'une rue de Jérusalem. Elles allaient vers lui parce qu'il venait à elles pour faire d'elles les porteuses de la plus grande Nouvelle de tous les temps : « Il est vivant ! » Le jour viendra peut-être où les hommes d'Église, fatigués, demanderont aux femmes de leur donner à boire. Avec eux, elles puiseront l'eau qui redonnera vie à un Corps épuisé.

Mais où sont-ils ? (Jn 8, 1-11)

Jésus parut dans le temple. Dès l'aurore, il vient. Il enseignait, quand des scribes et des pharisiens lui amènent une femme qui a enfreint la loi de Moïse en commettant l'adultère. Le procès a eu lieu, le verdict est tombé et est sur le point d'être exécuté : lapidation. Avant, ils se servent d'elle pour tendre un piège à Jésus, qui semble ne pas être très fidèle à la loi. Ils sont curieux d'entendre ce qu'il dira, et ils pourront le dénoncer aux autorités. Nous ignorons le nom de cette femme et les motivations qui l'ont conduite à tromper son mari. Sans doute cherchait-elle aussi un peu d'amour et de bonheur.

Jésus reçoit cette meute assoiffée de scandales. Il sait le motif qui les fait venir. Il mesure l'hypocrisie dont leur cœur est souillé. Il devine l'immense détresse de la femme qu'ils ont brutalement jetée à ses pieds. Il la voit profondément humiliée et submergée par la honte. Jésus, doux et humble de cœur, baisse les yeux et s'incline vers le sol. Il ressent de la peine devant leur violence gratuite. Eux, ils le pressent de répondre à leurs questions insidieuses : « Es-tu d'accord avec la loi de Moïse ? Toi, le Maître, que penses-tu de l'agir de cette femme ? Que dis-tu, toi ? »

Ils reçoivent une réponse pour le moins inattendue : « Que celui qui est sans péché lui lance la première pierre. » Les voilà pris dans leur propre piège par cette parole pleine de douceur, mais sans équivoque. Tout bascule. Se regardant à la lumière de la Parole qui éclaire sa conscience, chacun se découvre pécheur. Chacun reconnaît la dureté de son cœur, son intransigeance, sa malhonnêteté. Un à un, ils quittent la place, en commençant par les plus vieux. La femme se retrouve seule avec Jésus. Il lui demande : « Où sont-ils ? Personne ne t'a condamnée ? » « Personne », dit-elle. « Moi non plus, je ne te condamne pas. Va, désormais ne pèche plus. » En d'autres mots : « Reste en route. Reprends ta marche. Je Suis avec toi. » Jésus n'est pas venu pour condamner, mais pour sauver.

Maurice Zundel n'hésite pas à dire que, d'adultère qu'elle était, cette femme est maintenant « virginisée ». Jamais elle n'oubliera le regard de Jésus. Jamais elle n'a vu un tel regard de compréhension, de respect, sans mépris. Regard qui la remet debout, qui lui permet de retourner chez elle digne, libre et tournée vers celui à qui elle doit le salut. Voilà comment Jésus accomplit la justice. Quand Dieu regarde, il guérit.

Il vient pour demeurer (Lc 19, 1-10)

Le publicain Zachée exerce la profession de collecteur d'impôts. Tâche non enviable, car le collecteur d'impôts est considéré comme un voleur et on lui reproche de collaborer avec les Romains. Aussi, on lui parle peu et on l'exclut de la communauté. Pourtant, Zachée est riche. Il a entendu parler de Jésus et, en lui, s'installe une irrésistible envie de le voir. Un jour, il entend dire qu'il passera dans sa rue. Petit de taille, il abandonne tout orgueil et grimpe dans un arbre. Il croit voir Jésus, mais c'est Jésus qui le voit et qui prend l'initiative de la rencontre : « Zachée, descends vite, car il me faut aujourd'hui demeurer chez toi ! » Le cœur de Zachée ne fait qu'un tour. Il descend de l'arbre et reçoit Jésus chez lui. Douce est l'approche de Jésus.

Dans la foule, on murmure : « Il va manger avec des pécheurs. » Mais Jésus n'entre pas dans ce jeu. Il ne compare jamais. Il aime, c'est tout. Il regarde le cœur et voit l'invisible. Pour lui, les *riches* sont ceux qui savent, qui ont trouvé, qui sont imbus d'eux-mêmes, ceux qui sont des aveugles volontaires, ceux qui se croient rendus, qui n'ont plus rien à apprendre, ceux qui sont parfaits et qui se permettent de juger les autres. Zachée ne fait pas partie de ces riches. Il se sait déjà pécheur. Il accueille vitement l'homme *qui passe en faisant le bien*. Au contact de la Lumière venue dans le monde, le cœur de Zachée s'ouvre tout grand. Il n'est plus le même. Il connaît la joie. Devant Jésus et ses invités, il décide de donner la moitié de ses biens et de réparer le tort qu'il a fait aux autres. Ébloui, Jésus s'émerveille : « Aujourd'hui, cette maison a reçu le salut. »

Recevoir le salut, c'est avoir accès à la vie éternelle gratuitement. Recevoir le salut, c'est croire que Dieu est plus grand que notre cœur et qu'il nous aime comme nous sommes. Recevoir le salut, c'est accepter de naître d'en haut et de recevoir la vie d'un autre. Jésus n'est pas venu condamner ni même faire des reproches, il est venu dire aux pauvres de cœur qu'ils sont des filles et des fils bien-aimés. C'est aujourd'hui que cela se passe et ce n'est pas trop beau pour être vrai !

Une liberté chèrement acquise (Lc 7, 36-50)

Jésus, invité par Simon le pharisien, entre et prend place à la table. Arrive une femme qui porte un vase de parfum et qui marche directement vers lui. Pour Simon, elle est une femme de mauvaise vie, une pécheresse que certains de ses invités connaissent déjà. Pour Jésus, elle est une fille bien-aimée du Père, profondément blessée par la vie, et qui a besoin de retrouver sa dignité. Elle n'est pas nommée. Elle porte aussi notre nom.

J'aime lier ce récit au verset du Cantique des cantiques : « Qui est celle-ci qui monte du désert, appuyée sur son bien-aimé ? » (Ct 8, 5), et je mesure mieux le courage de cette femme qui, pour rencontrer Jésus, doit faire face à des juges. Décidée, à visage découvert, sans honte, elle avance, sûre de celui vers qui elle va. Ses cheveux sont défaits et des larmes de repentir et de joie tracent des chemins sur son visage tendu vers celui que son cœur aime. Deux regards se rencontrent. On respire le silence. De ses larmes, elle lave les pieds de Jésus, les essuie de ses cheveux et les couvre de parfum. Ces gestes expriment le don et l'accueil sans condition de part et d'autre. Avec douceur, sans condition, Jésus accueille la femme. Il voit l'invisible.

Simon, le bien-pensant, regarde la scène, suffoqué. Intérieurement, il juge selon ses critères. Le sachant, Jésus lui parle sans détour : « Les gestes de simple hospitalité que tu aurais dû faire envers moi, cette femme les a faits. Elle a montré beaucoup d'amour. » C'est cela que Jésus voit, le chemin de cette femme qui a accueilli la parole. Il dit à la femme : « Tes péchés sont remis. Ta foi t'a sauvée. Va en paix. » Ces mots qui veulent dire toujours : « Reste sur la route où je suis. Marche en ma présence et essaie d'aimer mieux. » Oui, c'est Dieu qui justifie, dit saint Paul. C'est lui qui rend digne. La femme maintenant « justifiée et virginisée » est transfigurée, car elle a vu la joie que Dieu a de la recevoir. Elle a revêtu aujourd'hui les habits du salut. Le Verbe s'est fait chair dans la réalité humaine de cette prostituée comme dans celle de Zachée, de la Samaritaine, de la femme adultère, de la mienne.

La nuit devient nappe de lumière (Mc 10, 46-52)

Avec ses disciples, Jésus sort de la ville de Jéricho. Au bord de la route est assis Bartimée, un mendiant aveugle. Il entend la foule et s'enquiert. Dès qu'il apprend que c'est Jésus qui vient, il se met à crier : « Jésus, Fils de David, aie pitié de moi. » Pour les juifs, s'il est aveugle, c'est qu'il a péché. On le tient donc à l'écart et on le rabroue pour le faire taire. Mais Bartimée hurle encore plus fort : « Jésus, aie pitié de moi ! » Jésus s'arrête. Il fait venir l'aveugle. S'approchant de lui, il demande : « Que veux-tu que je fasse pour toi ? » Bartimée répond : « Maître, que je voie ! » « Va, lui dit Jésus, ta foi t'a sauvé. » Ce « Va » de Jésus remet l'aveugle en marche. Venant de Je Suis, ce mot ne peut que signifier : « Fais route sans cesse avec moi. Reste en route. Reprends ta marche. Je suis avec toi. » On ne verra plus Bartimée assis sur le bord du chemin à la sortie de Jéricho, car il marche maintenant avec la foule à la suite de celui qui l'a regardé avec compassion. Il est en route avec Celui qui s'est arrêté pour lui non parce qu'il était riche ou mendiant, mais parce qu'il est un fils bien-aimé du Père et que, pour cela, il en vaut la peine.

Aujourd'hui, à l'âge que nous avons, là où nous sommes, Jésus s'arrête pour nous demander : « Que veux-tu que je fasse pour toi ? » Ce serait si simple de nous arrêter aussi et de lui dire : « Que je voie ! » Mais pour cela, il nous faut admettre notre cécité et notre incapacité de renaître d'en haut. Il faut avoir saisi que la prière la plus vraie, la plus intense, la seule nécessaire est un cri de douleur, un éclair de joie qui jaillit des profondeurs de notre être : « Seigneur, prends pitié ! » Alors seulement, nous comprendrons que la seule demande qui a du sens et qui rejoint notre unique besoin est : « Que je voie ! » Tout ce dont j'ai besoin se trouve contenu dans cette prière, car nos yeux, comme notre cœur, désirent déchiffrer ce Visage si proche de nous, *voir* la lumière émerger de notre nuit. « Seigneur, que je voie ! »

La mort d'un ami[8] (Jn 11, 1-44)

À Béthanie vivent des amis de Jésus : Marthe, Marie et leur frère Lazare. Un jour, on annonce à Jésus la mort de Lazare. Lorsqu'il arrive sur les lieux, Lazare est déjà au tombeau, car sa mort date de quatre jours. Jésus reçoit d'abord la peine de Marie, puis celle de Marthe, qui lui reproche de n'être pas venu plus rapidement. Nous sommes dans un contexte d'amitié. Jésus, avec tendresse et douceur, révèle à Marthe que la résurrection, c'est lui et c'est maintenant. Ce qui semble impossible. Mais ce serait oublier que Dieu agit presque toujours dans des situations impossibles. Pensons au peuple en Égypte qui vit dans l'esclavage. Ce même peuple en marche dans le désert n'a plus d'eau. À la piscine de l'eau qui guérit, l'aveugle-né ne peut se rendre. Impossible au larron en croix d'aller en paradis. Plus de vin à

---

[8] Je me suis inspirée ici des notes personnelles de la retraite de *Trente Jours* de 1984, prêchée par Bernard Laperrière, Villa Saint-Martin, 1984.

Cana. Et maintenant Lazare, mort depuis quatre jours ! C'est peut-être au moment où l'être humain est rendu au bout de ses possibilités et qu'il se tourne vers Dieu que Dieu intervient ? En effet, les parents et les amis se tournent vers lui et lui disent, en employant ses propres mots : « Viens et vois. »

Alors, Jésus s'approche du tombeau de Lazare. Il frémit. Ce frémissement exprime sans doute toute la colère de Dieu devant ce qui arrive aux êtres humains, et là, c'est un ami cher à son cœur que la mort a fauché. Jésus pleura. Réaction profondément humaine devant la perte incompréhensible d'une personne aimée. Dieu pleure. On ne s'attendait pas à cela ! Un Dieu sensible à la peine des autres, on ne peut y croire. Pourtant, ce jour-là, des témoins, des amis ont vu que Dieu avait un cœur et qu'il était touché par ce qui arrive à ses enfants. « Qui me voit voit le Père. » Jésus se tourne vers le Père et le prie d'intervenir. Ensuite, il *vient* vers Lazare et lui dit : « Viens dehors ! » Lève-toi, marche ! Reprends la route, mon ami. On sait bien que seuls les vivants marchent.

On perçoit à nouveau la grande délicatesse de Jésus, sa manière d'intervenir avec douceur. Il dit aux deux sœurs et aux amis : « Déliez-le et laissez-le aller. » Ils reçoivent leur mission, et elle s'avère aussi la nôtre : délier, faire justice. Enlever à toute personne rencontrée les liens qui l'empêchent de rester debout, de prendre la route, de vivre. Il y a tant de liens à défaire, en nous et autour de nous, pour que nous marchions libres et heureux, même en portant nos grabats et nos blessures. À divers degrés, nous sommes tous prisonniers de nos liens. Nous avons besoin des autres pour les délier, et les autres ont besoin de nous pour être déliés. Ces liens tissés à même nos manques, nos erreurs, nos complexes, nos regrets, nos fermetures, nos peurs, notre orgueil s'avèrent solides. Ce sont eux qui limitent notre liberté, notre générosité et notre joie. Ils conduisent à la violence et à l'injustice. Délier, c'est rendre à quelqu'un sa douceur.

Délier et *laisser aller*. C'est si difficile de savoir partir. De laisser partir ses enfants, ses projets, ses institutions, ses fondations, ses œuvres, sa santé, sa vie. Il arrive que l'on délie avec une très bonne volonté, mais on prend souvent possession de ce que l'on a délié. Laisser aller. Laisser faire. Laisser être. Laisser vivre. Laisser libre. C'est certainement une façon de se libérer soi-même et de libérer les autres, en douceur.

* * *

Mitan 14

Dans un lieu tranquille, fais silence et cherche[9] dans ta Bible le récit qui t'a marqué le plus au cours de ta vie. Relis lentement ce récit en te concentrant sur l'événement, ce que font les personnes, ce qui leur arrive, leurs réactions, comment elles rencontrent Dieu. Écoute attentivement toutes les paroles prononcées. Cherche à approfondir leur sens. Prends le temps.
Maintenant, tu peux appliquer ce récit à ta vie personnelle. Considère-toi comme la personne rencontrée et aimée. Rappelle-toi, dans ton histoire, un événement où tu as concrètement expérimenté l'amour de Dieu. Décris-le comme un récit biblique, à la troisième personne, de sorte qu'il pourrait être lu au cours d'une liturgie, sans que l'on sache que c'est toi : un personnage fait l'expérience d'un geste d'amour, réagit, etc. Glisse ton récit dans ta Bible, il en fait maintenant partie.
Trouve l'occasion de lire cette expérience à un groupe et partage avec eux.

---

[9] Cette expérience est inspirée du manuel *La spiritualité Sagesse. Pèlerinage intérieur de la tête au cœur*, Période A, Exercice 2, préparé par H. Blommestijn et J. Huls, Institut Titus Brandsma, Nimègue, 1996.

15

MOURIR D'AMOUR

Expliquez-moi la douceur de Jésus.
Expliquez-moi auparavant la douceur de Marie, sa mère,
à qui il ressemble dans la douceur du tempérament.
(L.-M. de Montfort[1])

---

[1] L.-M. DE MONTFORT, *ASE*, 118.

La douceur du cœur de Dieu

Mon enseignement ruissellera comme la pluie, ma parole comme la rosée.

Dt 32, 2

Une histoire de don et d'accueil

La Sagesse éternelle, lors de la création du monde, s'ébattait sur la surface de la terre et mettait ses délices à fréquenter les enfants des hommes (cf. Sg 8, 21). Elle n'a cessé de venir au milieu de sa création, mais on ne l'a pas reconnue. Elle s'incarne, se fait proche, enseigne, guérit, aime, mais les siens l'ont menée à la mort. Dans cet événement éprouvant, Jésus, la Sagesse incarnée, reste douceur. Il n'a qu'une arme pour se défendre : l'amour.

Regarder Jésus se laisser conduire à la mort, sans un mot, sans une plainte, rappelle la longue marche d'Abraham vers Moriyya où il menait son fils unique, Isaac, au lieu de son immolation. Confiant, Isaac suivait son père, lui demandant où ils trouveraient l'agneau pour le sacrifice. Le cœur brisé, Abraham le rassurait en disant : « Dieu y pourvoira. » Il ne savait pas, ce père, qu'en allant au bout de lui-même il ferait l'expérience de la douceur de Dieu. En effet, un ange sauve *in extremis* le jeune Isaac. Dieu en a assez du sang humain répandu pour lui rendre hommage. Il est Je Suis qui veut l'être humain vivant et dans la joie.

Dieu intervient pour sauver Isaac, mais il se fait silence lorsque son Fils bien-aimé, en qui il met toute sa joie, se laisse étendre sur la croix. Ne faut-il pas qu'un seul homme meure pour rassembler tous les autres et leur donner accès à la vie éternelle ?

Aussi, le Fils, marchant sous l'ombre de l'Esprit, va vers le Père en accomplissant librement la volonté des hommes qui ne l'ont pas reconnu. Lorsqu'il ressuscite d'entre les morts, ses amis ne le reconnaissent pas. Quelle puissante barrière empêche donc le cœur humain de reconnaître Dieu et de l'accueillir ? Entre le Père et ses enfants, la distance serait-elle à jamais infranchissable ?

Avant d'entrer dans l'ultime tentative de Dieu pour nous charmer, il faut laisser monter à l'intelligence de notre cœur cette réalité : l'amour de Dieu pour l'être humain est inconditionnel, absolu, total, sans mesure, sans contrainte, sans condition. De son côté, l'être humain prétend être capable d'aimer Dieu totalement, mais il n'est pas Dieu. Il est donc vulnérable, limité, peureux. Tout le porte à se protéger, à penser d'abord à lui. Il aime, mais à certaines conditions, et il atteint vite sa limite. Ce n'est pas toujours par méchanceté, mais à cause de la faiblesse inhérente à sa nature et de l'incohérence de ses choix.

Bien sûr que nous sommes capables d'aimer, mais comme des humains appelés à aimer à la manière de Dieu. Et cela nous fait peur. En effet, notre logique humaine nous amène à avoir peur de perdre notre vie. Par Jésus, Dieu entre totalement dans cette peur et cette incapacité d'aimer. Le désir de se centrer sur lui-même et de se protéger n'a pas de prise sur Jésus, car il aime passionnément un autre que lui : le Père. Pour lui, vivre, c'est aimer. C'est ce qu'il nous enseigne : « Ayant aimé les siens qui étaient dans le monde, il les aima jusqu'à la fin » (Jn 13, 1).

Il y a bien en moi toujours cette peur que, si je donne tout à Dieu, je n'aurai plus rien ; si je marche avec lui, je ne serai plus libre ; si je lui dis *oui,* je ne serai plus maître de ma vie. Pourtant, c'est tout le contraire qui se produit. Je n'ai qu'à regarder Marie, Joseph, Jésus, Zachée, la femme adultère, l'apôtre Pierre, François d'Assise, Marie-Louise Trichet, Mère Teresa, Titus Brandsma, l'abbé Pierre, etc. Ils n'ont rien perdu : au contraire, leur cœur était tout brûlant. Lorsque je sens cette peur m'envahir, monte en moi cette prière du psalmiste : « Au rocher trop haut pour moi, conduis-moi, Seigneur » (Ps 61, 3). Toute seule, je n'arriverai jamais « à traverser les ravins de la mort » (Ps 23, 4), car la peur me gagnera. À moins de me tourner vers l'Inconditionnel et me laisser aimer, mes pas s'arrêteront. Isaac n'avait pas peur, car il était sûr de l'amour de son père. Jésus, lui, a connu une peur terrifiante au jardin de Gethsémani. Ce n'est pas de son Père qu'il avait peur, mais des hommes, ses frères. Cependant, une fois son *oui* prononcé, la peur n'a plus de prise. L'amour est plus fort que la mort. Seule une grande douceur l'habite.

Un mouvement incessant d'amour

Tout au long des trois années de sa vie publique, la Sagesse incarnée rejoint les esprits les plus brillants et les esprits les plus démunis de son temps. Elle n'évite personne, elle n'exclut personne. En qui la reçoit, « elle verse en son cœur une joie, une douceur et une paix indicibles, même parmi les amertumes et les tribulations les plus rudes[2] ».

Des gens de tout acabit l'accueillent et trouvent la joie. Certains établissent une distance. D'autres n'acceptent pas la logique de la Sagesse éternelle, incarnée en Jésus de Nazareth, qui prend plaisir à habiter chez les humains et à entrer avec douceur dans leur tristesse, leur déception, leur souffrance. Cette manière d'agir les déconcerte et fait basculer leur connaissance de Dieu et leur logique. Par son franc-parler, sa franchise, sa manière d'obéir à la loi, son intimité avec Dieu, Jésus se fait des ennemis. S'il est condamné, c'est que sa vie et son message dérangent. Les dirigeants religieux trouvent que cet homme leur enlève leur pouvoir et sape leur autorité. Eux, ils se croient investis du pouvoir de faire connaître Dieu et ses lois. Ils ne peuvent accepter qu'un homme, ordinaire et sans instruction, parle et soit écouté. Peu à peu naît

---

[2] *Ibid.*, 98.

une évidence : il faut éliminer ce Jésus. Peu à peu, la croix se dessine et elle ne pourra se comprendre que dans la logique de l'amour. D'où ce cri de Montfort : « La Sagesse est la Croix et la Croix est la Sagesse[3]. » C'est l'amour, c'est le feu, c'est Dieu.

La mort brutale de Jésus est la fin logique de sa vie d'homme libre et transparent vécue à ciel ouvert devant Dieu et devant les hommes. À celles et à ceux qui ont des oreilles pour entendre et des yeux pour voir, il est donné de percevoir que le succès de Jésus, c'est lui-même. Tout n'est pas qu'échec. En toute chose, et même dans la mort, il demeure égal à lui-même et tourné vers son Père et vers nous.

De la parole aux actes

Parce que la souffrance et la mort font partie de la vie humaine, parce que Dieu nous respecte et nous laisse libres de nos choix, parce qu'il ne peut pas vivre notre vie et notre mort à notre place, Jésus, le fou d'amour pour le Père et pour les êtres humains, n'a d'autre choix que d'entrer dans ces réalités qui touchent la femme et l'homme de tous les temps. C'est ce qu'il a fait en s'incarnant, en entrant dans les eaux du Jourdain, en entrant à Jérusalem pour célébrer la Pâque. Maintenant, c'est dans la souffrance et la mort qu'il entre souverainement et librement. Il entre dans tout le mal qu'un être humain peut subir : violence, trahison, haine, mensonge, torture, mépris, agressivité, désespérance, révolte, pour y être amour et exercer la justice. Il va vers la croix sans aucune protection et en donnant trop de tout, gratuitement : pain, vin, amour, vie, esprit. Jusqu'à son dernier soupir, il reste ce qu'il a toujours été : doux et humble de cœur.

« Dieu a tellement aimé le monde qu'il a envoyé son Fils non pour le condamner, mais pour le sauver. » Jésus n'est donc

---

[3] *Ibid.*, 180.

pas venu pour calmer la colère de son Père, mais bien pour témoigner de l'amour de la Sagesse éternelle pour chaque être humain. Il n'est pas venu expier le péché de tous les pauvres Adam et Ève de ce monde, mais pour leur dire qu'il est possible de donner sa vie pour celles et ceux qu'on aime ; possible de traverser les orages de la vie, les souffrances incompréhensibles et même la mort, en demeurant amour ; possible de mourir en faisant aux autres le don de sa vie et de sa mort. « Qui perd gagne. » Nous perdons la vie terrestre, les êtres qui nous sont chers. Nous gagnons la vie éternelle, la sécurité des bras du Père. Mais nous ne le savons pas. Seul Jésus le sait, car il vient d'En haut pour nous le fait connaître.

Tout au long de sa passion, Jésus demeure accompagné par le Père et par l'Esprit. L'abandon n'est qu'apparent. Toujours, l'Esprit plane sur tous les chaos du monde pour éveiller la vie. Il est donc présent dans le désordre et la division qui règnent à Jérusalem et dans les cœurs, à ce moment particulier de l'histoire. Conduit par l'Esprit, le Fils va vers la croix et vers le Père. Il désire cette heure et choisit la croix parce que les siens l'ont choisie pour lui ; et lui, il les aime d'inclination. Il accueille la mort, dernière étape de la croissance humaine, en aimant sans rien vouloir en retour. Pour la logique humaine, c'est absurde. On ne donne pas sa vie pour rien, sans condition, sans être certain d'améliorer le sort de quelqu'un. Mais dans la logique divine, tout est gratuit. « Prends et mange. C'est ma vie. Je te la donne. » Et la croix devient l'explosion de la plus folle des gratuités. C'est trop beau pour que ce ne soit pas vrai !

La douceur en action

Il n'y a nulle part ailleurs où nous puissions voir avec autant d'acuité la douceur qui habite Jésus de Nazareth tout au long de sa passion et dans sa mort. Sa manière de vivre les événements parle silencieusement et passionnément d'amour, de gratuité, de pardon. Son silence n'a rien de méprisant, et lorsqu'il s'exprime, c'est avec bienveillance et vérité. Douceur et humilité marquent son entrée à Jérusalem à dos d'âne. Douceur et intimité se côtoient tout au long de son dernier repas, où il se livre à ses amis. Il leur confie sa vie, sous la forme du pain et du vin ; il leur promet la venue de l'Esprit qui désormais les accompagnera, et il leur lègue sa joie.

Douceur et accueil lors de son arrestation : « Qui cherchez-vous ? » « Jésus de Nazareth ! » « C'est moi. Laissez aller ceux-ci » (Jn 18, 4-5). Il est venu pour libérer et pour enlever toutes les chaînes, mais il se laisse enchaîner. Douceur et vérité tout au long du procès, où on l'amène de Pilate à Hérode à Pilate : « Es-tu roi ? » « Je le suis » (Jn 18, 37). Je Suis avec vous depuis toujours, mais vous ne me reconnaissez pas. Douceur et miséricorde dans son regard posé sur Pierre. Mon cœur est plus grand que ton reniement. Douceur et douleur au moment du verdict et du portement de la croix : « Ne pleurez pas sur moi » (Lc 23, 28). Car moi, je vais vers mon Père et votre Père. Pleurez plutôt sur celles et ceux qui ne savent pas qu'ils sont aimés.

Douceur et clémence à la crucifixion : « Père, pardonne-leur. Ils ne savent ce qu'ils font. » Ils ne voient pas que mon cœur brûle d'amour pour eux. Douceur, prévenance et protection pour sa mère à qui il donne un fils : « Voici ton fils » (Jn 19, 26). Marie ne restera pas seule. Elle perd un fils qui lui remet tous ses frères et sœurs à aimer et à protéger. Douceur et amour inconditionnel pour tous les enfants du Père : « Aujourd'hui, tu seras avec moi en paradis. » Incroyable promesse ! Pour les gens, ce larron est un bandit, mais pour Jésus, il est un fils du Père. Douceur et abandon dans la mort : « Père, je remets mon esprit entre tes mains. » Jésus remet au Père la vie qu'il a reçue de lui. C'est l'Heure enivrante d'un amour sans calcul où l'Esprit, qui est vie, est remis au Père et à l'humanité.

« Qui m'a vu a vu le Père »
(Jn 14, 9)

*De son côté ouvert coule de l'eau,
symbole johannique de l'Esprit Saint.*
F.-X. Durrwell[4]

Au bout du cœur

Pressés par le sabbat qui commence, les soldats précipitent la mort des crucifiés. Arrivé à Jésus, un soldat lui ouvre le cœur d'un coup de lance. Aussitôt coulent sang et eau. Comme le Père, Jésus donne trop de tout : sa vie, son souffle, son sang et même l'eau de son corps. Il est vidé. C'est le grand dépouillement qui achève la kénose du Fils. Il a vraiment tout donné dans une étonnante liberté et une ineffable douceur. Il meurt à ciel ouvert.

De leur côté, les autorités politiques et religieuses pensent avoir gagné, mais Jésus, fixé à la croix, demeure souverainement libre. Ses liens sont tissés à même les liens indestructibles qui unissent les Trois. Qui peut comprendre ? Du haut de la croix, il est seul à voir comment le péché peut détruire et déformer un cœur humain, ce cœur fait pour aimer. À vrai dire, il est moins victime de la haine que de son propre cœur qui bat trop fort par amour pour chacune et chacun de nous. Dans sa fragilité de mourant, il demeure, pour qui sait regarder, le Rocher, la Citadelle de salut, le Roi de l'univers, le Chemin, la Vérité et la Vie. C'est en ce lieu non-dit que l'on peut voir le mieux que la douceur est force immuable.

Les gens qui assistent à ce drame contemplent-ils ce cœur ouvert sur l'infini, à l'image des grands bras étendus qui embrassent le monde ? Le voile du temple s'est déchiré. Voient-ils le lien entre les deux déchirures ? Voient-ils que le temps ancien

---

[4] F.-X. Durrwell, *Christ notre Pâque*, p. 165.

a disparu et qu'un temps nouveau apparaît ? Ce corps en croix devient le vrai temple d'Ézéchiel (47, 1-12) d'où jaillit la source de vie. L'amour de Dieu est à portée de mains, à portée de cœur. La mort de Jésus n'est pas un échec, car ce qu'il a voulu est pleinement réalisé : donner à ses sœurs et frères humains plein accès au cœur du Père. « Avance, Thomas, mets ta main dans mes plaies, touche celle de mon cœur. » Il est ici, le temple. Et tous les Thomas du monde peuvent avancer : « Mon Seigneur et mon Dieu ! » Le chemin vers la vie est à jamais ouvert.

De la croix, le Verbe, toujours humble, doux, silencieux, enseigne d'une façon inédite que Dieu est amour sans fin. Saisis par la douceur qui se dégage de son être, le centurion et ses hommes, encore au pied de la croix, reconnaissent la sainteté de celui qui vient de mourir : « Vraiment, cet homme était le Fils de Dieu » (Mc 15, 39 ; Mt 27, 54). Mystérieusement, cette parole annonce déjà la résurrection. Comme le Père et l'Esprit, le Fils est fleuve de vie. La mort s'avère à jamais vaincue, car il est Je Suis, Jésus qui avait dit : « Quand vous aurez élevé le Fils de l'homme, alors vous saurez que Je Suis » (Jn 8, 28).

Une femme à l'âme transpercée

Au pied de la croix se tenaient Marie et Jean, deux êtres de douceur. Elle se tient là, Marie, sur la colline, enveloppée d'une indescriptible détresse. Pas de soif de vengeance, pas d'amertume, pas de révolte, seulement une immense douleur qui lui déchire les entrailles. Elle a sans aucun doute perçu la haine de certains groupes. Elle a vu l'envie et la jalousie envahir des cœurs. Elle a sûrement parlé avec son fils du danger qui le guettait, mais elle le savait tout entier aux affaires de son Père. En cette heure où *le glaive transperce son cœur* (Lc 2, 35), c'est tout son être de mère qui plie sous la souffrance de n'avoir pu protéger la vie de son fils. Il est toujours le fruit de son sein ! Et, comme toutes les mères de la terre, elle est une maman.

Dans la douleur de l'incompréhensible, du vide, du froid, de la nuit, du silence, la douceur habite Marie. N'est-elle pas la capacité d'aller jusqu'au bout de soi pour accomplir la justice ? La force ne consiste pas à résister et à se tenir debout pour être vu, mais à continuer la marche pour donner et protéger la vie. Cette douceur qui demeure en elle, elle l'a enseignée à son fils qui, dans sa mort violente et brutale, est resté doux et humble de cœur. Elle, la femme toute d'amour parce qu'elle est née de l'amour du Père et de l'Esprit en vue de former en elle le Fils, remet aujourd'hui entre leurs mains ce fils si cher. Elle l'a donné à l'humanité et elle est fidèle à ce don.

Lorsqu'elle quitte, avec Jean, ce lieu rouge et noir, ce lieu de haine et d'amour, ce lieu imprégné à jamais de la plus grande douleur et de la plus haute intensité de don, ce lieu où violence et brutalité ont fait ressortir la douceur dans toute sa force, Marie garde toutes choses dans son cœur. Elle est sans doute la seule à espérer, car elle sait que la vie est plus forte que la mort. Elle est la mère du Fils brisé mais non écrasé. Elle est la mère d'un Dieu rejeté mais présent. Elle est aussi la mère de l'humanité en marche vers son devenir. Comment cela se fera-t-il ? À Dieu, rien n'est impossible. Alors, contre toute espérance, Marie espère. À l'aube du matin de Pâques, une joie aussi grande que sa souffrance envahira son être. Dans le silence, elle recevra le Ressuscité et le serrera sur son cœur de mère avec chaleur et dévotion.

Il ne s'agit pas ici de s'apitoyer sur le sort de Jésus, mais de contempler ce que nous révèlent sa douceur et son silence ; d'admirer l'immensité de son amour ; de voir la beauté du Jour nouveau qui se lève. La mort de Jésus n'est pas un événement du passé. C'est un acte d'aujourd'hui. Je Suis ose exposer son cœur amoureux devant tous les êtres humains de tous les temps, de tous les siècles, de tous pays, de toutes conditions. De ce côté ouvert, plaie béante résultant d'une violence inutile, un torrent de vie s'écoule à jamais et avec abondance.

La déploration
(Détail de l'icône,
Emmanuel Lambados,
début du XVIIe siècle.
Musée byzantin, Athènes)

MITAN 15

Depuis longtemps, tu as rendez-vous au pied de la croix. Prends ta place près de Marie, Jean, Marie de Magdala, Marie, femme de Clopas, le centurion romain, Joseph d'Arimathie. Un peu plus loin, tu vois sans doute Nicodème, Bartimée, la femme adultère, le lépreux, le paralytique, Marthe, Marie, Lazare.
Avec eux, contemple la douceur ineffable de celui que l'on a crucifié. Laisse le Père te dire :
« *Voici mon Fils bien-aimé. Écoute-le.* »
« *Père, pardonne-leur, ils ne savent pas ce qu'ils font.* »
« *Aujourd'hui, tu seras avec moi au paradis.* »
« *Femme, voici ton fils.* »
« *Mon Dieu, pourquoi m'as-tu abandonné ?* »
« *J'ai soif.* »
« *Tout est achevé.* »
« *Père, en tes mains, je remets mon esprit.* »

16

RESSUSCITÉ POUR NOUS BÉNIR

*Unanimement, les évangélistes attestent que,
pour les disciples,
ce n'est qu'à partir de l'événement de Pâques
que s'est éclairée la vie antérieure de Jésus
et même la totalité des Écritures.*
(H. U. von Balthasar[1])

---

[1] H. U. VON BALTHASAR, *Pâques, le mystère*, Paris, Cerf, coll. Foi vivante, 357, 1996, p. 253.

L'irrépressible vie

*La foi s'est éveillée le jour de Pâques,
dans la rencontre du Ressuscité.*
F.-X. Durrwell[2]

Engendrement continuel

Avant de remettre son dernier souffle, Jésus se dessaisit librement de sa vie : « Père, je remets mon esprit entre tes mains. » « Tu es mon Fils, aujourd'hui je t'engendre » est la réponse du Père. Seule la Trinité est témoin de la résurrection de Jésus. « La puissance de Dieu est sans limites, mais il semble qu'elle ne peut accomplir œuvre plus grande que la résurrection de Jésus. La puissance s'y investit selon sa grandeur illimitée[3]. » Saint Paul affirme : « La plénitude de la divinité habite corporellement dans le Christ de gloire » (Col 2, 9). Le mystère pascal nous ramène au mystère de la création et au mystère de la Trinité, d'où surgit toute forme de vie. Dans la douceur, le Père engendre le Fils en le ressuscitant ; et le Fils, dans sa mort, se laisse engendrer. L'initiative de la résurrection est attribuée au Père, car il est la Source de vie.

La douceur est sans conteste l'attitude qui caractérise les récits de la résurrection. Douceur dans l'approche, dans la parole, dans l'enseignement, dans l'apprentissage. Jésus, ressuscité, n'a pas changé sa manière d'agir : il demeure doux et humble de cœur. Son premier souci est de donner sa paix et son souffle à ses proches, afin d'atténuer les ravages de la peur, de la désespérance

---

[2] F.-X. DURRWELL, *Christ notre Pâque*, Racines, Montrouge, Nouvelle Cité, 2001, p. 12.
[3] *Ibid.*, p. 27.

et du doute ! Eux, ils ont vécu un choc indescriptible. Lui, il a connu l'horreur dans toute son intensité. Vivant, il leur apporte à nouveau la douceur et la paix. Il les incite à la marche et à l'engagement. Chaque visite n'est pas inutile pour leur prouver qu'il est ressuscité. C'est le cri inattendu de Pâques : « Il est vivant ! » C'est la joie indicible du soir de ce premier jour de la semaine. Personne n'est témoin de ce moment trop intime pour être observé, mais les disciples peuvent affirmer qu'il est ressuscité parce qu'ils l'ont vu, après sa mort, manger et boire avec eux. Pas facile pour certains de croire à l'impossible, mais lorsqu'ils sont rejoints dans leur doute et leur peine, la foi s'affermit. Enfin convaincus que Christ est vivant, ils iront jusqu'au bout de leur vie et de leur cœur pour le dire au monde.

Ressuscité, Jésus s'approche de ses amis. Il ne s'impose pas, ne crie pas, ne fait pas de reproches. Il est. Il continue à vivre parmi les êtres humains comme Fils du Père, mais son action, ses gestes ne sont plus que les signes d'une autre présence qui va vers l'immensité du monde. La résurrection, c'est la vie qui se répand dans le monde. C'est l'incarnation de Dieu sur nos chemins d'aujourd'hui. Comme aux disciples, il nous est donné d'expérimenter la fidélité et la puissance de la Parole qui traverse le temps et la mort pour s'approcher de nous. Je Suis, parole qui ne change pas. Si Jésus n'était pas ressuscité, pourrions-nous croire que la vie est éternelle pour nous ? Pourrions-nous croire en Dieu, source de la vie qui dure ? En un Dieu qui s'approche de nous comme des disciples d'Emmaüs, de Thomas, de Marie de Magdala ?

Lumière de la résurrection

La résurrection de Jésus est le point de départ d'un questionnement extraordinaire : si Dieu l'a ressuscité d'entre les morts, c'est donc qu'il était avec lui. Et doucement, avec le temps, les disciples font une relecture de la vie de Jésus, de ses paroles, de ses gestes. En fait, c'est seulement après la résurrection qu'ils découvrent vraiment qui est Jésus et pourquoi il est venu, pourquoi il est mort et est ressuscité. S'il n'était pas ressuscité, nous n'aurions jamais entendu parler de lui. « Ne fallait-il pas que le Christ endurât ces souffrances pour entrer dans sa gloire ? » (Lc 24, 26).

Le don d'Emmaüs[4]

Le récit d'Emmaüs est fait pour dire où le Ressuscité se trouve réellement présent.
J. Guillet[5]

Jésus, le Ressuscité, est méconnaissable. Ses amis, même les plus proches, le prennent pour un étranger. Il faut dire que Jésus est entré dans une vie nouvelle, la vie du Dieu éternellement vivant. C'est une expérience neuve si profonde, si personnelle, si intense, que sa vie s'avère transformée et son corps transfiguré. Il n'est plus prisonnier du temps et de l'espace. C'est le commencement d'une création nouvelle que nous ne connaissons pas encore, mais que nous pouvons déjà pressentir. Jésus devait se rendre visible à ses proches, car ils avaient besoin de temps pour saisir qu'il était bien celui qu'ils avaient connu. Chaque disciple fera l'expérience unique et personnelle que Jésus est vivant.

Cléophas et son compagnon (Lc 24, 13-35)

Le premier jour de la semaine, deux disciples de Jésus quittent Jérusalem pour Emmaüs. Le cœur envahi par la tristesse, l'intelligence obscurcie par l'incompréhension, le pas pesant, ils marchent. Ils sont encore sous le choc des événements qui viennent de se dérouler. Leur conversation tourne autour de ce que chacun a appris et s'ouvre sur des espaces de profond

---

[4] Je m'inspire ici du chapitre VII de *Entre Jésus et l'Église*, J. GUILLET, Paris, Seuil, 1985.
[5] *Ibid.*, p. 120.

silence. Discrètement et comme par hasard, Jésus se joint à eux pour faire route, mais ils ne le reconnaissent pas.

Étant lui-même Justice, il ne peut que les faire exister en les guérissant de leur abattement et de leur tristesse. Il prend l'initiative : « De quoi parlez-vous ? » Cléophas et son compagnon ont besoin de se raconter : leur ami si généreux, leur affection pour lui, leur espérance, le dernier repas, l'arrestation, la croix, leur déception, leur deuil. Jésus écoute. La compassion, cette capacité d'entrer dans la misère et dans la peine de l'autre, l'habite et est le signe de l'authenticité de son amour. Il a tout le temps pour ses amis, tout le temps qu'il faudra pour réchauffer leur cœur et faire resurgir la joie. Lorsqu'il prend la parole, c'est pour leur expliquer les Écritures. Il leur fait comprendre, à partir d'elles, que le Christ a choisi de partager consciemment et librement le destin des êtres humains ; qu'il devait témoigner de l'amour inconditionnel de Dieu ; qu'il devait passer par la mort pour aller vers son Père et notre Père. En fait, il leur révèle qui est Jésus de Nazareth et sa mission. Peu à peu, il leur apporte la foi en sa résurrection. Tout se passe dans la douceur : marche, écoute, explications.

« Leurs yeux s'ouvrirent » (Lc 24, 31)

Arrivés à l'auberge, déjà les disciples ont changé d'attitude. Soulagés, ils invitent ce sympathique étranger à partager le repas, et Jésus entre pour demeurer avec eux. C'est là, assis à la table et dans l'intimité du repas, que leurs yeux s'ouvrent. Ils le reconnaissent à des gestes ordinaires devenus si familiers au cours des ans : « Il prit le pain, dit la bénédiction, puis le rompit et le leur donna. » C'est Jésus ! La relation est rétablie. « Ils deviennent capables de reconnaître le Ressuscité invisible dans le pain qu'ils reçoivent de leur Seigneur[6]. » Ils passent de

---

[6] *Ibid.*, p. 118.

la tristesse à la joie, du deuil à la fête, et leur cœur s'enflamme. C'est Pâques ! C'est la Vie ! Toute fatigue disparue, ils repartent le pas léger, l'intelligence libre, le cœur brûlant comme des tisons vers Jérusalem pour aller dire : « Nous avons vu le Seigneur ! »

L'épisode d'Emmaüs ne peut s'inventer. Luc a recueilli fidèlement des souvenirs authentiques : des noms, la distance, l'heure de la journée, les émotions, et il recompose l'expérience des disciples. Pour H. U. von Balthasar, « c'est l'éternel lui-même qui, au sein du temps, marche réellement avec les voyageurs, les accompagne, bien plus, se laisse entraîner par eux[7] ». Emmaüs confirme que le don que Jésus a fait de sa vie lors de son dernier repas est bien réalisé, et que le Père a reçu ce don pour ses disciples, pour le peuple, pour la vie du monde. Cela n'est pas dit explicitement au cours du repas à l'auberge, car c'était déjà dit à la Cène, « mais c'est à Emmaüs que les yeux s'ouvrent et que les paroles prennent leur sens[8] ». Les disciples comprennent que les paroles si troublantes du dernier repas sont accomplies : « Prenez, c'est mon corps livré, mon sang versé, ma vie donnée pour vous. Vous ferez cela en mémoire de moi. » C'est maintenant que les disciples reçoivent cette vie et deviennent capables de la porter au monde et d'en témoigner. Ils sont responsables de cette vie remise entre leurs mains. Comme le Père remettant son Fils entre les mains de Marie et de Joseph, Jésus remet sa mort et sa vie entre les mains de ses disciples, entre les mains de l'Église.

Je suis ébahie de retrouver dans ce récit de résurrection ce verset de la Genèse : « Alors, leurs yeux s'ouvrirent » (Gn 1, 7). C'était alors l'étonnante constatation du couple primitif après qu'il eut refusé d'entrer en relation filiale avec Dieu. Quelle différence d'attitude et de comportement ! Là, les conséquences

---

[7] H. U. von Balthasar, *Théologie de l'histoire*, Paris, Le Signe/Fayard, 1970, p. 104.
[8] J. Guillet, *Entre Jésus et l'Église*, p. 117.

du refus : consternation, honte, perte de la joie, fuite, solitude. Ici, les conséquences de l'acceptation : bonheur, feu, joie, légèreté, liberté, retour, partage, fête. La joie s'avère une question de don et d'accueil.

La terre, chemin d'Emmaüs

Les sentiments vécus par les marcheurs sur la route d'Emmaüs nous sont familiers. Ils font partie de notre expérience. Nous éprouvons de ces moments de tristesse, d'incompréhension, d'hébétude, de retour en arrière quand tout semble s'écrouler. Quand nos rêves, notre travail, notre santé, nos espoirs partent à la dérive, quelqu'un nous rejoint là où nous sommes, mais nous ne le reconnaissons pas. Je Suis n'est jamais loin, parce qu'en lui nous avons le mouvement, l'être et la vie (cf. Ac 17, 28). Mais nous oublions qu'il est précisément là où nous sommes, là où nous avons mal.

Dieu n'a pas à venir, puisqu'il est toujours déjà là ; mais il sait que l'être humain ne comprend que par ses sens et qu'il est lent à croire. Comme avec les disciples, il parle à notre intelligence et nous donne le temps de comprendre. Il n'y a que douceur en lui. C'est donc encore et toujours en douceur qu'il agit. Chemin faisant, la parole pénètre le cœur, qui se dilate et s'enflamme. Souvent, il faut une marche encore plus longue que celle de Jérusalem à Emmaüs. Qu'importe, chaque être humain est unique et sa capacité de comprendre est unique. Le temps n'a pas d'importance.

Comme à Emmaüs, Jésus vient pour demeurer avec nous. Il entre dans le pain, comme le levain qui fait lever la pâte, mais il disparaît pour s'enfouir dans nos vies afin que celles-ci lèvent en lui et deviennent pain de vie. L'eucharistie, c'est l'incarnation du Ressuscité dans notre histoire. L'assurance de sa présence consolide nos pas, enlève nos peurs, apaise nos faims, comble notre solitude. Nous serons obligés de prendre la route, car une joie indicible nous transportera vers les autres. Cette joie est conséquence d'une présence, d'une relation intime, d'un don accepté.

Le vécu du chemin d'Emmaüs se passe aujourd'hui. Comme Cléophas et son compagnon, l'Église est en marche, et Jésus l'accompagne sans qu'elle le reconnaisse. C'est la foi qui la tient, et le fondement de cette foi est la Résurrection : « Et si le Christ n'est pas ressuscité, votre foi est vaine » (1 Co 15, 17). Sans la résurrection, notre foi serait terne, sans dynamisme, sans joie. La foi en la résurrection de Jésus nous donne le goût de vivre, de partager, de devenir des consolateurs, de manger et boire avec lui, tout en marchant avec les autres. La route vers Emmaüs est celle que nous prenons chaque jour. Sur cette route, une table est dressée en permanence.

« Avance ta main »
(Jn 20, 27)

> *Quand vous me chercherez,*
> *vous me trouverez pour m'avoir*
> *cherché de tout votre cœur ; je*
> *me laisserai trouver par vous.*
> Jr 29, 13-14

Du doute à la foi (Jn 20, 24-29)

Un autre récit d'apparition traverse aussi notre expérience : la visite de Jésus ressuscité à Thomas. Je me reconnais en cet homme qui n'arrive pas à dépasser son doute parce qu'il est prisonnier du scandale de la passion et de la mort de son Maître. Comment peut-il en être autrement ? Il croit ce que ses yeux ont vu, ce que ses oreilles ont entendu. Il vit une amère déception et le deuil d'un ami. Tout s'est passé si vite et il a tellement mal. Pour lui comme pour les disciples d'Emmaüs, il était facile de croire en Jésus, le Nazaréen. Ils le voyaient, l'écoutaient, se cramponnaient à des signes visibles. Voilà que, du jour au lendemain, tout est terminé. Les signes sont devenus illisibles et contradictoires. Thomas reste chez lui, seul, à ressasser sa peine et à essayer de comprendre. Il n'a pas le goût de rencontrer les autres.

Le soir, Jésus vient apporter la paix à ses amis troublés. Huit jours plus tard, il revient pour Thomas. Il vient lui donner ce dont il a besoin pour exister. Cette visite s'avère une totale gratuité et exprime la délicatesse de Dieu. Elle est empreinte d'une grande sensibilité qui se manifeste par la douceur dans les paroles et dans les gestes. Dans le regard de Jésus, bonté et compréhension se lisent. Le respect pour ce que vit Thomas dans son doute est palpable. Jésus prend l'initiative. Sans reproche, sans mépris, sans amertume, ses paroles atteignent le cœur de l'apôtre, tout en transperçant le nôtre : « Viens, Thomas. N'aie pas peur. C'était moi sur la croix. C'est moi devant toi. Vois mes mains, regarde mes pieds, ils sont transpercés. Viens, touche mon côté. Approche et enfonce ta main dans mon cœur. Ne crains pas, je viens aussi vers toi. Je Suis avec toi, en toi. N'aie pas honte de toucher pour croire. Ne doute plus, mais deviens croyant. »

Thomas laisse son ami guider sa main jusqu'à son cœur. Il le laisse faire et se laisse faire. Moment de séduction. Thomas ne sera jamais plus le même. Parce qu'il est entré dans l'intimité du cœur de son Dieu, parce qu'il s'est avancé dans la profondeur du mystère qu'il ne pourra pas expliquer, parce qu'il s'est laissé brûler au feu de l'amour infini, Thomas devient croyant. Ébloui, tout comme Marie, il ne peut que dire *fiat* : « Mon Seigneur et mon Dieu ! » Cette rencontre l'a suffisamment bouleversé pour qu'il continue à avancer toujours plus vers le large. La joie de Thomas ne pourra jamais s'estomper et, à la manière du Maître, il ira au bout de sa vie avec la même douceur.

Une expérience universelle

Jésus se fait proche de Thomas. Il est Emmanuel. Parce qu'il est Dieu, il vient tirer son ami de ce qui l'empêche de vivre, de respirer, d'être heureux. Il n'essaie pas de le convaincre. Il ne place pas Thomas dans l'embarras ni dans le ridicule. Sans le presser, il l'invite à une expérience : « Avance, Thomas ! » Et il attend la venue libre de cet homme rongé par le regret et le doute : « Seigneur, me voici. Je viens ! »

Thomas, c'est moi et c'est toi. Jésus vient dans nos doutes comme dans tout ce qui nous empêche de marcher. S'il entre dans le mal, c'est pour mieux l'extirper de notre cœur. Il vient toucher nos limites et nous invite à les toucher. Sa miséricorde est tellement plus grande que nos erreurs, que le mal en nous. Cet agir de Jésus se fait sans violence, sans obligation, sans sermon, sans exigence, sans condition. Jésus n'est que douceur. Il vit de la douceur de la Trinité. C'est incompréhensible mais vrai !

Comme à Thomas, il nous dit : « Avance. N'aie pas peur ; touche mon cœur toujours ouvert pour toi. Même si tu doutes, avance sans honte, sans peur, sans crainte, car Je Suis le chemin. Avance, laisse tomber tes craintes, tes doutes, tes réticences, tes hésitations. Viens, vois, touche ! C'est moi pour toi. Touche mes plaies. Par elles, tu es déjà guéri. Touche, le temps qu'il faudra, pour que ton cœur soit certain de l'authenticité de mon amour pour toi. Ouvre ton cœur à l'infini de l'amour du Dieu vivant et deviens croyant. » Devenir croyant, c'est se laisser dire que nous sommes des êtres habités par Dieu, et accueillir cette réalité dans nos vies.

« Touche mon cœur. » Ce cœur qui a réuni les apôtres – « Ils n'avaient qu'un seul cœur » (Ac 2, 46) – veut nous rassembler pour construire son Corps. Porter du fruit, c'est être son Corps, car hors de lui, nous ne pouvons rien faire. « Et il entra pour demeurer avec eux. » L'Esprit nous ramène sans cesse à ce cœur d'où nous jaillissons et il achève l'œuvre d'unification qu'il a commencée en nous. Alors, un doux échange se réalise : ma tristesse contre sa joie, ma dureté contre sa tendresse, mes trahisons contre son pardon, ma violence contre sa douceur. Notre chemin vers les autres passe par le cœur ouvert du Seigneur ressuscité.

Comme le Père, Jésus ne s'impose pas. Il voit, il vient, il invite. Notre effort consiste à lui répondre en offrant des conditions favorables à l'éclosion d'un *oui* toujours en croissance. Il est si difficile à un cœur humain de croire en la gratuité, en l'amour sans raison, en un Dieu qui n'exige rien. Mais « le Seigneur m'aide ; qui me condamnerait ? » (Is 50, 9).

« Pourquoi pleures-tu ? »
(Jn 20, 15)

> *Quand Marie de Magdala ne retient pas Jésus, mais va porter un message aux frères, elle fait l'expérience de Pâques.*
>
> H. U. von Balthasar[9]

Chercher et trouver (Jn 20, 11-18)

À l'aube du premier jour, une femme en pleurs court vers le lieu où l'on a enseveli Jésus. La mort n'arrête pas le désir de dialogue d'un cœur aimant. Marie de Magdala a soif d'un moment d'intimité avec celui qui l'a fait renaître. Désemparée, elle cherche passionnément celui qui déjà l'a trouvée pour la faire passer dans sa joie. Elle entre dans le jardin et voit que la pierre du tombeau a été enlevée. Elle va le dire à Pierre qui le dit à Jean. Ceux-ci s'empressent d'aller vérifier et retournent chez eux. « Jean vit et il crut. » Mais elle, elle n'a pas encore vu. Elle reste donc au jardin, continuant à chercher le Disparu. Elle ressemble à la femme du Cantique des cantiques : « Je me lèverai donc et parcourrai la ville. Dans les rues et sur les places, je chercherai celui que mon cœur aime » (Ct 3, 2).

Marie s'affole. Inquiète, elle se penche sur le tombeau vide. Deux anges sont là et lui demandent : « Pourquoi pleures-tu ? » Elle répond tout en continuant à chercher : « On a enlevé mon Seigneur et je ne sais où il est. » Elle se retourne et voit Jésus, mais elle ne le reconnaît pas. Il amorce le dialogue avec

---

[9] H. U. von Balthasar, *Pâques, le mystère*, p. 294.

délicatesse : « Pourquoi pleures-tu ? Qui cherches-tu ? » Ces questions disent l'attention de Jésus pour la douleur de cette femme et son désir de la remettre debout. Le prenant pour le jardinier, elle lui demande où est l'Amour que l'on a crucifié. Jésus, sachant que ses brebis reconnaissent toujours sa voix, l'appelle par son nom : « Marie ! » Parce qu'elle est reconnue, Marie reconnaît la douce voix de celui que son cœur cherche. Elle était cherchée et trouvée depuis si longtemps. « Maître ! » Ce mot sort de ses lèvres parce qu'il dit le mieux ce qu'il est pour elle : le maître de sa vie, celui qui lui a enseigné à aimer, à vivre. Personne ne pourra exprimer la joie qu'éprouve le cœur de Marie à ce moment précis de son histoire : « Je te remplirai de joie en ma présence » (Ac 2, 28 ; Ps 16, 11). Marie passe dans la joie de Jésus, ressuscité pour la bénir. Elle cherchait un cadavre et elle trouve le Vivant, le Maître de sa vie, la Source de toute vie. Cette première visite de Jésus ressuscité est une rencontre habillée de tendresse, unique et ineffable.

Marie se sait aimée et acceptée tout entière dans un présent qui inclut son passé et ouvre son avenir. Elle se reçoit totalement transformée. Elle peut recevoir sa mission : « Va trouver tes frères et dis-leur que je vais vers mon Père et votre Père. » Jésus confie à Marie le but ultime de sa venue sur la terre : nous faire entrer, par la puissance de l'Esprit, dans le mystère de l'amour du Père. Marie, enveloppée de paix et d'assurance, part annoncer aux disciples qu'elle a vu le Seigneur. Impossible de ne pas voir, dans ce récit, une partie du rôle de la femme dans l'Église : « Va dire ! »

Se laisser trouver

Ce récit de la rencontre du Ressuscité avec Marie nous interpelle. Il nous révèle une fois de plus la douceur de Dieu. Tous, nous cherchons, mais nous ne trouvons pas toujours, car nos yeux sont trop souvent embués de larmes, d'angoisse, de repliement sur soi, de doute, d'égoïsme, de vanité. L'enjeu de nos vies, c'est de reconnaître et d'accueillir le Christ ressuscité. Il nous faut être attentifs, car il vient seulement dans la douceur et il murmure notre nom. Il nous est donné de répondre, de le reconnaître et de prononcer son nom : Je Suis.

En lisant cette page d'évangile et la question de Marie : « Où l'avez-vous mis ? », comment ne pas s'arrêter et faire le lien avec la même question posée par Dieu au jardin de la Genèse : « Adam, où es-tu ? » Et avec celle de Jésus aux premiers disciples qui le suivent : « Que cherchez-vous ? » Et avec leur réponse tout aussi directe et brève : « Où demeures-tu ? » Et avec celle de Jésus à Marthe et Marie lorsqu'il les visite à l'occasion de la mort de leur frère : « Où l'avez-vous mis ? » Avec celle adressée aux soldats lors de son arrestation : « Qui cherchez-vous ? » Ces questions et tellement d'autres encore nous rappellent que Dieu nous cherche en premier, et c'est pourquoi nous le cherchons. La réciprocité fait partie de son être et du nôtre. Il nous cherche. Il nous trouve et demeure discret. Nous le cherchons et le trouvons quand nos yeux s'ouvrent et quand nos oreilles entendent sa voix. Le trouver ne veut pas dire que nous ne le chercherons plus. Dieu est toujours plus grand et notre désir plus vif. C'est là la grande souffrance des mystiques. C'est là aussi leur grande joie, celle qui ravive leur soif. Si nous arrêtons de chercher, notre désir d'entrer en relation avec lui s'amenuise. Nous avons donc besoin de tous les jours de notre vie, et au-delà, pour entrer dans la joie toujours grandissante de le chercher et de l'entendre murmurer notre nom.

Marie est envoyée vers les autres. Elle comprend que la présence du Ressuscité sera permanente dans sa vie. Elle peut le laisser aller vers son Père, car il demeure avec elle pour accomplir sa mission d'annoncer. C'est dans cette mission même que son union avec lui grandira. C'est aussi ce que nous avons à comprendre : le Ressuscité vit en nous, travaille avec nous de la même manière que le Père vivait et travaillait en Jésus de Nazareth. Toujours la même pédagogie, le même processus : une annonce personnelle, une séduction, une conversion, une mission. En regardant les personnes envoyées par Jésus, on ne peut faire d'erreur en résumant cette mission par un mot : aime. Ce qui demande d'abord de se laisser aimer, d'aimer et de passer cet amour au suivant.

« M'aimes-tu ? »
(Jn 21, 15)

> *Dieu n'est pas abstrait. L'Être absolu n'est pas une idée, ce n'est pas un concept. Il vit, il agit.*
>
> Yves Raguin[10]

Un premier matin du monde (Jn 21, 1-23)

Pour Maurice Zundel, « les actions les plus matérielles peuvent revêtir une ampleur divine et acquérir une portée éternelle[11] ». C'est ce qui nous est dit dans la rencontre toute simple, humble et quotidienne du Ressuscité avec ses apôtres au bord du lac de Tibériade. Comme la création et l'incarnation, la résurrection n'est pas un acte du passé. Elle habille chaque instant de notre vie, chaque situation de l'Église, chaque événement du monde. Elle est là, même dans ce que l'on ne comprend pas, comme dans ce qui fait scandale. Elle est aussi dans une visite qui devient un premier matin du monde. Par la suite, chaque jour qui se lève parle de douceur, de lumière et de vie, tout comme celui du début de la création.

À la barre du jour, Jésus se tient sur le rivage. Il voit ses amis sur le lac et il amorce le dialogue : « Les enfants, avez-vous du poisson ? » Pour Jésus et les siens, le lac de Tibériade est un lieu connu, familier, rempli de souvenirs. C'est le lieu de l'appel, du travail, des rencontres, l'endroit où chacun peut se sentir à l'aise. Les disciples trouvent là le Ressuscité. Et

---

[10] Y. RAGUIN, *La profondeur de Dieu*, Collection Christus, 33, Paris, Desclée de Brouwer, p. 156.

[11] M. ZUNDEL, *L'Évangile intérieur*, Paris, Desclée de Brouwer, 1977, p. 143.

il y a trop de poissons, comme il y avait trop de pains dans la plaine, trop de vin à Cana. Comment ne pas le reconnaître dans cette surabondance. Pierre se jette à l'eau. Sur la plage, un feu de braise les attend. Le pain cuit, le poisson grille et les apôtres s'assoient sur le sable. C'est Dieu qui invite : « Venez déjeuner ! » C'est lui qui apprête le repas et qui sert. Plus de questions ! Seulement la paix, la douceur, l'intimité. Jésus ne vient pas changer leur vie, mais la remplir de sa présence, l'illuminer et lui donner un sens.

Après le déjeuner, Jésus enlève la pierre qui meurtrit le cœur de Pierre en lui posant une question : « Pierre, m'aimes-tu ? » Question qui descend au plus profond de la sensibilité de Pierre. J'imagine ici le regard de Jésus sur Pierre et le regard de Pierre sur Jésus. Pas de reproche, mais une réciprocité de don, de confiance et l'invitation à passer dans une relation d'égal à égal. Pierre ne joue pas la comédie. Il se laisse connaître par le regard de Jésus : « Seigneur, tu sais que je t'aime. » Pierre fait alors l'expérience d'être aimé avec son présent, son passé, son avenir. Tout l'amour de la Trinité pour lui. Alors, Pierre s'en remet à Jésus. C'est son *fiat* : « Toi seul sais combien je t'aime ! » Tu sais bien que c'est toi qui aimes en moi et qui me guéris. La liberté et la joie envahissent le cœur de Pierre. Terminé le jugement qu'il porte sur lui-même, le jugement des autres ; il n'a plus de temps pour cela. Saisi par l'Esprit, sûr d'être aimé, il sera le pasteur des brebis, tel qu'il est, avec ses limites et ses erreurs. Je Suis part avec lui et cela suffit.

Une question et une invitation traversent l'histoire

Ce récit d'apparition décrit un fait ordinaire : un pique-nique au bord du lac dans la tiédeur d'un petit matin. Tout d'abord, une chaude douceur émane de sa lecture : douceur du lieu, du moment choisi, du dialogue, de la détente, du repas. Douceur également dans la demande de Jésus à Pierre de devenir pasteur de ses brebis, et l'appel décisif qui lui est adressé : « Toi, suis-moi. »

Ce qui ressort du texte est vrai pour Pierre et pour nous. Le Ressuscité est là où nous sommes ; il nous aime comme nous sommes ; il vient dans le concret de notre vie ordinaire. Et c'est, pour nous aussi, un premier matin du monde où nous recevons trop de tout. Il nous faut seulement exercer nos yeux pour voir. Dieu pose sans cesse la même question : « Toi, m'aimes-tu ? » et jamais il ne se lasse d'entendre la réponse. Cette question n'est pas banale, car elle laisse percevoir la dimension de la mission. *M'aimes-tu* assez pour aller vers les autres comme ils sont ? La mission ne peut naître que d'un cœur sûr d'être aimé gratuitement et passionnément.

Dans ce repas intime et familier avec Celui qui sert, nous retrouvons l'alliance de Dieu avec nous et une allusion à l'eucharistie. Ce déjeuner inattendu nous rappelle la relation harmonieuse que Dieu veut établir avec nous. Une relation aussi simple que celle amorcée au jardin d'Éden, qui se dit par une présence gratuite, aimante, libre et réciproque. Dieu ne change pas. Sa joie est d'habiter chez nous, en nous, afin que nous portions du fruit. L'eucharistie en est la plus grande preuve.

L'entrevue de Jésus avec Pierre se termine par une invitation sans équivoque à marcher avec lui, vers lui-même : « Toi, suis-moi. » À travers les époques, cette invitation m'est adressée. J'ai d'abord à répondre à la même question fondamentale : *M'aimes-tu ?* La suite vient : *Suis-moi*. Tout comme Marie de Magdala, Thomas, les disciples d'Emmaüs, Pierre, nous recevons cet appel à marcher en sa présence, sous son regard, dans l'amour. Suivre Jésus Christ ressuscité, c'est entrer dans son incarnation, sa résurrection, son ascension. C'est, comme lui, se recevoir, émerveillés, des mains du Père et se laisser façonner par l'Esprit de douceur. C'est aussi se tourner vers les autres non pour prendre la place de Dieu, mais pour faire comme lui : servir, faire justice, compatir, aimer, accompagner, en ayant le souci du chemin de l'autre, du respect des talents de l'autre. Même en n'étant pas aimés de l'autre, nous continuons à l'aimer. *Suis-moi*, c'est l'invitation à laisser l'Esprit aimer en nous, nous remettre debout et en marche, comme le Père le souhaite de toute éternité. *M'aimes-tu ?* Alors, *Suis-moi* dans la profondeur de ton mystère.

Les quarante jours

> *Quand il viendra, lui, l'Esprit de vérité, il vous conduira vers la vérité tout entière.*
> Jn 16, 13

Apprentissages

Chacun des disciples est visité par Jésus ressuscité. Chacun entend une parole sûre et unique qui le remet en marche. Pendant quarante jours, Jésus s'approche d'eux. Il ne brusque rien, car il n'est que douceur. Libéré de l'espace, de la matière, du temps, il reste auprès d'eux et les entretient du Royaume de Dieu. Ce sont quarante jours de formation intense où il répète ce qu'il a dit tant de fois : « N'aie pas peur, c'est moi. Sors de ta peur, de ta détresse, de ton inquiétude. Lève-toi. Reste en route. Je Suis avec toi. » Il leur apprend à passer de l'angoisse à la paix, de la tristesse à la joie, du doute à la foi, de la présence à l'absence, de Jésus à *Je Suis avec vous pour toujours jusqu'à la fin des temps*. Ses visites leur permettent de faire ces passages et de reconnaître sa présence dans leur aujourd'hui. Il fallait qu'ils croient en sa résurrection, en sa présence, avant d'aller porter au monde son message. Le jour venu, chacun saura annoncer l'incroyable nouvelle que la vie est plus forte que la mort.

Au fond, le sens de toute l'histoire est la présence de Dieu avec nous et en nous. L'incarnation confirme et accentue ce sens qui trouve dans la résurrection sa conclusion. « Depuis la résurrection de Jésus par le Père et le don de leur Esprit commun, Dieu est tout entier et définitivement présent pour nous, il nous est révélé jusque dans les profondeurs de son mystère trinitaire[12]. » Ce qui nous reste à faire à la suite des contemporains de Jésus : exercer nos yeux à détecter sa présence dans notre vie quotidienne.

Le départ

On parle peu de l'ascension dans les évangiles. Nous trouvons un récit plus élaboré dans le livre des Actes des apôtres. Là aussi, le départ de Jésus dans la gloire demeure un événement plutôt discret. Il met un terme à la mission terrestre. Au cours d'un repas qu'il prenait avec eux, il leur enjoignit de ne pas quitter Jérusalem et d'attendre la venue de l'Esprit promis par le Père : « Vous allez recevoir une force, celle de l'Esprit Saint qui descendra sur vous. [...] Vous serez mes témoins jusqu'aux confins de la terre » (Ac 1, 8). Les bénissant, il se sépara d'eux. Il n'existe pas de mot pour exprimer la joie du Père qui accueille le Fils, homme déifié.

La bénédiction est le premier geste de Dieu après la création. Elle est aussi le dernier geste de Jésus avant de quitter la terre. Toujours, elle signifie que Dieu reste avec nous pour assurer la fécondité de notre action. Comme le Père travaille en Jésus et Jésus dans le Père, ainsi ils travaillent en nous par l'Esprit. Nous ne sommes jamais seuls. Dieu est éternellement Je Suis. La bénédiction nous assure que la résurrection est semée dans le temps de la mort, d'où la vie jaillira au point culminant où se rencontreront la passion de Dieu pour l'être humain et la passion de l'être humain pour Dieu. Marc termine ainsi son évangile : « Pour eux, ils s'en allèrent prêcher en tout lieu, le Seigneur agissant avec eux» (Mc 16, 20).

Loin de disparaître, le Christ agit en nous. Il poursuit jusqu'au bout ce qu'il est venu faire : rassembler les enfants du Père dans

---

[12] H. U. von Balthasar, *Pâques, le mystère*, p. 242.

un même amour. Il s'est fait fils de l'homme pour que nous soyons faits fils de Dieu. « Son ascension est un mouvement progressif, de commencement en commencement[13] », qui nous entraîne vers le monde nouveau de sa résurrection. Cela se passe maintenant. Notre histoire est une *montée* vers son Père et notre Père. Le mouvement de l'ascension sera réalisé lorsque tous les humains se laisseront attirer par le Père et unifier par l'Esprit. Alors, Jésus se présentera au Père pour l'éternelle rencontre : « Nous voici, moi et les enfants que Dieu m'a donnés » (He 2, 13). Jamais nous ne serons sans Jésus. Il nous a liés à lui pour l'éternité.

* * *

Mitan 16

1ʳᵉ réflexion

Et si l'on arrêtait de lire pour entrer dans un récit d'apparition du Ressuscité ?
Je suis Marie de Magdala ou Thomas ou le compagnon de Cléophas
Je vis le récit. Je peux me replacer dans l'ambiance du temps ou dans celle de mon aujourd'hui, avec mes questions et l'émotion que je ressens en *voyant* le Ressuscité.
Dans mon aujourd'hui, je vois Quelqu'un venir à moi. Je le laisse s'approcher. Il engage le dialogue. Il ne me juge pas, ne me fait aucun reproche. Doucement, il pose une question : *M'aimes-tu ?*
Il tente ensuite une invitation : *Toi, suis-moi.*
La réponse se trouve dans ton cœur ! Alors, tu diras aux autres : *J'ai vu le Seigneur !*

2ᵉ réflexion

Que t'inspire l'ascension de Jésus ? En partageant avec d'autres, développe ta pensée à propos de ce merveilleux mystère dont on oublie l'importance.

---

[13] J. Corbon, *Liturgie de source*, Paris, Cerf, 1980, p. 45.

Cinquième partie

LE TEMPS DE L'ESPRIT

*Contempler la douceur de la Sagesse
dans l'aujourd'hui de notre temps*

17

L'ÉTERNELLE PRÉSENCE

Je vous le dis, avant qu'Abraham fût, Je SUIS.
(Jn 8, 58)

Le don de l'Esprit

*Que vienne sur nous la douceur
du Seigneur notre Dieu.*
Ps 90, 17

L'Esprit au cœur du temps

Au moment de mourir, Jésus accomplit un dernier geste : « Il baissa la tête et remit son esprit. » Au Père et au monde, il donne ce qui lui reste de plus intime : son esprit. L'espace du cœur est ouvert. Le voile du temple est déchiré. La vie des Trois est accessible à tous. Commence le temps de l'Esprit. Il serait totalement faux de croire que le Père et le Fils n'interviennent plus dans le destin de l'humanité. L'Esprit ne travaille que par le Père et le Fils. Toute œuvre de Dieu se réalise de concert avec les Trois. « À la lumière de Pâques, la porte du mystère trinitaire s'ouvre au regard de la foi. L'Esprit y apparaît comme l'action de Dieu en sa paternité, action grâce à laquelle le Christ est le Fils ; il est la toute-puissance de Dieu, sa vie infinie[1]. »

Le Père ressuscite le Fils par le dynamisme de l'Esprit. Un lien de nature divine les unit. Ils demeurent inséparables et actifs, chacun à sa manière, tout au long de ce temps d'après la résurrection, ce temps qui est le nôtre. Entre eux règnent toujours unité, communion, familiarité, intimité, réciprocité, diversité. Si le Père a créé dans l'Esprit, le Fils a vécu sa vie d'homme dans l'Esprit. En ces temps où nous sommes, l'Esprit du Père et du Fils poursuit le même rêve : faire advenir l'être humain librement et avec douceur dans l'intimité de leur relation. Avec

---

[1] F.-X. Durrwell, *L'Esprit Saint de Dieu*, Paris, Cerf, 1983, p. 47.

le Père et le Fils, l'Esprit prend l'initiative de venir, de faire justice, de protéger la vie. Il est tout l'infini de Dieu dans le fini des humains. Il est la douceur de Dieu, son souffle éternel. Ce n'est pas parce que nos yeux ne voient pas que ce n'est pas réel. Le mot *esprit* nous renvoie à ce qui est le plus indicible en Dieu. Fluide, l'Esprit est aussi insaisissable que le vent, la respiration, le souffle, l'énergie, le désir, la vie. Syméon le Nouveau Théologien nous propose un symbole inspirant. Dans une de ses catéchèses, il dit : « Jésus est la porte, et la clé de la porte, c'est l'Esprit. » Si l'on veut avoir accès au cœur de Dieu, il nous faut et la porte et la clé. On peut comprendre que l'on ne trouve jamais Jésus sans l'Esprit ni l'Esprit sans Jésus. « Dans ses manifestations, l'Esprit Saint est toujours un mouvement "vers Jésus" afin de le rendre présent et manifeste[2]. » Le Christ Jésus, envoyé par le Père, apporte au monde le don de l'Esprit. Et l'Esprit conduit le monde vers le Fils et vers le Père. C'est l'Esprit qui, dans la liberté, fait de nous des filles et des fils du Père.

L'une des plus belles paroles de l'Évangile concernant l'Esprit nous est donnée en Jean 7, 37-39, alors que, comme la Sagesse[3], Jésus appelle les gens à lui : « "Si quelqu'un a soif, qu'il vienne à moi et qu'il boive, celui qui croit en moi ! Selon le mot de l'Écriture : De son sein couleront des fleuves d'eau vive." Il parlait de l'Esprit que devaient recevoir ceux qui croient en lui ; car il n'y avait pas encore d'Esprit, parce que Jésus n'avait pas encore été glorifié. » Avec la Sagesse des

---

[2] P. Evdokimov, *La nouveauté de l'Esprit*, Spiritualité orientale, 20, Bégrolles en Mauges, Abbaye de Bellefontaine, 1977, p. 253.
[3] Cette invitation de Jésus rejoint le conseil de la Sagesse en Pr, 5, 15 ; son cri à l'angle des rues : Pr 9, 1-6 ; l'invitation de Dieu en Is 55, 1- 3 ; la rencontre de Jésus avec la Samaritaine en Jn, 4 ; le discours du pain de vie en Jn 6, 35 ; l'appel que nous retrouvons dans Ap 22, 17 : l'Esprit et l'Épouse (l'Église) disent : « Viens… » Pour Jean l'évangéliste, l'eau signifie l'Esprit. Il est l'abondance d'eau qui vient étancher la soif de tous les croyants.

livres sapientiaux, l'Esprit fait connaître le désir de Dieu, sa volonté, son invitation. Dieu ne change pas.

Par sa mort, Jésus nous communique la gloire qu'il avait avant de venir dans le monde. Cette gloire, c'est la présence de l'Esprit qu'il dépose dans les cœurs. L'Esprit est remis par le Fils dans les mains du Père qui le remet dans les mains des êtres humains. Ce geste nous redit que Dieu a foi en l'humain au point de lui donner son Souffle. Nous le recevons gratuitement, lui, Flamme d'amour qui unit éternellement le Père au Fils, et nous à eux.

Un fleuve intarissable

À Nicodème, Jésus avait dit : « À moins de naître d'eau et d'Esprit, nul ne peut entrer au Royaume de Dieu » (Jn 3, 5). Au Golgotha, sur la place publique, l'amour n'est plus. La douceur est emportée par la violence. Dieu est mort. C'est le vide, le noir, l'absence, le rêve perdu, l'espérance tarie, le néant. Pourtant, sur ce chaos, mais invisible, plane l'Esprit de Dieu. Elle est là, au creux de l'incompréhension et des ténèbres, l'heure de renaître d'eau et d'Esprit, car du cœur blessé jaillit la source de vie offerte à celles et à ceux qui voudront puiser. De ce cœur, la vie s'écoule en abondance sur la terre, du levant au couchant, pénétrant de douceur, de justice et d'amour les profondeurs des racines humaines. De ce cœur généreux, sang et eau comme fleuve et torrent se déversent sur les misères du monde pour les guérir et les transfigurer. De ce cœur qui en a seulement pour la miséricorde s'abreuve toute vie en attente d'être rassasiée : « Vous qui avez soif, venez, buvez gratuitement » (Is 55, 1). L'Esprit est cette vie qui coule abondamment, gratuitement, éternellement.

Nombreuses ont été dans l'histoire du monde les irruptions de l'Esprit Saint. Elles sont le fil conducteur qui confirme la présence continuelle de l'énergie vitale qui traverse l'histoire de Dieu avec l'humanité. Pas plus que le Verbe venant dans le monde, il n'est reçu. À la croix, il est donné, mais pas reçu. Le soir de Pâques, lorsque Jésus souffle sur les apôtres réunis, l'Esprit est donné, mais n'est pas reconnu. Au matin de la Pentecôte, quelque chose de neuf s'accomplit, comme le dit si bien J. Corbon : « L'Esprit n'est plus seulement Celui que le Père envoie avec et pour son Fils bien-aimé : à partir d'aujourd'hui, il est répandu par le Père *et* son Christ. Le fleuve de Vie jaillit désormais du trône de Dieu *et* de l'Agneau. Il va se manifester comme l'Esprit de Jésus et puissance de sa résurrection[4]. » Ce jour-là, l'Esprit est donné, accueilli comme don du Ressuscité, et c'est lui qui se communique totalement aux personnes présentes. Cette fois, il est reçu, car les disciples sont prêts. Jésus les a préparés à ce don tout au long des quarante jours. Les derniers dix jours passés dans l'attente et la prière ont servi aussi à creuser leur cœur. L'Esprit peut maintenant les remplir, car c'est dans ces cœurs assoiffés que le fleuve de Vie deviendra source, comme c'est de ces cœurs enflammés que le feu se répandra.

---

[4] J. Corbon, *Liturgie de source*, p. 53 ; l'italique est de l'auteur.

* * *

MITAN 17

Toi qui parcours courageusement ces pages, je t'invite à développer ce que tu sais de l'Esprit Saint.
Ce que j'essaie de dire n'est que balbutiement. Ce que j'écris m'amène à le chercher et à réaliser que je ne sais rien !
J'ai appris, cependant, qu'il parle en nous par le silence, la douceur, la parole, l'événement, les autres, l'Église. Il est inspiration et désir. Dans le silence de chaque être en recherche, il parle de Jésus et il prie en lui sans cesse : « Abba ! Père ! »
Comment le vois-tu au long du jour ? As-tu observé son action dans ta vie dernièrement ? Refais souvent cet exercice consistant à voir son action dans ta journée, et, avec le temps, cela deviendra un réflexe.

La mission de l'Esprit

> *L'Évangile nous veut debout et créateurs, mais sans exaltation, sans délire, sans démesure et sans mépris.*
>
> Maurice Zundel[5]

Le Sans-parole

La mission de Jésus a été de faire connaître l'amour du Père et d'enseigner aux êtres humains le chemin des béatitudes. Il l'a fait avec passion mais sans violence, en allant jusqu'au bout de sa vie. « Ayant aimé les siens, il les aima jusqu'au bout. » Ne voulant pas les laisser seuls, il avait annoncé : « Quand je vous enverrai d'auprès du Père l'Esprit de vérité qui provient du Père, il me rendra témoignage » (Jn 15, 26). Le rôle de l'Esprit est donc de rendre témoignage au Fils en s'infiltrant dans les cœurs pour les ouvrir à la parole, au désir et à la transformation. Il poursuit le même but et amorce le même mouvement de marche. Il intervient en inspirant, murmurant, séduisant. Il avance toujours plus loin avec la même passion amoureuse, la même douceur, la même liberté : « C'est pourquoi l'Esprit est aussi la liberté, car l'amour, inspiré par l'amour de Dieu, ne peut être, dans les "enfants de Dieu", une contrainte, mais seulement une "liberté glorieuse" (Rm 8, 21)[6]. »

L'Esprit s'adresse à l'esprit de chaque personne. Déjà dans la Première Alliance, Dieu envoie son Esprit pour faire aboutir

---

[5] M. ZUNDEL, *Vie, mort, résurrection*, Québec, Anne Sigier, 1996, p. 30.

[6] H. U. VON BALTHASAR, *La Gloire et la Croix*, III, Théologie, Nouvelle Alliance, p. 219.

sa parole. Dans le temps qui est le sien, l'Esprit « ne parle pas de son propre chef » (Jn 16, 13), car il n'a pas d'autre parole que celle de Jésus. C'est sa mission de porter la parole du Fils, de la faire lever et de lui permettre de s'enraciner. Lui, il est silence. Son action est d'inspirer des gens à parler au nom du Père et du Fils. Il ravive le souvenir de l'enseignement de Jésus et *révèle la vérité tout entière*. Il donne à un être humain limité, faible, peureux, inconsistant, la capacité de mettre la parole en pratique. Il nous faut regarder agir les apôtres après la Pentecôte pour comprendre qu'il est possible de reproduire, à l'intérieur même de notre faiblesse, les actions de Jésus.

Sur nos chemins, le travail de l'Esprit est encore évident quand quelqu'un s'arrête pour prendre soin d'un blessé et verser de l'huile sur ses plaies ; quand nous voyons quelqu'un, au cœur changé, partager ses biens avec joie ; un autre, donner lui-même à manger aux affamés ; un autre, prendre le chemin de retour vers le Père ; un autre, devenu père aimant, attendre un fils prodigue et accueillir le fils aîné ; un autre, toucher la main d'un lépreux sans peur ni mépris : « Venez à moi, vous tous qui peinez et ployez sous le fardeau, et moi, je vous soulagerai » (Mt 11, 28). Cette parole de Jésus demeure agissante, car l'Esprit, feu consumant enfoui dans l'Église et dans le monde, rend le fardeau plus léger et apporte le soulagement promis. Dieu fait tout, mais nous avons notre part à faire : chercher, désirer, avancer, boire. Cela, personne ne peut le faire à notre place, même pas Dieu.

Comme le Père et le Fils

L'Esprit n'intervient qu'avec douceur. Comme le Père et le Fils, sa patience est infinie. Il s'introduit avec délicatesse dans le cœur des filles et des fils du Père et travaille en eux dans le plus profond silence. Il creuse leur cœur et, avec finesse, selon leur rythme, les transforme. Il est à l'origine de nos gestes les plus humbles comme des plus extraordinaires. Ses activités se font sans bruit. J. Guillet a pu dire que Jésus, la Parole, est révélation, alors que l'Esprit est transformation intérieure. Il s'infiltre dans toutes les dimensions de l'être et les pénètre. Alors que la Parole éclate, se dresse, se fait insistante, l'Esprit se répand, imprègne, submerge. Nous voyons là que la Sagesse a deux façons distinctes, deux attitudes différentes d'intervenir et d'atteindre le cœur des humains.

Jésus avait fait la promesse à ses amis de ne pas les laisser orphelins et de leur envoyer l'Esprit de vérité qui provient du Père (cf. Jn 15, 26). Chose dite, chose faite. L'Esprit est fleuve d'eau vive qui entre dans notre cœur pour aimer en nous, et il ne le fait jamais avec violence ou contrainte. Saint Paul dit bien : « La grâce de Dieu a été répandue dans nos cœurs par l'Esprit Saint qui nous a été donné » (Rm 5, 5). C'est pourquoi, malgré son invisibilité, des gens entendent ses confidences, voient son action et se laissent transfigurer. On le reconnaît à la joie qui nous inonde, cette sorte de plénitude qui remplit le cœur lorsqu'il dit *oui*. L'Esprit nous pousse à aller plus loin, mais ne nous bouscule ni ne nous presse. Comme la Sagesse éternelle, il prend tout son temps, le nôtre. Une chose, cependant, demeure observable : lorsque le cœur est envahi et accueille le don, il part vers l'inconnu résolument et sans s'arrêter.

L'Esprit s'avère ce mouvement de flux et de reflux, de communion, de va-et-vient entre le Père et le Fils et chaque être humain. Nous ne risquons pas de le perdre, car il est Je Suis pour toujours, poids de présence qui nous enveloppe à chaque instant discrètement. Tout comme le Fils, il ne veut perdre aucun des enfants du Père. Il veille et donne à chaque personne ce qu'il lui faut pour exister. Son désir est de nous voir vivre le commandement de Jésus qui aura libre cours dans le Royaume : « Aimez-vous les uns les autres. » Nous n'y arriverons pas par nous-mêmes. Mais l'Esprit, répandu dans nos cœurs, travaille à la réalisation de ce projet : l'établissement du Royaume de Dieu. Là règnera l'Amour en qui nous deviendrons amour. Il faudra le temps de notre existence terrestre et après, mais nous y parviendrons. À Dieu, rien n'est impossible. Il fait ce que nous ne pouvons pas faire, car c'est lui qui est Dieu.

Avec le temps, l'Esprit nous fera comprendre que Dieu n'est pas dangereux. Le rencontrer, c'est faire l'expérience d'être aimés sans raison. Sa toute-puissance libère et guérit. D'où émerveillement et jubilation en nous lorsque notre cœur le laisse agir. Un temps me sera donné pour saisir que rencontrer Dieu, c'est devenir moi-même, car pour lui, mon Créateur et Père, je suis une fille, un fils. Ce sera le jour de ma nouvelle naissance, où j'entendrai la Sagesse éternelle m'appeler par mon nom. Ce jour-là sera jour de fête et de joie.

18

L'ÉGLISE DE JÉSUS CHRIST

*L'Église n'est pas sans pécheurs,
mais elle est sans péché.*
(P. Evdokimov[1])

---

[1] P. Evdokimov, *La nouveauté de l'Esprit*, p. 119.

L'Esprit et l'Église

> *La seule règle que Jésus lui donne,*
> *semble-t-il, est de vivre sans lui*
> *l'existence qu'elle menait avec lui.*
>
> J. Guillet[2]

Nouvelle création

« En tes mains, j'exhale mon esprit. » Le dernier souffle de Jésus en croix n'est pas le dernier soupir d'un mourant, mais la transmission d'un don, celui de l'Esprit, de la vie. Ce Souffle, acte ultime, engendre un monde nouveau. Pas une ombre de violence ni d'acharnement, car rien n'est plus sensible qu'un cœur déchiré. Rien n'est plus fragile qu'un cœur qui a remis son souffle. En dehors de la cruauté de certaines gens qui ont voulu la mort de « l'Agneau de Dieu », tout se passe ici dans le silence, la miséricorde, la docilité d'un amour qui s'exprime jusqu'au bout. La vie est plus forte que la mort. L'Église s'avère cette nouvelle création qui jaillit du cœur ouvert de Jésus pour dire la continuité de la présence. Comme la femme enfante dans la douleur, l'Église naît dans la souffrance du Christ, mais ce n'est qu'au jour de la Pentecôte que l'Esprit fera l'Église.

Au matin de ce jour, les disciples, réunis au cénacle avec Marie et quelques femmes, entendent un bruit semblable à un violent coup de vent[3] qui vient du ciel et remplit la maison. L'Esprit, énergie dynamisante, envahit ce petit groupe de femmes et d'hommes de sa Présence personnelle. Remplis d'une force qui les dépasse, ils racontent ce que Dieu a fait en Jésus. Pierre

---

[2] J. GUILLET, *Entre Jésus et l'Église*, Paris, Seuil, 1985, p. 61.
[3] La note *f* de la Bible de Jérusalem nous dit qu'il y a une affinité entre l'Esprit et le vent : le même mot signifie *esprit* et *souffle*.

n'hésite pas à parler de ses actes de puissance, de sa crucifixion et de sa résurrection dont il est un des témoins. Son discours culmine en proclamant que Jésus de Nazareth est Christ et Seigneur. Avec le temps, la parole des apôtres se fait de plus en plus convaincante et séduisante. Des gens s'arrêtent, écoutent et ont le cœur transpercé. Ils s'empressent de demander : « Frères, que devons-nous faire ? » Les apôtres offrent alors le baptême au nom du Père, du Fils et de l'Esprit et promettent aux nouveaux baptisés le don particulier qu'ils ont eux-mêmes reçu : l'Esprit (*cf* Ac 2, 37-38). Ainsi, l'Église, nouvellement née, prend forme. Elle sera le Corps du Ressuscité au milieu des êtres humains et formée à partir d'eux, pour que l'humanité « entende, voie, contemple et touche le Verbe de vie » (1 Jn 1, 1). Jésus, « en communiquant son Esprit, a mystiquement établi ses frères, appelés d'entre toutes les nations, comme son propre corps[4] ». Dans ce Corps, l'Esprit diffuse la vie en abondance et sans restriction à tout croyant.

La communauté primitive

Jésus a-t-il fondé l'Église ? Tout dépend de ce que l'on entend par fondation. Il a bien choisi douze hommes pour qu'ils soient avec lui ; il a laissé de nombreux disciples, hommes et femmes, marcher en sa présence. Il leur a parlé du Père, enseigné la justice, appris à aimer et à donner la vie dans l'ordinaire du quotidien. Il leur a insufflé son esprit le soir de Pâques et s'est rendu visible, après sa résurrection, pour leur montrer de quelle façon il restera avec eux « tous les jours jusqu'à la fin du monde » (Mt 28, 20). Et il part, ne se souciant guère, semble-t-il, de ce qui adviendra. Pas d'écrits, pas de règlements, pas de traités, pas d'organigramme, mais un commandement :

---

[4] Vatican II, *Lumière des nations* (*Lumen gentium*), 7, Montréal, Fides, 1964.

« Aimez-vous », et un chef : Pierre. Apparemment, Jésus s'efface. Son existence terrestre est terminée, mais il est Je Suis dont la présence demeure.

Peu à peu et humblement, l'Église de Jésus s'organise autour des apôtres et des disciples. Ce qui lève en premier lieu, d'après P. Evdokimov, c'est l'Église domestique, c'est-à-dire le couple et les enfants. Pénétré des dons de l'Esprit, chaque membre de l'Église domestique est en état de désir. Ils se réunissent avec les apôtres et ensemble « ils mettaient tout en commun, vendaient leurs biens et en partageaient le prix selon les besoins de chacun » (Ac 2, 44). Le verset 46 nous laisse voir la vie au quotidien des premières communautés : « Jour après jour, d'un seul cœur, ils fréquentaient assidûment le temple et rompaient le pain dans leur maison. »

Les Actes des apôtres nous parlent d'une Église primitive fervente et passionnée. Des gens, saisis par la parole, se mettent en route vers leurs sœurs et frères : « Ils se montraient assidus à l'enseignement des apôtres, fidèles à la communion fraternelle, à la fraction du pain et aux prières » (Ac 2, 42). L'action des femmes n'est pas moindre que celle des hommes. L'important, c'est l'œuvre à poursuivre dans la foi, l'espérance et l'amour. La vie de partage et de fraternité véhiculée dans la communauté primitive est la preuve visible que l'Esprit travaille en tout être humain et lui donne le goût de devenir meilleur. L'Église des premiers temps est centrée sur une nouvelle création, comme l'affirme si bien É. Dufourcq : « Au temps où Paul vivait à Corinthe, la victoire du Christ sur la mort était, depuis vingt ans, vécue dans les communautés chrétiennes comme une *renaissance* de l'humanité, illuminée par l'Esprit.[5] »

L'action de l'Esprit, intérieure et silencieuse, se manifeste avec autant de force et de vérité à travers les siècles. Elle n'a

---

[5] É. Dufourcq, *Histoire des chrétiennes, l'autre moitié de l'Évangile*, Montrouge, Bayard, 2008, p. 47. Italique de l'auteure.

rien perdu de sa puissance de rassembler, d'unifier, de faire communiquer et de faire cheminer les peuples « vers la vérité tout entière » (Jn 16, 13). Guidée par lui, l'Église exerce sa mission, la même que celle de Jésus : protéger la vie, porter la flamme, établir la justice, faire entendre à toutes les nations les battements du cœur de Dieu. L'Église a reçu dans ses mains la vie même du Christ Jésus et elle a le devoir de la transmettre à tous les membres du Corps. Caché en elle, l'Esprit de Jésus l'inspire et remet les personnes en mouvement vers leur plénitude. Il demeure la Source de vie devenue accessible, pour que tous les membres de la communauté humaine soient désaltérés.

Rassemblés en un seul corps

L'Esprit Saint de Dieu distribue ses dons et veille à garder l'unité du corps dont le Christ est la tête : « Il est l'Image du Dieu invisible, Premier-né de toute créature, car c'est en lui qu'ont été créées toutes choses. [...] Il est avant toute chose et tout subsiste en lui » (Col 1, 15-17). De même que tous les membres du corps humain ne forment qu'un seul corps, de même en est-il des membres qui forment le Corps de Jésus ressuscité. Le mystère de l'Église ne s'avère pas facile à ouvrir. S'il l'était, ce ne serait plus un mystère et elle ne viendrait pas de Dieu. Ce qui jaillit de l'Éternel contient toujours une part de mystère. Pensons seulement à notre propre corps. N'est-il pas pour nous-mêmes une énigme ?

Nous entendons souvent des catholiques dire qu'ils ont la foi, mais ne se sentent pas pour autant comme faisant partie de l'institution ecclésiale. Ils parlent de l'Église comme d'une grande puissance qui reste en dehors d'eux. C'est leur façon d'exprimer une profonde déception à l'égard de l'institution, à cause de certains de ses membres dont les décisions ou les actes entrent en contradiction avec l'Évangile.

Chose certaine, l'Église, comme société, a besoin d'être structurée et organisée. Ce qui signifie qu'elle a une hiérarchie, un gouvernement, des lois. Nous sommes tous membres du corps du Christ, mais nous avons, comme dit saint Paul, des fonctions différentes. Un corps ne peut pas fonctionner si tous ses membres remplissent la même charge. En réalité, les rôles variés exercés par les membres sont des façons de *servir* l'ensemble du corps en vue de protéger la vie. Il arrive que ces fonctions et ces rôles soient interprétés comme étant supérieurs et donnant des pouvoirs, ce qui change la manière de gouverner, de diriger, d'animer, de conduire. Personne n'est à l'abri de ces tentations.

Dans l'Église ou ailleurs, l'individu qui se place sur un trône met les autres à son service et oublie lui-même de servir, cherchant à se hisser toujours plus haut. C'est ainsi que, au cours des siècles, l'Église, comme Israël épouse infidèle de Yahvé, « s'est infatuée de sa beauté » (Ez 16, 15). Oubliant la loi de la douceur, elle a choisi la violence. Nous connaissons tous ces périodes durant lesquelles l'Église a usé de cruauté et de brutalité. Ces temps où, éprise de pouvoir, elle a mené des combats sans merci. Je pense au temps des croisades, de la chasse aux sorcières, de l'Inquisition, des conversions obligées. Et moins loin de nous, l'intégration forcée des peuples autochtones, la maltraitance des femmes enceintes hors du mariage, des enfants « du péché », des orphelins et des jeunes agressés sexuellement, et j'en passe. Malgré la reconnaissance de ces erreurs et les demandes de pardon de la part des responsables de l'Église, ces gestes de violence ne s'effaceront jamais ni de l'histoire, ni des mémoires, ni des corps. Si les gens découvraient plus de compassion, de compréhension, d'humilité chez les dirigeants, je crois que, malgré la permanence des souvenirs, le pardon serait possible et mieux vécu !

L'Église, dans son humanité, est pécheresse, car elle est formée d'êtres limités qui cherchent le pouvoir et la gloire pour eux-mêmes. Il nous faut tenir notre conscience alerte et éveillée, car il est facile à un être humain de se laisser prendre, d'abuser au lieu de servir, de passer de pasteur à fonctionnaire. Je le sais, car j'en fais si souvent l'expérience. C'est pourquoi je veux éviter de condamner, sachant que Dieu ne rejette pas le cœur qui se tourne vers lui. Il est le seul à savoir ce qui se passe en dedans d'un cœur de femme ou d'homme, et il ne condamne pas.

Comme l'humanité, l'Église est habitée par le mal, la peur, la violence. Même imparfaite, elle demeure l'Église de Jésus Christ et peut mener ses membres à leur perfection. Lui, il est saint, doux et sans malice. Miséricordieux, il ne juge ni ne condamne. Il rend justice à chaque enfant du Père. Comme lui mais avec ses limites, l'Église essaie humblement d'aimer, d'unir et de servir en vérité. Elle est en marche vers son devenir.

Cependant, pour être crédibles pour le monde d'aujourd'hui où tout est étalé sur la place publique, les dirigeants de l'Église n'ont pas d'autre choix que de faire le ménage dans leurs rangs, leurs coutumes, leur silence, et devenir doux et humbles de cœur. Ainsi, elle pourra dire à la suite de son Chef et ce sera vrai : « Qui me voit voit le Père. » Cela, malgré les errances de ses membres, autant laïques que prêtres. Tous, nous avons besoin de pardon. Invisible, parce qu'il est enfoui dans la pâte humaine, l'Esprit travaille sans cesse à nous faire devenir « saints et immaculés sous son regard, dans l'amour » (Ep 1, 4). Mais quelle que soit sa catégorie ou sa fonction, celui qui s'élève risque fort d'être abaissé.

L'Église a été appelée « peuple de Dieu » par le concile Vatican II. La notion de peuple de Dieu se réfère au Père qui invite et rassemble ses enfants. Ce nom permet de bien saisir que c'est l'ensemble des baptisés : enfants, jeunes, femmes et hommes, qui constitue l'Église. Peuple est un mot englobant qui comprend sans distinction pauvres et riches, illettrés et savants, malades et bien portants, hommes et femmes, laïcs et membres du clergé. Ensemble, d'un seul cœur et d'une même foi, nous formons le corps du Christ ressuscité. Nous avons grand besoin les uns des autres pour grandir et devenir plénitude.

Autour de la table

Ne va pas te demander si c'est vrai, mais accueille plutôt avec foi les paroles du Seigneur, parce que lui, qui est la Vérité, ne ment pas.
Saint Cyrille

Présence nourrissante

Jésus a donné sa vie parce que sa vie est éternelle et qu'il veut la partager avec ses sœurs et ses frères. Afin que ce don ne soit pas qu'un simple souvenir du passé, il le rend actuel en l'offrant sous les formes du pain et du vin. Il fallait être Dieu pour penser à cela ! Jésus connaît bien l'être humain, son indigence, son inconstance, sa lassitude, son impatience. Il veut donc soutenir sa marche en se faisant nourriture pour la route : « Ceci est mon corps, prenez et mangez. C'est mon sang, prenez, buvez. » Ce qui évoque famille, table, nourriture, proximité.

L'eucharistie est le signe extraordinaire de la présence du Ressuscité dans le monde de tous les temps. Jésus ne s'est pas incarné pour être avec nous seulement pendant trente-trois ans, mais pour toujours. Ne pouvant être présent comme aux jours de sa vie terrestre, il reste dans le monde sous une forme sacramentelle. Pour l'Église primitive, ce geste de rompre le pain et de le partager s'avère un acte naturel. C'est tout bonnement autour de la table familiale que de petites communautés se réunissent pour écouter la Parole, remercier et chanter les louanges de Dieu, rompre le pain et s'engager à devenir meilleurs. Évidemment, tout n'était pas simple pour l'Église en ses commencements, mais la foi était forte et vivante. Avec le temps, les mentalités et la culture des peuples changent la manière de se réunir, de célébrer et de partager le pain. Mais l'eucharistie demeure au cœur de l'assemblée, car c'est elle qui fait l'Église.

Comment expliquer l'inexplicable ?

L'eucharistie construit l'Église, corps mystique du Christ, en la rassemblant, le premier jour de la semaine, pour faire mémoire de la mort et de la résurrection de Jésus qui sauve et qui demeure au milieu de nous. « Le sacrement – et la liturgie eucharistique est le sacrement par excellence – est précisément la manière selon laquelle le Christ ressuscité est présent au monde, bien qu'il n'en soit plus[6]. » Ce rassemblement se fait autour de la Parole, de l'offrande de Jésus et de soi, du partage du pain de vie. Au cours de ce repas, Jésus s'offre en nourriture. « Sa chair promise à la mort, mais porteuse de l'Esprit de résurrection, devient alors nourriture de vie éternelle[7]. » Ce pain ratifie la présence de Dieu en nous, autour de nous, et nous assure que la vie ne finit pas.

Que Jésus se donne en nourriture n'est pas facile à croire pour tout le monde. Peut-être que nous chosifions tout, jusqu'à imaginer le corps terrestre de Jésus ratatiné dans un morceau de pain. Avons-nous compliqué les choses à ce point ? Sommes-nous incapables de penser que Dieu nous donne autre chose à manger que sa chair corruptible ? Ne pouvons-nous pas prêter plus d'intelligence à Celui qui n'est jamais à court de moyens ? Dieu aime jusqu'à se faire nourriture. Pour lui, se faire pain, comme pour nous le manger, ce n'est rien de dégradant, mais le signe d'un amour réciproque. C'était si simple pour Jésus : « Prends et mange, je te donne ma vie comme une nourriture.

---

[6] J. CORBON, *L'expérience chrétienne dans la Bible*, p. 235.
[7] B. SESBOÜÉ, *Croire*, p. 490.

Prends et mange, c'est ma vie que je fais passer dans la tienne : *moi en toi et toi en moi*. Prends et mange, c'est ma vie afin qu'elle coule en toi éternellement. Si tu la veux, si tu as faim, prends et mange. Tu te souviens de l'eau vive qui jaillit comme un fleuve ? Eh bien ! ma vie, c'est ce fleuve qui jaillit en vie éternelle ; si tu as soif, prends et bois. Je Suis ta source d'eau vive, tu peux boire et faire boire tous les assoiffés qui t'entourent. Ce pain, ce vin, cette parole, c'est ma vie qui devient la tienne. Prends et reçois. Prends et mange. Prends et bois. C'est gratuit ! » Jésus est offert à tous les peuples et il est pour chacun le pain vivant. Ce n'est pas trop beau pour être vrai !

Comme je voudrais pouvoir « décompliquer » ce don inexplicable. Et si je vivais l'eucharistie au lieu de l'expliquer ? Si, tout simplement, je recevais le Pain de vie, et si ma vie devenait du bon pain pour les autres ? Je saisirais alors avec le cœur. Peut-être que les autres, en me voyant vivre, auraient le goût « de manger, de boire, de servir ». Devenir eucharistie, c'est, en Jésus, vivre ses paroles : prends et mange, c'est ma vie que je te donne, mon temps, mon amour, et c'est gratuit. Prends et reçois. C'est au quotidien que je deviens eucharistie. Comme Jésus, je deviens un pain pour qui a faim de vie, d'amour, de liberté, d'infini. Et chaque fois que je fais cela, je fais mémoire de Celui qui m'a aimé et qui s'est livré pour moi sans rien demander en retour. Quand Dieu désire la réciprocité, ce n'est pas pour se replier sur lui-même, « c'est que, l'amour étant la valeur suprême, il désire que nous en vivions comme il en vit lui-même[8] ».

L'eucharistie est mémorial de la Pâque du Christ ressuscité, laquelle est le passage de toute la création au Père, donc aussi de mon passage vers le Père. Elle est présence du Ressuscité : « Là où deux ou trois sont réunis en mon nom, je suis au milieu d'eux » (Mt 18, 20). Elle est repas où se livre la vie : « Ayant aimé les siens qui sont dans le monde, il les aima jusqu'au

---

[8] F. VARILLON, *La souffrance de Dieu*, Paris, Le Centurion, 1975, p. 66.

bout » (Jn 13, 1). Elle est anticipation de sa Venue définitive :
« ... jusqu'à ce qu'il vienne » (1 Co 9, 26). Et il reviendra lorsque
les temps seront accomplis. Cela nous incite à tenir notre lampe
allumée. Nous ne serons jamais en retard, car Dieu vit au présent. Nous ne l'entendrons jamais nous dire : « Tu aurais dû
venir hier ! » L'heure pour Dieu, c'est la mienne. La Sagesse
est assise à la porte et elle m'attend (cf. Sg 6, 14). Elle prépare
la table et elle attend (cf. Pr 9, 1-6).

L'eucharistie est le présage d'un rassemblement beaucoup
plus vaste. Jésus est offert au monde et réunit, imperceptiblement,
l'humanité. Depuis toujours, Dieu travaille : « Et moi, je viens
rassembler les nations et toutes les langues. Elles viendront voir
ma gloire » (Is 66, 18).

Le mystère de la foi

À notre naissance, ou à un autre moment de notre histoire,
nous, les chrétiens, avons été baptisés, plongés dans la vie même
de Dieu. L'Église nous accueille et nous baptise au nom du
Dieu trois fois saint. Elle nous accepte dans la famille comme
membres du Corps et s'engage à veiller sur la vie déjà en nous.
Elle nous fait une place autour de la table de famille et nous
permet d'avoir part aux autres sacrements, signes de la présence
amoureuse de Dieu dans notre vie. Si nous ne sommes pas
nourris, la croissance dans la vie spirituelle devient difficile, et
lent notre cheminement de foi. L'Église nous apporte lumière,
espérance et fraternité. Elle étend souvent sur nos blessures, nos
peines, nos problèmes, une bienfaisante douceur.

L'Église nous rassemble pour raviver en nous la foi reçue
au baptême. Cela n'enlève pas les soucis ni les peines de notre
aujourd'hui, mais peut changer notre manière de les regarder
et de les vivre. Dans une assemblée de gens qui partagent une
même pauvreté, une même recherche, un même *Credo*, sourd

une énergie de fond qui s'installe mystérieusement en chaque individu et dans le groupe. La foi, pour demeurer vivante et active, se vit avec d'autres.

Avoir la foi ne consiste pas à croire en ce que nous ne voyons pas ni ne comprenons pas. C'est plutôt faire confiance à un autre que soi, à quelqu'un de plus grand que soi. La foi nous donne d'accepter de dépendre d'un autre et de lui remettre notre vie, tout comme Jésus a remis sa vie au Père. La foi, c'est dire *oui* à Quelqu'un qui nous aime tels que nous sommes. C'est faire nôtre une vision du monde où l'amour a le dernier mot. Nana Mouskouri s'exprime ainsi : « Ma foi, c'est ma main pour toucher Dieu. » C'est dire bellement que Dieu se laisse approcher de très près. Pour toucher l'Invisible, la foi doit être vivante. Nous avons tous un si grand besoin de foi pour croire en soi, en l'autre, en Dieu, qu'il ne faut pas la rayer trop vite de notre vie.

La vie comme liturgie

D'une certaine manière, un parent qui amène son enfant à l'âge adulte se laisse *manger* au jour le jour. Il communique sa vie, l'offre, la donne. L'enfant la reçoit et donne aussi quelque chose de lui. L'Église, par l'eucharistie, nous communique la vie que le Fils reçoit du Père. Elle nous la donne à manger et à boire. La recevoir, c'est vivre de la vie qui demeure. Tout amour est don et accueil. Il est mouvement d'oblation et de réception. La liturgie est ce va-et-vient de Dieu à nous et de nous à Dieu. Elle est un acte profondément humain qui vient du besoin de donner, de recevoir et de s'ouvrir aux autres. Elle s'avère une réponse à l'amour de Dieu qui s'offre. Elle est communion où tout se reçoit gratuitement et où tout se donne gratuitement. Dieu ne me donne jamais moins que le maximum de tout lui-même : sa pauvreté autant que sa richesse. En retour, il reçoit ce que je lui offre : ma pauvreté autant que ma richesse.

La résurrection des morts

Pour accéder à la table du Royaume, il faut passer par la mort, dernière étape de la vie terrestre et passage obligatoire à la vie qui dure. Acte difficile à accueillir, même si l'on croit, avec Etty Hillesum, qu'« en excluant la mort de sa vie on ne vit pas à plein, et en accueillant la mort au cœur de sa vie, on élargit et on enrichit sa vie[9] ». Mais Dieu ne nous vole pas ce moment. S'il y a violence, cela ne dépend pas de lui. Une question se pose sans cesse à mon intelligence et elle reste entourée du plus profond silence : pourquoi mon esprit doit-il se séparer si brutalement et si totalement de mon corps ? La Sagesse éternelle n'agit pas ainsi. Elle demeure enfouie dans le germe pour lever avec douceur. C'est pourquoi je n'arrive pas à croire que la mort détache mon esprit de mon corps. Pour être une personne et dire *Je*, il faut mon être réuni. Et la mort ferait de moi une moitié d'être ? Je crois que nous ne sommes pas encore sortis de la logique de l'enseignement du passé.

Pour dire avec l'Église : « Je crois en la résurrection de la chair », je dois m'appuyer sur la résurrection de Jésus. Il n'est pas qu'esprit ; son corps est ressuscité. La preuve est qu'il a parlé, marché, bu et mangé avec ses amis, mais avec un corps nouveau, spirituel, qui n'est plus limité par le matériel, le temps, l'espace. Je ne me lasse jamais d'entendre ces paroles de saint Paul : « Si l'Esprit de Celui qui a ressuscité Jésus d'entre les morts habite en vous, Celui qui a ressuscité d'entre les morts le Christ Jésus donnera aussi la vie à vos corps mortels par son Esprit qui habite en vous » (Rm 8, 11). Là est la force de la résurrection des corps : le Père engendre dans la puissance de l'Esprit, aujourd'hui.

---

[9] P. LEBEAU, *Etty Hillesum. Un itinéraire spirituel, Amsterdam 1941 – Auschwitz 1943*, Paris, Albin Michel, 2001, p. 197.

Dieu ne travaille qu'avec douceur et longueur de temps. À partir de ce constat, il m'arrive de penser que la résurrection de mon corps est un acte de croissance. Comme c'est dans ma nature de grandir, il doit donc y avoir, dans la vie après la mort, un processus pour unifier corps et esprit. Ce qui me fait penser que, dès ma mort, quelque chose de mon corps commence déjà à lever. Je crois, sans savoir comment cela peut se faire, que l'être humain, corps et esprit, ressuscite par l'Esprit dans sa forme définitive, lentement et progressivement. Comme l'écrit l'apôtre Paul, « ce que l'œil n'a pas vu, ce que l'oreille n'a pas entendu, ce qui n'est pas monté au cœur de l'homme, tout ce que Dieu a préparé pour ceux qui l'aiment » (1 Co 2, 7) sera fait, comme tout le reste, dans la douceur, étant donné que la Sagesse n'agit jamais dans le fracas et par saccades.

La vie éternelle

Le pain que nous partageons au cours de la célébration eucharistique est le pain de Vie éternelle. Si ma vie terrestre est liturgie, une vie d'appel et de réponse, de don et d'accueil, c'est sans doute ce que je vivrai aussi après ma mort : communion, communication, relation. Dieu est source jaillissante, ruissellement de vie, fécondité luxuriante, abondance de douceur ; il ne peut pas m'offrir ennui et immobilité. Il m'est impossible d'imaginer la vie après la mort comme une longue contemplation passive où rien ne se passe. Ce serait contraire à la vie, qui est mouvement. Je crois que mourir, c'est entrer dans la mobilité de Dieu, où toute relation se vit avec douceur et amour. Après les embrassades entre Père-Mère et fille ou fils où tant de choses se diront en silence et en secret, nous serons revêtus du vêtement du salut, nous entrerons dans la fête, nous prendrons place autour de la table, et qui dit table dit famille, rencontre, mouvement. J'entends déjà la musique.

La mission de l'Église

Travailler au royaume, c'est faire en sorte qu'il y ait moins de haine, source de tous les maux de cette planète, davantage d'amour mutuel, comme le souhaite l'Abba.
Jean-François Six[10]

Le peuple de Dieu, comme une bonne terre, est imbibé d'Esprit Saint et, comme un bon pain, il est pétri d'eau et de sang. Corbon nous dit que dans l'Église, l'Esprit Saint, notre humanité et celle de la Sagesse incarnée sont unis inséparablement. En fait, l'Église est la manifestation de l'Esprit du Christ dans une communauté nouvelle qui vit par lui, de lui et en lui, pour former un seul Corps vivant, dynamique. La même vie circule de la Trinité à l'Église. Un même Souffle de vie passe entre les membres du corps et les unit à la divine Sagesse. Étant lui-même toujours en état de désir, l'Esprit dépose dans les cœurs son propre désir d'aimer, de servir, d'annoncer. La mission de l'Église s'avère la même que celle de Jésus et de l'Esprit Saint. Il n'y a qu'une mission et elle vient du Père : révéler l'amour de Dieu pour l'humanité.

La parabole de la roulotte

Pour expliquer la mission de l'Église, Guy Paiement, jésuite, aimait parler d'une roulotte bien assise sur quatre roues aux pneus gonflés à point. La roulotte, symbole de l'Église

---

[10] J.-F. Six, *Les Béatitudes aujourd'hui*, Paris, Seuil, 1984, p. 105.

missionnaire, a reçu l'appel à continuer la mission de Jésus qui, d'après le concile Vatican II, se déploie en quatre volets : annoncer la Bonne Nouvelle de l'amour de Dieu pour le monde ; bâtir des communautés vivantes et fraternelles ; célébrer le salut par l'action de grâce, la prière et les sacrements ; servir les plus petits du Royaume. Chaque roue porte le nom d'un de ces volets. Des pneus bien gonflés, disait-il, assurent l'équilibre de la roulotte, et cet équilibre se maintient en accordant une importance égale à chaque volet de la mission. En d'autres mots, on ne peut porter toute l'énergie sur un seul volet, car ils sont tous nécessaires à l'accomplissement total de la mission et s'interpellent l'un l'autre. La Parole, mise en pratique, nous engage à bâtir des lieux de vie, nous invite au rassemblement et nous envoie dans le monde.

Par son baptême, lieu d'adhésion à l'Église de Jésus, chaque membre du peuple de Dieu reçoit cette mission et s'y engage selon ses convictions et ses talents, là où il est. Chaque communauté chrétienne, diocésaine, religieuse, domestique trouve sa façon d'annoncer l'Évangile par la parole et par l'action ; de former des milieux de vie où chaque personne peut s'épanouir ; de célébrer son histoire de salut en vivant les sacrements et en donnant une place à la prière ; de donner aux petits ce dont ils ont besoin pour vivre. Par « petits », j'entends toute personne qui est dans le besoin. Ce n'est pas parce que l'on est riche et grand que l'on n'est pas pauvre et petit. Le contraire est aussi vrai. Chacun ou chacune de nous, à certains moments, peut être en manque de quelque chose de nécessaire pour rester debout.

Chaque personne et chaque groupe sont appelés à participer à l'édification du Royaume en vivant l'amour selon les appels déchiffrés et selon leur manière d'être chrétien. Tous les talents que nous avons reçus servent à bâtir un monde de douceur où chaque être humain a ce qu'il faut pour exister et être heureux. Notre engagement dans la mission exprime notre réponse de foi, tout comme les femmes au coin d'une rue de Jérusalem, à l'aube de Pâques, comme Marie de Magdala, comme les disciples d'Emmaüs. Comme eux, nous sommes porteuses et porteurs de cette Bonne Nouvelle. Il est vivant.

Jésus est envoyé, l'Église est envoyée, nous sommes envoyés vers nous-mêmes, vers les autres, vers la communion trinitaire. Toute personne en mission dans sa rue, en politique ou en terre lointaine, trouvera Dieu là où il y a des enfants, des femmes, des hommes déchirés par la violence, le manque, l'indifférence. Son action lui semblera souvent minuscule, car ils sont si nombreux à avoir mal. Elle se souviendra alors que Jésus n'a pas apporté de solution aux nombreux problèmes de son temps, mais qu'il a plutôt aidé les gens à voir comment sortir de leur misère ou de leur peine pour vivre, avec un cœur ouvert et libre, le contenu de leur vie en l'améliorant.

La personne envoyée reçoit ce dont elle a besoin pour sa mission. Parfois, des gens généreux s'envoient eux-mêmes vers les autres par besoin d'évasion ou pour d'autres motivations. L'engagement peut s'avérer un moyen de fuir l'obscur qui nous habite. L'activisme nous guette, car il comble souvent un vide innommé. Sans cesse, nous devons nous confronter avec nous-mêmes. Maître Eckhart, qui n'avait rien d'un mystique abstrait, ne cessait de donner la priorité à l'*être* sur le *faire,* « car ce ne sont pas les œuvres qui nous sanctifient, mais c'est nous qui devons sanctifier les œuvres[11] ».

L'autre visage de l'Église

Au cours des siècles, l'Église n'a pas apporté que déceptions et scandales. En elle existent la beauté et la grâce. Tout est là sous nos yeux quand nous la regardons accomplir sa mission

---

[11] Maître Eckhart, *Les traités et le poème*, traduction de Gwendoline Jarczyk et Pierre-Jean Labarrière, Paris, Albin Michel, 1996, p. 16 et 56.

et se manifester bellement comme « le lieu de réception par excellence du don trinitaire de Dieu aux hommes et le corps "mystique" du Christ en croissance[12] ». Elle nous enveloppe maternellement, de notre naissance à notre mort. Elle ne cesse d'offrir et de dispenser les sacrements, signes de la présence de Celui par qui elle est.

Par la splendeur de ses cathédrales les plus grandioses, comme par l'humble église de nos villages, l'Église rappelle la dimension spirituelle des êtres humains. Un clocher pointé haut vers le ciel annonce que Dieu est là au cœur de nos vies souvent échevelées, et qu'il est en prière. En priant, il renonce à vouloir, à obliger, à contraindre. C'est parce qu'il prie que nous sommes capables de le prier. La pointe effilée du clocher nous incite à entrer dans la prière de Dieu qui renouvelle en nous sa soif d'infini. Se laisser saisir ainsi par l'*âme* qui habite une chapelle, une église ou une cathédrale, c'est se laisser entraîner dans le mystère : « L'émerveillement nous ouvre à l'infini par le silence qu'il fait en nous[13]. »

L'Église de Jésus est lumière, douceur et baume quand elle ose rappeler aux gens non ce qu'ils font pour Dieu, mais ce que Dieu fait pour eux. Elle est belle et resplendissante quand elle proclame l'amour gratuit de Dieu pour l'humanité, quand elle promet un avenir meilleur, quand elle célèbre les mystères de notre salut, quand elle reconnaît sa condition de créature, ses errances et ses erreurs, quand elle se bat pour la dignité des êtres humains et qu'elle rend justice à tous les sans voix, quand, par moi, elle se penche sur un projet, un service, un étranger. Et H. U. von Balthasar aime dire que « le nom de frère ne peut être refusé à aucun homme[14] ».

---

[12] B. Sesboüé, *Croire*, p. 426.
[13] R. M. de Pison Liébanas, *Du regard à la contemplation*, Montréal/Paris, Médiaspaul, 2002, p. 116.
[14] H. U. von Balthasar, *La Gloire et la Croix*, Nouvelle Alliance, p. 396.

Elle est belle, l'Église dans cette multitude de personnes qui accomplissent, selon leurs talents, leur mission qui consiste à aimer. Chaque geste de douceur qui remplace la violence change le monde autour de nous. Chaque parole qui redonne confiance à un « petit » annonce le Royaume. Chaque parent qui apprend à son enfant des gestes de douceur, de justice, de paix, prépare un monde meilleur. Chaque assiette de riz servie au nom de l'Amour transforme l'humanité. Chaque pardon accordé ou reçu illumine le regard. Une chorale qui crée la fête lors des célébrations liturgiques remplit de joie les participants. Ce n'est pas la grandeur du geste qui compte, mais l'amour qui est au-dedans, signe d'un cœur qui bat pour un autre.

Elle est belle, l'Église, quand je vois son *être* à travers les milliers de personnes qui enseignent la catéchèse en paroisse, la mystique à l'université, l'Évangile dans leur maison. Je suis émue par l'action des bénévoles qui apportent une douceur aux enfants, aux jeunes, aux malades, aux familles, aux personnes âgées, à la communauté chrétienne ; devant les pasteurs qui animent leur communauté chrétienne avec tendresse, foi et conviction ; devant les gens, si souvent anonymes, qui osent le neuf dans une Église qui n'aime pas le changement et parfois le refuse.

Le dernier siècle a vu le feu se répandre par des personnes qui ont travaillé dans les divers volets de la mission. Ces personnes ont permis à la « roulotte » de garder son équilibre. Qu'il me soit permis d'en nommer quelques-uns : Édith Stein et Pierre Teilhard de Chardin, ces savants qui ont su partager leur expérience de Dieu ; Jean XXIII, Maurice Zundel, dans leurs efforts pour promouvoir la nouveauté du message de l'Évangile ; Gabriel Deshayes, Mgr Romero dans leur combat respectif pour la justice. La construction de communautés vivantes n'a pas été négligée, à cause de Marcel Légaut, de Jacques Lœw, de Roger Schulz, ni le service des pauvres entre les pauvres par sœur Emmanuel, mère Teresa, frère André. Je me souviens de

Charles de Foucault, de Thérèse de Lisieux, d'Élisabeth de la Trinité, dont la contemplation et la prière rejoignent les milliers de priants qui rendent gloire à Dieu pour l'infiniment petit et l'infiniment grand. Nombreux sont les jeunes, les femmes, les hommes qui ont laissé Dieu graver son nom dans leur cœur en longs traits de feu.

Le Royaume de Dieu en devenir

Dieu connaît son peuple, mais quand ce peuple reconnaît Dieu dans son Fils, alors ce peuple devient corps du Christ. Les Actes du concile Vatican II ont remis l'accent sur le vouloir de Dieu : que les êtres humains constituent une seule famille et se traitent comme des frères entre eux. « Je mettrai ma loi au fond de leur être et je l'écrirai sur leur cœur. Alors, je serai leur Dieu et eux seront mon peuple » (Jr 31, 33). Ce rêve de Dieu, l'Esprit Saint le réalise dans l'Église, qui est le lieu d'expression de la liturgie : donner et recevoir. C'est ainsi que la présence de « Je Suis avec toi pour toujours » se fait sentir au quotidien dans un couple, dans une famille, dans une communauté, dans le monde. Ce qui semble impensable et impossible à l'être humain se réalisera par l'Esprit lorsque les temps seront venus : le Royaume. Mystérieusement, ce Royaume est déjà présent dans le monde. Il travaille toutes nos sociétés, car « il est au milieu de nous ». On ne le voit pas, mais il est en train de croître, car il est l'amour de Dieu caché dans l'humanité. Nous avons tous besoin de foi pour croire en nous-mêmes avec nos limites, en l'Église avec ses faiblesses, en Dieu que l'on ne peut pas expliquer.

L'accomplissement du Royaume est le rêve du Père, son « dessein bienveillant qu'il avait formé en lui par avance, pour le réaliser quand les temps seraient accomplis : ramener toutes choses sous un seul Chef, le Christ, les êtres célestes comme les terrestres » (Ep 1, 9-10). La Trinité, avec amour, est penchée sur l'humanité et lui transmet peu à peu son mystère d'unité. Le Royaume, c'est cette unité toujours à venir où chaque être humain entrera dans les bras du Père pour la fête. Imperceptiblement, il s'établit. Dieu a tout son temps. Ce serait fait rapidement si l'Esprit utilisait la violence sous toutes ses formes, mais il n'est que douceur et sa puissance est fortement douce. Le Royaume atteindra sa perfection quand le Seigneur reviendra, nous assure le concile Vatican II[15]. En attendant, l'Esprit entre dans toutes les passions humaines pour les envahir de chaleur, de désir et de légèreté.

L'Église est sans cesse engendrée, donc toujours en état de commencement. Et elle est humaine, donc en devenir. C'est ce qui explique sa grande pauvreté, sa peur, sa vision à courte vue. Elle demeure en germination tout en étant le Corps où Dieu a installé sa tente afin de veiller et d'assurer la croissance du germe jusqu'à l'éclosion de parfaite maturité. Je n'ai pas toujours les yeux pour discerner la présence de Je Suis dans cette Église en marche, ni dans mon quotidien, ni dans l'histoire qui se déroule actuellement. Mais l'histoire n'est pas terminée. Abraham a reçu la Trinité à travers les trois personnages venus le visiter à l'heure du plein midi. Marie reçoit la salutation d'un ange dans sa maison de Nazareth. Les apôtres ont été envoyés par un Maître. Paul est jeté en bas de son cheval par une Parole. Et nous, qui rencontrerons-nous ? À qui irons-nous ?

---

[15] *Gaudium et spes*, chapitre 3, 39.

* * *

MITAN 18

En terminant ce chapitre sur l'Église, tu as le goût de partager ta propre expérience EN Église ? Pour toi, comment est-elle visage de Dieu ? Qu'est-ce qui t'empêche de le voir ? Comment peux-tu changer les choses ?
Partager ce que l'on ressent avec d'autres marcheurs est un plus dans nos vies.

Une parole à savourer (Ap 22, 5)

De nuit, il n'y en aura plus ; ils se passeront de lampe ou de soleil pour s'éclairer, car le Seigneur Dieu répandra sur eux sa lumière, et ils règneront pour les siècles des siècles.

Tu crois à cette parole ? Laisse-la t'apporter la paix.

19

CES TEMPS QUI SONT LES DERNIERS

*C'est l'Esprit qui seul est capable
de ramasser la création entière
pour la ramener à Dieu le Père.*
(Yves Raguin[1])

---

[1] Y. RAGUIN, *L'Esprit sur le monde*, Collection Christus, Paris, Desclée de Brouwer/Bellarmin, 1975, p. 118.

L'aujourd'hui de Dieu

Quand l'intelligence, à bout d'efforts, reste dehors, l'amour dit : « Moi, j'entrerai. »
Jean Ruysbrœck[2]

Pour Jésus, pour l'Église, pour nous, pour l'humanité, la résurrection est l'étape ultime. Tout a commencé par la résurrection de Jésus et tout s'achèvera en elle. Sans elle, l'histoire n'a pas de sens, la vie n'a pas de sens. C'est l'événement unique de l'histoire et le seul qui ne passera pas. Nous vivons à l'intérieur de Je Suis la Résurrection et la Vie. Parce que Jésus est ressuscité, rien ne s'arrête avec notre mort, mais tout s'ouvre sur ce qui ne finit pas. C'est là le pourquoi de l'incarnation : que l'être humain ait accès à la vie même de Dieu. Saint Paul affirme : « Il est avant toutes choses et tout subsiste en lui » (Col 1, 17). L'histoire se déroule en Jésus et se terminera dans la rencontre avec lui.

Vivre à l'intérieur de notre temps

L'impression d'une fin du monde imminente était bien réelle au temps des apôtres, chez qui une passion taraudait le cœur : annoncer la Bonne Nouvelle du Royaume à venir. Au cours des premiers siècles du christianisme, l'expression *les derniers temps* n'était pas une idée en l'air. La fin du monde était pour bientôt, d'où la hâte avec laquelle on a voulu répandre le message de Jésus. L'Église du XXIᵉ siècle parle de *ces temps qui sont les derniers* non pour signifier l'imminence de la fin du monde, mais

---

[2] Internet : livres-mystiques, Jean Ruysbrœck.

pour dire que c'est aujourd'hui le temps où Dieu, par l'Esprit, travaille à l'édification du Royaume où tous les peuples auront Dieu pour Père et se reconnaîtront frères et sœurs en Jésus. Il faudra du temps, car, comme le peuple juif de l'Ancienne Alliance, nous avons aussi la « nuque raide » et nous savons que Dieu n'intervient que dans la douceur. Croyants et incroyants aspirent au bonheur et tentent de vivre dans l'amour qui assure développement, justice, paix et joie. Là où est l'amour, Dieu est présent. « Et quiconque aime est né de Dieu » (1 Jn 4, 7).

L'expression *ces temps qui sont les derniers* nous amène à revoir ce qui motive notre agir, les priorités qui font agir le monde et l'Église et l'urgence de vivre dans le siècle présent. C'est aujourd'hui que nous devenons doux et humbles de cœur. C'est aujourd'hui que nous nous reconnaissons, catholiques et autres, des pécheurs pardonnés aux mains fermées ou jointes. Au creux de ces mains se tient la Vie à donner. Dieu a confiance en nous. Pour M. Zundel, « la foi la plus difficile, c'est la foi en l'homme. Croire en l'homme : il faut pour cela une espèce d'héroïsme[3] ». Et pourtant, dit-il encore, il faut aimer l'homme avec ses limites, pour être sûr de ne pas manquer Dieu, car il est lié à l'être humain depuis qu'il l'a engendré dans l'amour.

Avec l'Esprit et par lui, du fond de sa misère, l'Église d'aujourd'hui – et c'est nous – doit se rendre attentive à toute attente, à toute recherche, à toute faim des êtres humains et y répondre. Elle doit donner la vie. Pour cela, elle gagne à se laisser guider de très près par l'Esprit, afin de délier les liens qui l'empêchent d'agir avec douceur et vérité. Elle ne perdrait rien à sortir d'elle-même, de sa masculinité, de sa rigidité à l'égard de certaines positions, certains discours, certaines pratiques, pour mieux répondre aux besoins de ce siècle. À la manière de Jésus, il lui appartient de prendre l'initiative de combler l'hiatus qui s'élargit peu à peu entre elle et le monde. Pour vivre, elle

---

[3] M. Zundel, *Vie, mort, résurrection*, Québec, Anne Sigier, 1995, p. 23.

devra abandonner certaines traditions, par exemple en laissant aux prêtres la liberté de choisir entre le mariage ou le célibat ; en partageant ses fonctions et ses ministères avec l'ensemble du corps du Christ, où sont les laïcs, femmes et hommes ; en redonnant aux divorcés remariés leur place à la table de communion. Chaque membre a déjà à se préparer à ces réalités nouvelles qui assureront l'avenir de l'Église de Jésus Christ.

Il y a urgence pour les pasteurs de modeler leur vie sur la parole qu'ils annoncent. Il y a urgence aussi pour l'Église hiérarchique de reconnaître que, comme le fils prodigue, les chrétiens ne cherchent pas une autorité, mais le cœur du Père. Ils ne cherchent pas des directives, mais la liberté intérieure. Ils ne cherchent pas une doctrine, mais une vie. Dieu veut bien que sa volonté se fasse, mais il désire des filles et des fils, non des esclaves. Remplis de l'Esprit, des gens ont délaissé les commandements de Moïse pour celui de Jésus : « Aimez-vous les uns les autres comme moi je vous ai aimés. C'est à ce signe que l'on vous reconnaîtra » (Jn 13, 34). Cette loi rend leur esprit inventif à vivre les béatitudes et motive leurs interventions au cœur même de la violence.

Je partage la pensée d'Olivier Le Gendre dans son livre *Confession d'un cardinal*, car elle m'invite à porter une attention réelle aux nouveautés de l'Esprit qui se lèvent concrètement en ces temps qui sont les derniers : « L'Église, ce n'est pas le Vatican, les conférences épiscopales, les nonces. C'est un ensemble incroyablement riche et divers d'initiatives et de convictions. Ce sont des gens qui vivent une pratique un peu banale, même si elle peut être profonde ; mais ce sont aussi des gens qui inventent sans arrêt des manières d'être chrétiens dans ce monde. Mus par leur conviction intérieure, ils veulent, là où ils sont, donner à leur foi qui est vive une expression concrète. L'Église, c'est avant tout un fourmillement d'initiatives et de réalisations, connues ou inconnues[4]. » C'est ce qui me fait dire

---

[4] O. Le Gendre, *Confession d'un cardinal*, Paris, JC Lattès, 2007, p. 407.

que l'Église de demain est déjà en train de naître par ce qui vient des gens de la base qui se laissent toucher par l'Esprit.

Chaque être humain est enfant de Dieu, mais il lui faut l'espace de sa vie pour en prendre conscience et y consentir. Il a en lui un souffle qui vient d'un Autre et il a l'espace de son aujourd'hui pour le reconnaître. Dieu nous prend comme nous sommes et il chemine avec nous. À chacun, il se dit depuis toujours : « Je Suis. Je serai qui je serai, vous le verrez à mes actes. Au temps accompli, je viendrai à vous en personne. Je serai votre Pâques personnellement. Je serai votre passage de la mer Rouge. Je serai votre manne. Je Suis le vrai pain de vie. Je Suis votre libérateur. Je Suis l'alliance de mon peuple. Je Suis Jésus, Christ et Seigneur. Je Suis votre Père. Je Suis l'Esprit de vie. Aujourd'hui, toi, tu es ma fille, mon fils. »

Oser la confiance

Ces temps actuels que nous vivons nous ouvrent sur le monde à une vitesse phénoménale. Ce qui se vit de beautés et de laideurs se retrouve rapidement sur nos écrans. Des opinions sur les grandes questions de l'heure sont partagées en direct. Tout cela sculpte notre manière de penser et de vivre. Certes, chaque époque apporte son propre changement, sa grande désinstallation, son insécurité, car nous sommes dans l'inconnu. Ainsi vont les générations à la fois différentes et semblables. C'est le mouvement de la vie qui nous entraîne vers le devenir, sans nous laisser la possibilité de faire du surplace.

Il me semble évident qu'elle est passée, l'époque de la chrétienté où les églises se remplissaient chaque dimanche et où abondaient les vocations religieuses et sacerdotales. Nous vivons la fin d'une certaine forme de christianisme que beaucoup d'entre nous ne veulent pas voir se terminer. Pourtant, vouloir qu'elle revienne serait vouloir figer la vie. Certes, voir disparaître les églises et la pratique religieuse, cela nous dérange ; à constater l'ignorance et le manque d'intérêt pour des connaissances religieuses, des questions se lèvent : Dieu est-il absent de ce monde ? Le monde choisit-il d'ignorer Dieu ? L'être humain se porte-t-il mieux sans Dieu ? L'avenir nous donnera sans doute des réponses ; mais Dieu, toujours à l'œuvre, prépare son peuple. Il est Je Suis, lieu de vie, d'amour, de douceur pour chaque enfant du monde, pour chaque jeune, chaque femme, chaque homme en marche vers son plein épanouissement. Il est Sagesse qui attend, Regard où l'on peut croire en sa propre beauté. Justice qui remet debout, Feu qui fume encore. Il est là enfoui dans l'histoire et travaille en silence, sans bruit, sans éclat.

Il ne faut donc rien fermer, ni nos cœurs, ni notre espérance, ni notre foi, ni nos mains, car dans l'être humain, malgré les apparences, la quête d'Absolu ne cesse jamais. Dieu nous aspire tant que nous ne l'aspirons pas à notre tour. Cela est aussi vivant que la nouvelle qui arrive sur notre écran de télévision. Je crois que cette époque est pleine de richesse et de nouveauté, elle naît de Dieu et existe en lui. Si nous ne sommes pas sûrs, au lieu de céder à la peur, osons la confiance, la prière et l'attente. Prendre dans nos mains chaque être humain, notre sœur et notre frère, et le porter à Dieu est un geste de foi. Cette personne que nous portons ne tombera jamais en dehors des mains créatrices de Dieu. Et lui, il lui fait confiance. Prendre aussi dans nos cœurs chaque personne que nous aimons et la porter au Seigneur est un geste d'espérance. Nous ne la trouverons plus jamais ailleurs que dans le cœur du Père. Et lui, il l'aime sans condition. Prendre dans notre prière le monde comme il est et le laisser tomber dans le cœur transpercé de Jésus est un acte d'amour. Nous le retrouverons transformé en cœur aimant. Comment peux-tu croire que l'Amour n'est pas amour ? Comment peux-tu penser que la Douceur n'est pas douceur ?

Choisir la douceur

Ces temps qui sont les derniers nous pressent de devenir meilleurs. Un chemin pour y arriver est l'apprentissage de la douceur. Cet appel n'appartient à aucune religion, car chasser la violence, ça regarde chaque individu. Devenir plus humain est l'affaire de chaque jeune, de chaque femme et de chaque homme. Indispensable à toute relation humaine, la douceur se vit partout. Elle s'adapte à toutes les formes de gouvernance, de structure, de prison, de chaînes et rend libre. Elle suppose la tolérance, la fermeté, la compassion. Elle sait attendre, se retirer, recommencer.

La douceur devient la manière d'agir des gens qui, ayant adopté la logique divine, travaillent sereinement aujourd'hui pour demain. Par le courage de nombreuses personnes anonymes qui font face à la violence par la douceur, nous avons souvent la preuve que la véritable force s'appelle douceur. Jésus a préféré la douceur à la force du pouvoir, de l'avoir, de la puissance. Folie ou Sagesse ? « S'il est puissant, c'est pour nous aider. S'il a l'immortalité, c'est pour vivre avec nous éternellement[5]. »

L'humanité doit, comme Jésus, renoncer à la violence, à la domination, au pouvoir, et s'engager dans la direction opposée, à la mesure de ses talents. La douceur se mêle à la justice, indispensable à la vie du Royaume de Dieu. Cela commence, chaque matin, par le choix de la douceur comme manière de vivre, et par la conviction que quelque chose change autour de nous à cause de nous. Souvent, il nous faut espérer contre toute espérance, car Dieu a tout le temps de l'éternité pour faire de l'humanité son peuple. Le pire qui peut advenir, c'est que nous soyons heureux de devenir doux et humbles de cœur.

---

[5] L.-M. DE MONTFORT, *Sermon 9*, Œuvres complètes, Paris, Seuil, 1966.

Marcher en sa présence

En ces temps derniers qui sont les nôtres, ceux de notre époque et de celles qui suivront, une vieille invitation se présente toujours à chaque être humain : « Marche en ma présence. » Je Suis n'oblige pas, ne contraint pas, mais il ne cesse de faire route avec nous. Saint Paul partage aux Philippiens son expérience de la marche : « Oubliant le chemin parcouru, je vais droit de l'avant, tendu de tout mon être, et je cours vers le but, en vue du prix que Dieu nous appelle à recevoir là-haut, dans le Christ Jésus. […] Et si, sur quelque point, vous pensez autrement, là encore, Dieu vous éclairera. En attendant, quel que soit le point déjà atteint, marchons toujours dans la même ligne » (Ph 3, 13-16). Cette parole porte le secret du bonheur. À nous de le découvrir. Pour cela, il nous faut marcher sans cesse, quoi qu'il arrive.

La femme habillée du Verbe

*Pour devenir Mère de Dieu,
Marie a dû laisser faire Dieu.*
B. Laperrière[6]

Paroles de femme

Nous vivons, sans doute, les plus beaux et les plus incertains temps de l'histoire. Je croirais nécessaire de nous approprier la manière de faire d'une femme qui, dans son siècle, a su être heureuse en accomplissant le projet de Dieu sur elle. Vigie silencieuse et sûre, Marie nous indique incontestablement le chemin vers le bonheur. En nous tournant vers elle, nous ne perdons rien : « Elle est l'océan immense de toutes les grandeurs de Dieu, le grand magasin de tous ses biens, le trésor inépuisable du Seigneur et la trésorière et dispensatrice de tous les dons[7]. » Elle n'a voulu qu'une chose depuis le premier éveil de sa conscience : s'unir à Dieu, l'aimer, s'engager pour lui corps et âme. Sa vie, c'est lui. Le sens de sa vie, c'est lui. Son attente, c'est lui. Son devenir, c'est lui. Elle est comblée de joie en sa présence. Elle ne cesse d'accueillir ce qu'il lui offre. Approchée pour devenir sa mère, que pouvait-elle dire d'autre que : « Je suis la servante du Seigneur. Qu'il me soit fait selon sa parole. » Combien il faut d'amour et de liberté pour prononcer de tels mots !

À l'humanité en marche vers le Royaume, Marie indique ce qu'il faut faire pour être heureux : entrer dans le projet de Dieu. Habillée du Verbe à qui elle a ouvert tout grand sa vie, son cœur,

---

[6] B. Laperrière, *Notes personnelles*, retraite sur l'Incarnation, Villa Saint-Martin, 1986.
[7] L.-M. de Montfort, *ASE*, 207.

son sein, elle est devenue pour la Parole un lieu d'habitation et elle a fait de la Parole son lieu d'habitation. Cette Parole faite chair en elle et par elle, Marie veut la déposer en nous, afin que la douceur, comme la Sagesse, prenne forme en nous aussi. « Marie nous apprend comment nous ouvrir pour cette incarnation de la Sagesse éternelle, et la façon de nous laisser transformer en Jésus.[8] » Si elle n'a pas hésité à se mettre au service de Dieu, c'est qu'elle avait compris qu'en réalité Dieu était à son service depuis toujours.

Les évangélistes ne nous rapportent que peu de choses de Marie, mais ils nous ont transmis l'essentiel. Personnellement, je retiens deux paroles d'une intensité inouïe. Deux paroles qui rejoignent, à mon avis, chaque être humain dans sa recherche de Dieu et lui apprennent à répondre même dans l'incertitude. Elles sont aussi brûlantes qu'universelles. Elles enseignent la douceur dans l'action et la force dans l'engagement.

– « Qu'il me soit fait selon ta parole » (Lc 1, 38).

À la demande de l'ange Gabriel, Marie répond : « Je suis la servante du Seigneur ; qu'il m'advienne selon ta parole. » Elle n'abandonne rien à la légère ou avec naïveté. Elle s'en remet à Dieu pour ouvrir l'espace de la rencontre du fini avec l'infini, de l'indigence humaine avec la puissance divine. Elle accepte Dieu sans condition, au nom de l'humanité.

Plus je creuse cette parole de Marie, plus je réalise combien libre et sensée est cette réponse aux avances de l'Inconditionnel. Un jour ou l'autre, nous sommes confrontés à répondre à ses appels. Le *oui* s'avère la réponse la plus vraie, la plus nue, la plus détachée, la plus confiante devant l'infini qui s'ouvre. C'est la seule réponse possible pour celle ou celui qui décide d'aller au bout de sa vie, au bout de son cœur, au bout de son

---

[8] H. BLOMMESTIJN et P. HUMBLET, *Charisme et spiritualité*, session, Saint-Laurent-sur-Sèvres, 1992.

amour. Le *oui* est le premier pas dans le processus dynamique qui conduit à la relation filiale et fraternelle.

Cette réponse invite à la douceur et à l'humilité. Elle n'incite ni à la violence, ni à la puissance, ni à l'agressivité, ni à l'affrontement, mais à la paix intérieure. Elle dispose à tout recevoir de l'Amour sans regret ni contrainte, sans exigence ni peur. Elle met la personne dans l'attitude d'attente, de confiance et d'ouverture. Marie nous apprend l'art du laisser aller, laisser dire, laisser faire, laisser être. Elle n'a rien à prouver et rien à perdre. Elle aime.

L'acquiescement de Marie s'avère universel. Joseph y est entré sans savoir où cela le conduirait. Jésus a vécu le *oui* avec intensité. Thomas, Marie de Magdala, Jean, Pierre et Paul ont aussi prononcé ce *Fiat* à leur façon. Ignace, Catherine, Marie de l'Incarnation, Jean Vanier, n'ont pas trouvé d'autres réponses. Ce ne sera pas différent pour nous. Catholique ou non, l'humain a un choix à faire. Il a le temps de sa vie pour répondre : *Qu'il me soit fait selon ta parole.* Qu'il me soit fait selon ton projet, ta pensée, ton désir sur moi. Qu'il m'advienne selon ton amour. Qu'il advienne de moi selon ta douceur. C'est l'attitude qu'il nous faut prendre pour devenir nous-mêmes et plus proches de notre humanité.

Le *Fiat* oblige presque toujours à un départ, exil ou exode. Chose certaine, j'aurai à abandonner du bagage et à avancer sans regarder en arrière. La vie est en avant. Elle est maintenant. J'ai une conviction profonde : en marche comme au terme du chemin, je serai comblée de joie en reconnaissant Celui qui s'approche de moi.

– « Faites tout ce qu'il vous dira » (Jn 2, 5).

Il y a des noces à Cana. Jésus, sa mère et leurs amis sont parmi les invités. Alors que la fête bat son plein, une rumeur se rend à Marie : il n'y a plus de vin. Cette situation la touche, car un lien d'amitié unit sans doute les familles. Elle ne sait que faire pour éviter l'embarras ; alors, elle va vers son fils. Il est jeune, généreux, débrouillard. Il aura une idée. Elle ne lui demande pas de miracle. Elle ne partage qu'une situation qui risque d'être gênante pour leurs amis.

Marie ne sait pas ce que Jésus fera. D'ailleurs, le sait-il lui-même ? Elle se confie et le presse de faire quelque chose, bien loin de savoir que les gens boiront bientôt le meilleur vin des noces. Pleine de confiance et certaine qu'il trouvera une solution au problème, elle s'approche des serviteurs et discrètement leur dit : « Faites tout ce qu'il vous dira. » N'ayez pas peur, faites-lui confiance. Cela est exprimé avec conviction, sans hésitation ni doute. Une telle attitude dispose les serviteurs à demeurer attentifs. Alors, Jésus fait remplir d'eau les jarres et dit aux serviteurs de puiser et de servir. Ils ont fait tout ce qu'il leur a dit, et le vin nouveau coule en abondance au grand plaisir des participants et des mariés.

« Faites tout ce qu'il vous dira. » Marie peut faire cette recommandation, car déjà elle la vit. Elle n'a cessé de mijoter les paroles du Père, de l'Esprit, de son Fils. Elle a conservé dans son cœur celles qu'elle ne comprenait pas non pour les étouffer en se repliant sur elle-même, mais pour les prier, les développer, les saisir, les choisir. Marie n'a rien de la petite fille mièvre que certains films nous présentent. Elle est une femme décidée, courageuse, convaincue et libre. Pour elle, la douceur est une force qu'elle vit dans la docilité, la constance, l'humilité, la sortie de soi.

Pour entendre aujourd'hui cette parole de Marie, il nous faut savoir que le christianisme est une vie, un mouvement, une incarnation, des actes et non une doctrine ou une philosophie. *Faites tout ce qu'il vous dira* nous entraîne dans l'action et nous provoque à annoncer la parole, à construire des lieux où la vie circule, à célébrer avec d'autres le mystère du salut et à servir toute personne qui se trouve dans le besoin. À Cana, Marie nous apprend à laisser faire Dieu. Elle sait que, lorsqu'il voit une ouverture du cœur, il entre pour être Dieu en toute largesse et libéralité. Dieu n'est pas mesquin et ne garde rien pour lui.

Faites tout ce qu'il vous dira nous oblige à plonger dans la foi, à revoir notre relation à Dieu, notre situation de créature, notre ouverture au sacré. Aujourd'hui, la vie n'a plus beaucoup de mystères, nous semble-t-il. Il y a tellement d'inventions et de découvertes que nous pensons pouvoir tout expliquer. Nous sommes emportés dans un courant de vie rapide et nous n'avons pas de temps pour ouvrir un mystère. Je suis touchée par cette vision d'Evdokimov : « Les visages des hommes qui font l'histoire ne permettent pas de les imaginer à genoux, en état de contemplation[9]. » En effet, les êtres humains de ce siècle ne voient pas ou ne sentent pas le besoin de se mettre à genoux devant Dieu. Ils ne peuvent donc pas le faire devant un de leurs semblables. Il est difficile de leur dire : « Faites tout ce qu'il vous dira. » Pourtant, c'est la seule véritable recommandation à exprimer à la personne qui manque de *vin* et qui souvent l'ignore.

Le germe de l'Évangile, enfoui en terre, explosera encore et encore, car la vie ne meurt pas. Elle attend les conditions favorables pour se développer. Elle prend tout le temps nécessaire sans rien forcer. C'est dans la douceur que la vie s'enracine, et on ne tire pas sur une fleur pour la faire croître. Comme à Marie, il nous est donné de nous tourner vers le Créateur pour le laisser faire en nous tout ce qu'il voudra.

Ces paroles de Marie nous apprennent à répondre aux avances de l'Amour avec douceur, sérénité et vérité. Prononcés par un être humain autre que Jésus, ces mots « Faites tout ce qu'il vous dira » m'apparaissent assez puissants pour répondre à l'appel que Dieu adresse à l'humanité de tous les temps : « Où es-tu ? » Elles nous permettent de ne pas avoir peur de lui dire où nous sommes, et à prendre la route en étant sûrs que rien ne nous manquera. Elles sont assez solides pour nous garder en marche contre vents et marées ; assez efficaces pour nous conduire à la

---

[9] P. Evdokimov, *L'amour fou de Dieu*, p. 167.

plénitude de notre être ; assez opérantes pour nous faire entrer dans la joie de Dieu qui unit sa vie à la nôtre.

* * *

Mitan 19

Lorsque nous ouvrons la Bible, nous découvrons l'expérience d'un peuple qui rencontre son Dieu et chemine avec lui.
Lorsque nous ouvrons l'Évangile, nous entrons dans l'expérience des apôtres qui rencontrent Jésus et cheminent avec lui, le Fils de Dieu, notre frère.
Lorsque nous ouvrons notre vie, nous voyons se dérouler notre propre histoire, tissée à même celle de Dieu. C'est notre expérience et elle est unique. Si nous l'explorons et la partageons, nous verrons les traces de Dieu dans l'ensemble de notre vie et dans notre quotidien. C'est là qu'il vient.
« Notre propre itinéraire humain est une clé de l'expérience de Dieu : devenir homme ou femme est un magnifique chemin vers la rencontre de Dieu. En outre, *l'expérience humaine du divin*, loin d'être une limite à la croissance personnelle, élargit au contraire son horizon d'intelligibilité et de sens[10]. »
Chaque soir, avant de nous laisser aller au sommeil, nous recevons la grâce de regarder comment la Sagesse est venue à nous au cours de la journée. Elle ne peut venir que par des événements, une parole, ou les autres. Notre cœur goûtera la douceur de sa présence. Nous dormirons en paix.

---

[10] R. M. de P. Liébanas, *Du regard à la contemplation*, p. 46. L'italique est de l'auteur.

FINALE

Seul est mien le pays qui se trouve dans mon âme.
(Marc Chagall[1])

---

[1] Nice, Musée national, *Marc Chagall, 1887-1985*, Message biblique, Paris, Édition de la Réunion des Musées nationaux, 1996.

L'Amour fera l'unité

Plus que sur toute chose, veille sur ton cœur, c'est de lui que jaillissent les sources de la vie.

Pr 4, 23

Chère lectrice, fidèle lecteur, peut-être es-tu devenu, en cours de lecture, un pèlerin en route vers la douceur ? Alors, ne ferme pas trop vite ce livre. Laisse-le ouvert jusqu'au moment où tu auras acquis le réflexe de laisser ton être ouvert au travail continu de l'Amour. Nous avons le temps de notre vie pour apprendre à aimer, à nous laisser aimer, à plonger notre regard dans le regard de Jésus, à accomplir la justice à sa manière et à faire ce qui est en notre pouvoir pour devenir fille et fils bien-aimés. Nous n'aurons plus peur de nous approcher du Feu : sa brûlure est douceur. En contemplant au quotidien la Sagesse éternelle, nous la reconnaîtrons et la verrons achever en nous l'être merveilleux que nous sommes.

Façonnés du dedans par une Réalité qui nous dépasse infiniment, nous aspirons, notre vie durant, à la connaître. Nous sommes une image de l'Inaccessible, mais nous l'ignorons, comme nous ignorons qu'une Présence nous accompagne au quotidien et transforme les collectivités : *Je Suis avec vous tous les jours*. Enfouie dans l'Église, dans l'humanité, la Sagesse travaille. Elle fait d'étonnants prodiges. Une conviction me séduit : la création n'est pas terminée. D'où l'espérance qu'à la manière de Jésus de Nazareth et conduits par l'Esprit nous devenions un peu plus chaque jour Je Suis pour les autres. Ce n'est pas en notre pouvoir, mais c'est à cela que les Trois travaillent avec une extrême douceur et à notre insu. Nous allons vers notre état de fille et de fils, même si ce n'est pas encore apparent. « Enfants de Dieu, nous le sommes déjà », nous dit l'apôtre Jean. Tout est en germination. Dieu est Dieu. Il termine toujours ce qu'il a commencé : « Alors, "Dieu sera tout en tous", parce qu'il sera dans le monde ce qu'il est dans l'éternel mystère : le Père qui engendre le Fils dans l'Esprit[2]. » Cependant, Dieu ne fera rien sans nous. Il a voulu avoir besoin de notre participation et de notre collaboration pour l'achèvement de la création. C'est un honneur et une responsabilité que chaque être humain doit assumer pour que la terre porte fruits et bienfaits à l'ensemble de l'humanité.

Parce que les médias apportent le vécu du monde dans les maisons, les êtres humains prennent conscience de la ressemblance de leurs cris, de leurs espoirs, de leurs besoins, de leurs secrets, de leur silence. Ce qui les amène à sortir d'eux-mêmes pour créer. Que l'être humain travaille à devenir plus humain s'avère une entreprise énorme, surtout qu'elle doit se faire à coups de douceur et d'humilité, mais rien n'est impossible à Dieu. Tant que nous restons en marche, la vie circule et nous transforme. Je n'ai que le temps de mon existence pour veiller et protéger la vie, mais d'autres viendront après moi et poursuivront le même but. Le temps n'a pas d'importance, c'est Dieu qui travaille, et dans ses mains sont nos temps et leur contenu.

Quand, au creux de notre être le plus sensible, il nous est donné de prendre conscience un peu plus chaque jour que, « si Dieu nous a tant aimés, nous devons, nous aussi, nous aimer les uns les autres » (1 Jn 4, 11), alors, c'est possible de devenir sœurs et frères. Ainsi commence le partage d'une idée, d'un savoir, d'un projet, d'une source, d'une terre, d'un pain, d'une parole. Cette expérience fondamentale ferme la porte à la violence et

---

[2] F.-X. DURRWELL, *L'Esprit Saint de Dieu*, p. 146.

l'ouvre à des responsabilités communes[3] : aimer et préserver la vie de la terre et du monde, mais aussi celle de Dieu en nous.

À l'aube du troisième millénaire, un musicien québécois, Walter Boudreau, crée la *Symphonie du millénaire*[4]. Interprétée par un nombre imposant de musiciens et d'orchestres, elle a été offerte au public gratuitement, un soir de juillet de l'an 2000. En début de soirée, une grande foule de toutes nationalités, couleurs, âges, religions s'entasse sur le site de l'Oratoire Saint-Joseph, à Montréal. Dès le coucher du soleil, du haut de l'esplanade, une femme chante l'ouverture, où l'on reconnaît l'hymne grégorienne *Veni Creator Spiritus*. Impressionnant !

Traversent la symphonie : adagio, largo, allegro, andante où interviennent et se mêlent, tant bien que mal, les ensembles de tous les horizons, tant de musique classique que contemporaine et ancienne avec leurs instruments variés auxquels s'ajoutent des centaines de clochettes. La mélodie du *Veni Creator* revient en filigrane. D'abord séduite, je deviens vite déroutée par ces sons étranges. Soudainement, cette musique, pénétrant au fond de moi, devient le vécu de ma ville, du pays, du monde. Ce n'est plus une cacophonie, c'est la réalité qui monte de la terre. C'est la beauté du monde. C'est la violence du monde. C'est la vie du monde. J'entends les rires, les cris, les hurlements, les prières de l'humanité. Je sens battre le cœur des humains dans leurs situations réelles de haine, de guerre, de désastre, d'injustice, de bonheur, de succès, d'amour. Je perçois l'angoisse,

---

[3] Pour oser croire en la bonté des humains, en leurs efforts pour que le monde soit meilleur, il faut lire, entre autres choses, *La Déclaration pour une éthique planétaire des religions du monde* :
http://classic.weltethos.org/dat_fra/indx_0fr.htm.

[4] W. BOUDREAU, directeur artistique de la Société contemporaine de musique, a réalisé son rêve en collaboration avec Denys Bouliane, compositeur. Ils ont travaillé avec dix-neuf compositeurs. Ici et là sur le site se trouvaient 333 musiciens, 2000 carillonneurs, 15 clochers, un grand orgue, un carillon de 56 cloches et deux camions de pompiers.

la peur, l'espoir. Lourde est la clameur du monde et je pleure. C'est la nuit.

Vient la finale, et le rythme change. Dans l'obscurité, sur le dôme de l'Oratoire, apparaît la terre. La croix qui surmonte le dôme s'illumine. De cette croix, quatre faisceaux de lumière recouvrent ma ville et le monde où Dieu travaille à la construction de son Royaume : « Je vous rassemblerai de tous les pays étrangers et je vous ramènerai vers votre pays. Je répandrai sur vous une eau pure et vous serez purifiés. [...] Je mettrai mon esprit en vous et je ferai que vous marchiez selon mes lois. Je serai votre Dieu et vous serez mon peuple » (Ez 36, 24-28). Troublant !

Encore aujourd'hui, cette symphonie du millénaire revient me dire : « Dieu est Amour : celui qui demeure dans l'amour demeure en Dieu et Dieu demeure en lui » (1 Jn 4, 16). *Veni Creator Spiritus ! Viens, Esprit créateur*, répandre la douceur de ton souffle amoureux et ta soif d'unité sur l'humanité comme elle est en ce moment de l'histoire ! Cette invocation installe dans tout mon être la conviction profonde que Dieu gagnera et que déjà son Royaume s'établit en douceur. « Dieu, dans son Fils, travaille l'humanité entière pour en faire son peuple ; et, dans son Église, il nous montre l'esquisse nécessairement déficiente, mais réelle, du Royaume qui est dans sa pensée et qui verra le jour à la fin des temps[5]. »

Les religions, la politique, les puissances du monde, les forces du mal, les peuples, les modes passent. Je Suis demeure. Lorsque les temps seront accomplis se concrétisera ce merveilleux échange : « Tout ce qui est à Moi est à toi. » La prière de l'humanité s'unira à celle de Jésus qui rassemble et qui sauve. En lui, l'Unique, catholiques, juifs, athées, musulmans et autres, d'une seule âme, d'une seule foi, d'un seul cœur, laisseront

---

[5] M.-J. Le Guillou, Préface du livre de A. Feuillet, *Le prologue du quatrième évangile*, Paris, Desclée de Brouwer, 1968, p. 13.

jaillir de leurs lèvres : « Papa ! Abba ! Notre Père ! » Sera ainsi réalisée cette mystérieuse parole en Zacharie 14, 9 : « En ce jour, l'Éternel sera un et Un sera son nom. » Le *Je suis* des êtres humains ne fera plus qu'un avec le Je Suis des Trois. Au cri d'amour poussé, depuis avant le temps, par le Père, le Fils et l'Esprit se joindra, comme en réponse dans le temps, le cri d'amour de l'humanité. Impossible rêve ? Rien n'est impossible à l'Amour, et ma foi comme mon espérance vont jusque-là. MARANA THA ! Oh ! oui, viens, Seigneur Jésus, viens ! En toi, déjà, nous sommes.

Deviens ce que tu es

*Chante et réjouis-toi, fille de
Sion : car voici que je viens pour
demeurer au milieu de toi.*
Za 2, 14

Va, n'aie pas peur de marcher vers toi
à la suite d'Abraham, le père des croyants.
Ose la confiance en Je Suis
qui chemine avec toi.
Chante et réjouis-toi de croire.

Lève-toi et marche vers ton accomplissement
à la suite de Marie, mère de Dieu.
Risque l'abandon de ton histoire à l'Unique
qui t'accompagne sur ta route.
Chante et réjouis-toi de sa douce présence.

Debout, n'aie pas honte de marcher vers ta vie
à la suite de Jésus, Fils du Père.
Laisse Dieu être aussi ton Père
qui t'engendre à chaque maintenant.
Chante et réjouis-toi d'être un enfant bien-aimé.

Avance sans crainte vers ton devenir
avec l'humanité en recherche de sagesse.
Ose le chemin vers toi, vers les autres, vers Dieu.
Tu verras la paix, comme un fleuve,
descendre sur toi et illuminer ton être.
Chante et réjouis-toi d'être vivant.

Relève-toi, marche tout droit vers l'Amour,
abri de la douceur durable.

Prends le risque que ta fragile vie se dresse
vers le non-périssable, l'inconditionnel, l'éternel.
Chante et réjouis-toi d'être dans sa main.

Laisse-toi établir dans l'intimité de la Sagesse.
Ouvre ton cœur à la mesure sans mesure
de sa tendresse, de sa miséricorde, de sa justice, de son feu.
Sois comme elle.
Chante et réjouis-toi de son infinie DOUCEUR.

BIBLIOGRAPHIE

Œuvres de Louis-Marie Grignion de Montfort

GRIGNION DE MONTFORT, L.-M., *Œuvres complètes*, Paris, Seuil, 1966.
— *L'amour de la Sagesse éternelle (par la « vraie dévotion à Marie »)*. Puissante synthèse de spiritualité, n° 8 (édition « TYPE », entièrement conforme au manuscrit), Pont Château, Librairie mariale, 1929.
— *Cantiques*.
— *Sermons*.

Sources

ABBOTT, É., *Histoire universelle de la chasteté et du célibat*, Montréal, Fides, 2001.
ALBRIGHT, M., *Dieu, l'Amérique et le monde*, traduit de l'américain par Monique Briend-Walker, Paris, Salvator, 2008.
BALTHASAR, H. U. von, *La Gloire et la Croix. Les aspects esthétiques de la Révélation*, III, Théologie, vol. 1 : Ancienne Alliance (Théologie, 82), Paris, Aubier, 1974.
— *La Gloire et la Croix. Les aspects esthétiques de la Révélation*. III, Théologie 82, vol. 2 : Nouvelle Alliance (Théologie, 83), Paris, Aubier, 1975.
— *La Gloire et la Croix. Les aspects esthétiques de la Révélation*, I, Apparition, Théologie, Paris, Aubier, 1975.
— *Théologie de l'histoire*, Paris, Le Signe/Fayard, 1970.
— *Nouveaux points de repère*, coll. Communio, Paris, Fayard, 1980.
— *Pâques, le mystère*, traduit par R. Givord, Paris, Cerf, 1996.
BLOMMESTIJN, H. et HUMBLET, P., *Charisme et spiritualité*, session, Nimègue, Institut Titus Brandsma, 1992.
BLOMMESTIJN, H., *Autorité et spiritualité*, Conférence donnée aux supérieurs majeurs des Pays-Bas, 1997.
BLOMMESTIJN, H. et HULS, J., *La spiritualité Sagesse, un pèlerinage intérieur*, Nimègue, Institut Titus Brandsma, 1996.
BONHOEFFER, D., *Résistance et soumission. Lettres et notes de captivité*, Genève, Labor et Fides, 1963.

Bossuyt, P. et Radermakers, J., *Jésus, Parole de la grâce, selon saint Luc*, Bruxelles, Institut d'Études Théologiques, 1984.

Catherine de Sienne, *Le Dialogue*, 2ᵉ édition, Paris, Cerf, 1999.

Chastellain, P., *L'âme éprise du Christ Jésus*, traduit par Joseph Hofbeck, Montréal, Guérin, 1999.

Corbon, J., *L'expérience chrétienne dans la Bible*, Bruges, Desclée de Brouwer, 1963.

— *Liturgie de source*, Paris, Cerf, 1980.

Daviau, P., « Douceur », *Dictionnaire de spiritualité montfortaine*, Montréal, Novalis, 1994.

De Mello, A., *Quand la conscience s'éveille*, Montréal/Paris, Bellarmin/ Desclée de Brouwer, 1994.

De Pison Liébanas, R. M., *Du regard à la contemplation*, Montréal/Paris, Médiaspaul, 2002.

De Solms, É. et Dom Jean-Nesmy, C., *Bible chrétienne, 1* Commentaire*, Québec, Anne Sigier, 1982.

Drewermann, E., *Dieu guérisseur, la légende de Tobit*, Paris, Cerf, 1993.

Dufourcq, É., *Histoire des chrétiennes, l'autre moitié de l'Évangile*, Montrouge, Bayard, 2008.

Durrwell, F.-X., *L'Esprit Saint de Dieu*, Paris, Cerf, 1983.

— *Christ notre Pâque*, Racines, Montrouge, Nouvelle Cité, 2001.

Dumont, C., *Comme un feu dévorant, la Sagesse*, Bégrolles en Mauges, Abbaye de Bellefontaine, 2002.

Eckhart, Maître, *Les traités et le poème*, traduit par Gwendoline Jarczyk et Pierre-Jean Labarrière, Paris, Albin Michel, 1996.

Emmanuel, P., *La face humaine*, Paris, Seuil, 1965.

Hillesum, E., *Une vie bouleversée, Journal 1941-1943*, traduit du néerlandais par Philippe Noble, Paris, Seuil, 1985.

Evdokimov, P., *L'art de l'icône, théologie de la beauté*, Paris, Desclée de Brouwer, 1970.

— *L'amour fou de Dieu*, Paris, Seuil, 1973.

— *La nouveauté de l'Esprit*, Spiritualité orientale, 20, Bégrolles en Mauges, Abbaye de Bellefontaine, 1977.

Feuillet, A., *Jésus et sa mère*, Paris, Gabalda, 1978.

— *Le prologue du quatrième évangile*, Paris, Desclée de Brouwer, 1968.

Guillebaud, J.-C., *Le principe d'humanité*, Paris, Seuil, 2001.

Guillet, J., *Jésus Christ dans notre monde*, Paris/Montréal, Desclée de Brouwer/Bellarmin, 1974.

— *Entre Jésus et l'Église,* Paris, Seuil, 1985.

— *Dieu parle à l'homme,* Paris, Desclée de Brouwer, 1994.

HUMBLET, P., *Une lettre d'une amante à son amant. Le processus de transformation dans L'amour de la Sagesse éternelle de Grignion de Montfort,* Nimègue, Institut Titus Brandsma, 1993.

JARCZYK, G. et LABARRIÈRE, J.-P., *Maître Eckhart ou l'empreinte du désert,* Paris, Albin Michel, coll. Spiritualités vivantes, 1995.

JEAN DE LA CROIX, *Œuvres spirituelles,* poème XXI, 3e partie, Paris, Seuil, 1947.

KÜNG, H., *Faire confiance à la vie,* Paris, Seuil, 2010.

LAFERRIÈRE, D., *L'énigme du retour,* Montréal, Boréal, 2009.

LAPERRIÈRE, B., Notes personnelles de retraite sur *L'Esprit Saint,* 1979.

— Notes personnelles sur la retraite de Trente Jours, 1984.

LEBEAU, P., *Etty Hillesum. Un itinéraire spirituel, Amsterdam 1941 – Auschwitz 1943,* Paris, Albin Michel, 2001.

LE GENDRE, O., *Confession d'un cardinal,* Paris, JC Lattès, 2007.

LÉON-DUFOUR, X., *Lecture de l'Évangile selon saint Jean,* Tome 1, Paris, Seuil, 1987.

LUTHER KING, M., *La force d'aimer,* traduit de l'américain par Jean Bruls, Paris, Casterman, 1964.

MADORE, G., « Amour », *Dictionnaire de spiritualité montfortaine,* Montréal, Novalis, 1994.

MARIE-MICHEL, *Une soif d'infini. Élisabeth de la Trinité, sa vie, son visage,* Paris, Du Jubilé, Sarment, 2006.

RAGUIN, Y., *La profondeur de Dieu,* Paris, Desclée de Brouwer, coll. Christus, 1975.

— *L'Esprit sur le monde,* Paris, Desclée de Brouwer/Bellarmin, coll. Christus, 1975.

RASPANTI, A., « L'idéal du juste dans le commentaire des psaumes de Giovanni Pico della Mirandola », *Studies in Spirituality,* TBI, Kampen, Kok Pharos, 1993.

SESBOÜÉ, B., *Croire. Invitation à la foi catholique pour les femmes et les hommes du XXIe siècle,* Paris, Droguet & Ardant, 1999.

REY, B., *Nous prêchons un Messie crucifié,* Paris, Cerf, 1989.

STEGGINK, O. et WAAIJMAN, K., *Spiritualiteit en mystiek,* TBI, Nijmegen, Gottmer, 1985.

TEILHARD DE CHARDIN, P., *Hymne de l'Univers,* Paris, Seuil, 1961.

VARILLON, F., *L'humilité de Dieu,* Paris, Le Centurion, 1974.

— *La souffrance de Dieu*, Paris, Le Centurion, 1975.

VERGELY, B., *Retour de l'émerveillement*, Paris, Albin Michel, coll. Essais/Clés, 2010.

WAAIJMAN, K., « *Imago Dei* dans la Bible », *Studies in Spirituality*, TBI, Kampen, Kok Pharos, 1991.

ZUNDEL, M., *L'Évangile intérieur*, Paris, Desclée de Brouwer, 1977.

— *Quel homme et quel Dieu ?*, Retraite au Vatican, Saint-Maurice, l'Œuvre de Saint-Augustin, 1989.

— *Je parlerai à ton cœur*, Québec, Anne Sigier, 1990.

— *Vie, mort, résurrection*, Québec, Anne Sigier, 1996.

Bibles

Bible de Jérusalem, Paris, Cerf, 1955, 1973, 1998.

Bible. Traduction œcuménique de la Bible, Paris, Cerf, 1962.

Bible chrétienne, Textes et commentaires, Québec, Anne Sigier, 1962.

La Bible, nouvelle traduction, Paris/Montréal, Bayard/Médiaspaul, 2001.

Documents et revues

Catéchisme de l'Église catholique, traduit pour le Canada en langue française, Ottawa, Service des Éditions, 1993.

Dictionnaire du Nouveau Testament, par X. Léon-Dufour, Paris, Seuil, 1975.

Dictionnaire de spiritualité montfortaine, Montréal, Novalis, 1994.

Documents et recherches, XI, *En direct avec Marie-Louise*, Écrits et Paroles, Centre international montfortain, 1994.

Vatican II. Les seize documents conciliaires, Montréal/Paris, Fides, 1964.

Vocabulaire de théologie biblique, publié sous la direction de X. Léon-Dufour, Paris, Cerf, 1962.

Nice, Musée national, *Marc Chagall 1887 – 1985*, Paris, Édition de la Réunion des Musées nationaux, 1996.

Studies in Spirituality, Instituut Titus Brandsma, The Netherlands, Kok Pharos Publishing House-Kampen.

Christus, Revue de formation spirituelle, fondée par les Pères Jésuites, Paris.

INDEX DES CITATIONS BIBLIQUES

Genèse
1, 2 : 149
1, 3 : 62, 102
1, 7 : 261
1, 10 : 20, 50, 154
1, 27 : 159
3, 7 : 16
3, 23 : 96, 202
17, 1 : 183
18, 2 : 183
21, 17-21 : 98
32, 29 : 185
46, 2-3 : 187

Exode
2, 25 : 201
3, 1-6 : 97
3, 5 : 35
3, 7 : 50
3, 7-8 : 99
6, 7 : 182
12, 42 : 187
13, 21 : 187
13, 21-22 : 98
15, 13.17 : 181
34, 6 : 27
34, 29 : 98

Deutéronome
4, 24 : 96
4, 30-31 : 78
4, 31 : 64

5, 4 : 95
5, 5 : 96
7, 21 : 64
8, 2 : 187
11, 7 : 54
14, 1 : 182
20, 4 : 190
30, 14 : 69
31, 6 : 193
31, 8 : 190
32, 1-2 : 61
32, 2 : 244

Juges
6, 13 : 84

Ruth
3, 11 : 193

2 Samuel
7, 18 : 21

Psaumes
2, 7 : 122
4, 7 : 56
5, 9 : 72
7, 18 : 73
8, 4-5 : 55
12, 6 : 184
16, 11 : 268
17, 15 : 73
19, 2-9 : 155

19, 15 : 155
22, 31-32 : 73
23, 4 : 246
25, 15 : 55
26, 3 : 55
29, 11 : 193
31, 17 : 56
32, 11 : 182
33, 11 : 37
33, 13-14 : 49
34, 9 : 31
42, 4 : 27
44, 4 : 56
50, 6 : 73
51, 19 : 174
61, 3 : 246
65, 6 : 74
67, 2 : 56
77, 14 : 93
85, 9 : 190
90, 17 : 282
95, 1-2 : 151
96, 11-13 : 152
98, 8 : 152
105 : 65
107, 35 : 143
118, 19 : 73
119, 105 : 65
139, 1 : 51
140, 13 : 72
145, 1 : 34
145, 2 : 186
146, 2 : 186

339

Proverbes
2, 4-6 : 13
4, 18 : 72
4, 23 : 338
5, 18 : 118
8, 1-5 : 33
8, 4 : 40
8, 22-31 : 112, 143
8, 27-31 : 153
8, 31 : 52
9, 1-6 : 301
31, 26 : 209

Cantique des Cantiques
3, 2 : 267
6, 10 : 209
8, 5 : 238

Sagesse
1, 13 : 177
5, 15-16 : 64
6, 14 : 301
7, 15-16 : 7
7, 24 : 43
8, 21 : 244
9, 1-13 : 33
9, 17 : 29
11, 24-26 : 51
12, 1 : 51
12, 15 : 83
12, 19 : 83
15, 3 : 91

Ecclésiastique (Si)
6, 7 : 163
17, 2-4 : 163

17, 6-10 : 174
17, 8 : 163
24, 19-20 : 26
24, 32 : 102
39, 20 : 188
51, 26 : 69

Isaïe
7, 14 : 208
11, 6-8 : 191
40, 28 : 150
40, 10 : 193
41, 20 : 54
45, 8 : 200
46, 4 : 126
48, 17 : 27
49, 16 : 165
50, 9 : 266
55, 1 : 284
57, 19 : 190
58, 10 : 167
60, 21 : 27
63, 15-16 : 201
63, 19 : 201, 230
66, 12 : 193
66, 18 : 301

Jérémie
2, 13 : 130
2, 27 : 188, 201
3, 22 : 188
11, 20 : 72
15, 16 : 226
20, 7-9 : 28, 62
29, 13-14 : 264
31, 3 : 65, 187
31, 20 : 78

31, 33 : 186, 310
33, 15 : 73

Baruch
5, 1-2 : 73

Ézéchiel
16, 15 : 296
36, 24-28 : 185, 331
36, 37 : 186
47, 1-12 : 251

Osée
2, 16 : 20
11, 3-4 : 121
11, 8 : 79

Amos
9, 3 : 151

Joël
2, 16 : 191

Michée
6, 8 : 89

Sophonie
3, 17-18 : 151

Zacharie
2, 14 : 333
14, 9 : 332

Matthieu
3, 13 : 229
3, 15 : 230

3, 17 : 115, 206
5, 4 : 10, 58
5, 5 : 80
10, 8 : 166
10, 20 : 115
11, 27 : 114
11, 28 : 288
11, 29 : 8
18, 20 : 300
24 : 191
25, 14-30 : 173
25, 34 : 83
25, 37-40 : 89
27, 54 : 251
28, 9 : 235
28, 10 : 194
28, 20 : 36, 101, 194, 293

Luc

1, 26-38 : 69
1, 30 : 193
1, 37 : 212
1, 38 : 11, 322
1, 68-69 : 209
1, 74-75 : 52
2, 7 : 161, 205
2, 15-16 : 202
2, 35 : 251
2, 49 : 216
4, 18 : 220, 225
7, 36-50 : 238
9, 18 : 26
10, 29-37 : 79, 94
12, 32 : 194
12, 49 : 220
15, 11-32 : 45

15, 31 : 65, 206
19, 1-10 : 237
21 : 191
22, 54-62 : 59
23, 28 : 249
23, 34 : 65
24, 13-35 : 259
24, 15 : 229
24, 26 : 258
24, 31 : 260

Marc

2, 17 : 230
3, 35 : 209
4, 9 : 220
10, 46-52 : 239
13, 31 : 69, 191
15, 39 : 251
16, 20 : 276

Jean

1, 1-2 : 68, 293
1, 12 : 233
1, 14 : 212
1, 16 : 235
1, 18 : 52, 113
1, 26 : 219
1, 35-40 : 224
1, 39 : 202
1, 51 : 202
2, 5 : 323
3, 1-21 : 232
3, 5 : 284
3, 7 : 114
3, 17 : 52
3, 31-34 : 114
4, 1-42 : 234

5, 17 : 125
5, 18 : 111
5, 26 : 203
7, 37-39 : 283
7, 46 : 222
8, 1-11 : 235
8, 28 : 251
8, 42 : 206
8, 58 : 214, 281
10, 27-30 : 106
11, 1-44 : 240
12, 32 : 102
13, 1 : 245, 301
13, 19 : 214
13, 34 : 316
14, 1 : 64
14, 1-2 : 194
14, 9 : 42, 52, 250
14, 11 : 115
14, 26 : 114
14, 31 : 115
15, 26 : 115, 287, 289
16, 13 : 275, 288, 295
16, 15 : 115
17, 3 : 40
17, 6 : 121
17, 22 : 119
17, 26 : 36
18, 4-5 : 249
18, 37 : 249
19, 26 : 249
19, 57 : 101
20, 11-18 : 267
20, 18 : 235
20, 24-29 : 264
21, 1-23 : 271

Actes
1, 8 : 276
2, 28 : 268
2, 37-38 : 293
2, 42 : 294
2, 44 : 294
2, 46 : 266
17, 28 : 262

Romains
5, 5 : 123, 289
5, 12 : 175
7, 21 : 186
8, 11 : 303
8, 18-22 : 150
8, 21 : 287
8, 31-39 : 194
8, 33 : 81
10, 8 : 69

1 Corinthiens
1, 15-20 : 175
2, 7 : 304
9, 26 : 301
12, 12 : 82
13, 1-3 : 51
13, 1-8 : 105
13, 4-8 : 168
15, 17 : 263

Éphésiens
1, 3-5 : 59
1, 4 : 36, 297
1, 9-10 : 206, 310
1, 4 : 36, 297
1, 10 : 175
1, 17-18 : 28

Philippiens
2, 6-11 : 43
3, 13-16 : 320

Colossiens
1, 15-17 : 295
1, 17 : 28, 314
2, 9 : 256

Hébreux
1, 2 : 68
2, 13 : 277
11, 1 : 188

1 Jean
1, 1-3 : 205
3, 20 : 58
4, 7 : 315
4, 11 : 329
4, 16 : 331

Apocalypse
22, 5 : 313

TABLE DES MATIÈRES

Avant-propos 7
Présentation 9
Prélude 13
   Sous le voile des mots 15
     La spiritualité 15
     La mystique 17
     La contemplation 20

Première partie
QUI DONC EST DIEU ?
Contempler Dieu dans son mystère

1 — Je cherche son visage 25
   Pour toi, qui suis-je ? 26
     Un mystère à creuser 28
     Une science savoureuse 30
   Un nom à moduler 34
   La manière divine d'aimer et d'agir 38
     Première intervention 39
     Seconde intervention 40
     Troisième intervention 41
     La logique divine ou le mystère de la kénose 42
     Logique divine, logique de l'amour 44

2 – Sous le regard de l'amour ... 49
« Et Dieu vit » ... 50
Le regard d'un père compatissant ... 51
Le regard de Jésus ... 52
Être vu pour voir ... 54
Se laisser regarder ... 56

3 — La parole comme séduction ... 61
« Et Dieu dit » ... 62
Une parole fascinante ... 62
Une parole qui relie ... 64
Une parole qui féconde ... 66
Proche est la parole ... 67
La Parole vient ... 67

4 — La justice comme sainteté ... 71
« Guide-moi dans ta justice » ... 72
Justice humaine, justice divine ... 72
Justice et relation s'emmêlent ... 74
Justice et sagesse se rencontrent ... 76
Justice et miséricorde s'embrassent ... 77
Expérience de miséricorde ... 78
« Que ton cœur cesse de se troubler » ... 81
La justice selon la logique humaine ... 81
Mais Dieu ne bouge pas ... 84
La justice et nous ... 85
Juste ou fou d'amour ... 87
Jésus, le juste ... 87
La justice, chemin de sainteté ... 91
Un projet audacieux ... 91

5 — L'amour comme un feu ... 95
Au commencement était le feu ... 96
Un buisson en feu ... 97
La compassion de Dieu ... 98
Le feu au cœur du monde ... 100
Bois tout en feu ... 101
Comme lui, répandre le feu ... 102
Feu délicieusement doux ... 103

Deuxième partie
SPLENDEUR TENUE CACHÉE
Contempler la douceur de la Sagesse dans l'éternité

6 — Dieu, l'au-delà de tout 109
    L'origine de toute existence 110
    Que des balbutiements ! 111
    Secrets révélés par le Fils 114

7 — Être soi dans l'autre 117
    « Bénie soit la source » 118
        Dieu est Père 121
        Dieu est Fils 122
        Dieu est Esprit 123

8 — Les trois à l'œuvre 125
    Dieu travaille toujours 126
    Prière à la Trinité éternelle 130

Troisième partie
LE TEMPS DU PÈRE
*Contempler la douceur
de la Sagesse éternelle dans la création*

9 — Douceur dans la création du monde 135
    Faire le tri dans nos connaissances 136
        Un langage à déchiffrer 136
        Des énigmes révélatrices 139
    Père de la première aube 143
        Dieu caché dans sa création 143
        Des récits inspirés 144
    Le temps d'un long désir 148
        Quand ? Comment ? Pourquoi ? 148
    La joie du premier soir 151
        La création, expression de joie 151
        La joie émerge de la douceur 153

10 — **Douceur dans la création de l'être humain** 157
    L'être humain, visage de Dieu 158
        Créés pour aimer 158
        Des interrogations inévitables 160
        À l'image de Dieu 162
        La vision de Dieu 164
    Le souffle de vie, un don à partager 166

11 — **Sous l'écorce des symboles** 169
    Le commencement d'un amour sans fin 170
        Une incompréhension majeure 170
        La faute et le péché 172
        La conscience comme don 174
    La douceur à la dérive 177
        La violence et le mal 178

12 — **Un peuple en marche** 181
    L'histoire d'Israël, mon histoire 182
        La Bible, une histoire de foi 183
        La Bible, l'histoire d'une alliance 185
        La Bible, l'histoire d'un compagnonnage 186
        La Bible, une histoire de salut 188
    « Paix à qui est loin et à qui est proche » 190
        Sans cesse, la peur rôde 191
        Je suis avec toi 193

Quatrième partie
LE TEMPS DU FILS
Contempler la douceur
de la Sagesse dans l'incarnation

13 — **Nous avons vu sa gloire** 199
    À force d'espérance 200
        Mystère d'un désir réciproque 200
        Mystère du temps 202
        Mystère de l'attente 204
        Le voile se lève sur la face de Dieu 204

    Heureuse celle qui a cru 207
        La réponse humaine à la demande divine 208
        Tout s'accomplit dans l'ombre 211
        Tu lui donneras le nom de Jésus 213
    Une vie à ciel ouvert 216
        Un temps pour apprendre 216
        Un temps pour centrer sa vie 217
        Un temps pour marcher 218
        L'Unique 220
        La loi de la douceur 221

14 — « L'Esprit de Dieu est sur moi » 225
    Sur les chemins de Palestine 226
    « Il s'approcha d'eux » 229
    Des rencontres bouleversantes 232
        La nouvelle naissance 232
        À l'heure du midi 234
        Mais où sont-ils ? 235
        Il vient pour demeurer 237
        Une liberté chèrement acquise 238
        La nuit devient nappe de lumière 239
        La mort d'un ami 240

15 — Mourir d'amour 243
    La douceur du cœur de Dieu 244
        Une histoire de don et d'accueil 244
        Un mouvement incessant d'amour 246
        De la parole aux actes 247
        La douceur en action 248
    « Qui m'a vu a vu le Père » 250
        Au bout du cœur 250
        Une femme à l'âme transpercée 251

16 — Ressuscité pour nous bénir 255
    L'irrépressible vie 256
        Engendrement continuel 256
        Lumière de la résurrection 257
    Le don d'Emmaüs 259

Cléophas et son compagnon	259
« Leurs yeux s'ouvrirent »	260
La terre, chemin d'Emmaüs	262
« Avance ta main »	264
Du doute à la foi	264
Une expérience universelle	265
« Pourquoi pleures-tu ? »	267
Chercher et trouver	267
Se laisser trouver	268
« M'aimes-tu ? »	271
Un premier matin du monde	271
Une question et une invitation traversent l'histoire	272
Les quarante jours	275
Apprentissages	275
Le départ	276

Cinquième partie
LE TEMPS DE L'ESPRIT
Contempler la douceur de la Sagesse
dans l'aujourd'hui de notre temps

17 — L'éternelle présence	281
Le don de l'Esprit	282
L'Esprit au cœur du temps	282
Un fleuve intarissable	284
La mission de l'Esprit	287
Le Sans-parole	287
Comme le Père et le Fils	288
18 — L'Église de Jésus Christ	291
L'Esprit et l'Église	292
Nouvelle création	292
La communauté primitive	293
Rassemblés en un seul corps	295
Autour de la table	298

Présence nourrissante 298
Comment expliquer l'inexplicable ? 299
Le mystère de la foi 301
La vie comme liturgie 302
La résurrection des morts 303
La vie éternelle 304
La mission de l'Église 305
   La parabole de la roulotte 305
   L'autre visage de l'Église 307
   Le Royaume de Dieu en devenir 310

19 — Ces temps qui sont les derniers 313
   L'aujourd'hui de Dieu 314
      Vivre à l'intérieur de notre temps 314
      Oser la confiance 317
      Choisir la douceur 319
      Marcher en sa présence 320
   La femme habillée du Verbe 321
      Paroles de femme 321

Finale 327
   L'Amour fera l'unité 328
   Deviens ce que tu es 333

Bibliographie 335
Index des citations bibliques 339

De la même auteure

Comme un feu dévorant, la Sagesse, Bégrolles en Mauges (France), Édition de l'Abbaye de Bellefontaine, coll. Flèche de feu, dirigée par les Frères Carmes de l'Institut Titus Brandsma (Nimègue - Pays-Bas), 2002. (Traduit en anglais et en espagnol.)
Venez, la table est mise, Montréal, Médiaspaul, 2007. (Traduit en italien.)

En collaboration avec une autre auteure

Jésus, une histoire d'amour, Montréal, Médiaspaul, 2002. (Traduit en américain, en portugais et en espagnol.)
Conduis mes pas vers la paix. Le pardon, Montréal, Médiaspaul, 2003. (Traduit en américain et en portugais.)

Achevé d'imprimer
sur les presses de
Imprimerie H.L.N.
Imprimé au Canada - Printed in Canada